湛庐CHEERS

与最聪明的人共同进化

HERE COMES EVERYBODY

从多元智能到综合思维

A Synthesizing Mind

[美] 霍华德·加德纳 著
Howard Gardner

沈致隆 译

浙江教育出版社·杭州

献给

向我传授过广博知识的导师们

使我获得警示的反面教员[①]们

使我长期受益的学生们（以及我学生的学生们）

几十年来使我获益匪浅的公共广播电台的新闻节目和古典音乐节目

我家庭的所有成员，他（她）们的爱使我受益终身

---

① 反面教员（Tor-mentor）：作者在回复译者咨询时对此词组的解释是“指那些给我们带来烦恼并使我们活得艰难的人，我们从他们身上明白了什么事情是不应该做的”。（Tor-mentors are people who disturb us and make our lives difficult but we learn from Tor-mentors, what NOT to do.）——译者注

Howard
Gardner

多元智能理论之父

霍华德 · 加德纳

重新定义“智能”的心理学家

1983 年之前，几乎所有人都相信一个人的聪明程度和他未来所能取得的成就取决于一个商数——智商（IQ），就像 16 世纪的人们坚信“日心说”那样。

来自哈佛大学的著名心理学、教育学教授霍华德·加德纳却相信：“人的认知能力绝对不是‘一块铁板’。”1983 年，加德纳教授在他的学术著作《智能的结构》（*Frames of Mind*）一书中提出了“多元智能”的全新理念，打破了传统智力理论的基本假设，重新定义了“人类智能”，引起了世界的广泛关注。

多元智能理论的提出，堪称“心理学界哥白尼式的革命”。1995 年，丹尼尔·戈尔曼（Daniel Goleman）在《情商》（*Emotional Intelligence*）一书中大量引用了加德纳对多元智能理论的阐述，更使这一理论在世界上产生了不可估量的影响力。

加德纳因其卓越的研究成果获得了众多荣誉，主要有：1981 年获得麦克阿瑟天才奖，1990 年成为首位赢得路易斯维尔大学格劳迈耶教育奖的美国人，2000 年获得约翰·西蒙·古根海姆基金会奖，2011 年获得阿斯图里亚斯王子社会科学奖，2015 年获得布罗克国际教育奖，2020 年获得美国教育研究协会（AERA）颁发的教育研究杰出贡献奖。

加德纳还被全球 31 所大学和学院授予荣誉学位。他在发展心理学、神经心理学、教育学、美学和社会学等多个领域出版过 30 本著作，发表过几百篇文章，他的著作被翻译成 32 种语言，在世界各地出版发行。

> “霍华德·加德纳是美国当今极具影响力的发展心理学家和教育学家。”
>
> 《纽约时报》

"世界上最具反思精神的哲学家和思想家，他们塑造了这个时代的方向。"

《华尔街日报》

Howard Gardner

推动美国教育改革的首席科学家

如今，多元智能理论不仅在心理学界产生了显著而持久的影响，还改变了课堂教育的结构，我们在全世界都能看到这一理论的新应用。不过，加德纳在回顾自己提出这个理论的初衷时坦言："刚刚引入多元智能概念时，我本期望心理学家们来阅读、了解和批评。没想到，最早对多元智能理论感兴趣的群体主要是教育者。"

1983 年，一份关于美国教育失败局面的报告《危机中的国家》（*A Nation at Risk*）出版。美国政府希望通过"新的基本原则"提高美国教育质量，并创造学习型社会。8 名印第安纳波利斯公立学校的教师在阅读了《智能的结构》一书后，找到了答案。

在历史悠久且极具声望的教育研究机构——哈佛大学的"零点项目"的支持下，1987 年，一所城市公立学校永久地改变了美国教育的面貌。加德纳身为多元智能理论的提出者、"零点项目"的负责人，被认为是美国教育改革过程中当之无愧的首席科学家。

全球极具影响力的思想家

对多元智能理论的应用已经成为全球性的文化教育现象。如今，它的影响力覆盖了全球 4 个大洲、20 多个国家和地区，成千上万的教育工作者在不同文化背景下，以不同的方式进行着多元智能教育的实践。

多元智能理论是加德纳最为著名的研究成就，作为哈佛大学的心理学教授，他关注人类智能的根本原因在于他对人本身关注。经过 40 余年的研究，加德纳在 2022 年出版的新作《从多元智能到综合思维》（*A Synthesizing Mind*）中全面回顾了自己的研究脉络，对多元智能概念进行了延伸，提出了一个全新概念——综合思维，在人类智能领域做出了新的卓越贡献。在《华尔街日报》2008 年推出的“全球最具影响力的思想家”排行榜上，加德纳排在第 5 位。

加德纳多元智能系列

《智能的结构》

《多元智能新视野》

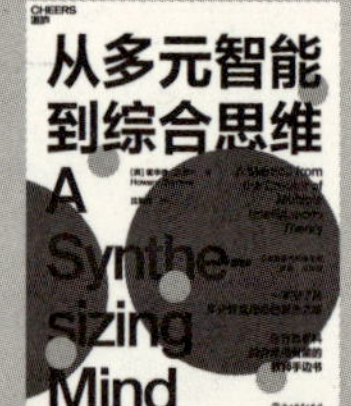

《从多元智能到综合思维》

加德纳
多元智能系列
总序

1980年，我第一次访问中国，从那时算起，时间已经过去了40余年。那时的中国刚刚经历了一段艰难的岁月，百废待兴。在那之后不久，我开始与中国从事音乐和视觉艺术教育的同行广泛地开展学术交流活动。往返中美的多次旅行对我的家人和与我一同参与交流的同事来说，都是十分美好的回忆。

在1989年出版的《打开视野：中国对美国教育困境的启示》（*To Open Minds: Chinese Clues to the Dilemma of American Education*）一书中，我记录了在中国访问期间的所见所闻和由此增长的见识。直到今天，有个难题仍然困扰着我和中国的众多教育家同行，那就是，作为教育工作者，我们如何才能让学生在获得他们一生所需的必要技能的同时，培养出创造力以及提出问题、解决问题的能力，从而帮助他们为自己所处时代的文化和知识发展做出实质性的贡献。

在我写作这篇序言的时候，中国已经发生了很大变化，中国的进步和发展速度几乎超过了当代所有国家，也许这在人类历史上是绝无仅有的。目前，中国在许多科学技术领域都处于世界领先地位。中国的美术、音乐、文学和电影作品更是在世界范围内广为人知并深获赞誉。

我接受过发展心理学和神经心理学的学术训练，基于前者，我研究儿童的心理如何发展，尤其是他们如何学习；基于后者，我研究人类的思维和大脑如何随时间的推移而发生变化，以及当大脑受到损伤时会发生什么。正如我在自己的回忆录《从多元智能到综合思维》中对自己的人生和学术道路进行梳理和回顾时所说，我倾毕生之力得出并持续不断深耕于其中的最广为人知的学术成就，就是多元智能理论。

简单地说，多元智能理论是对“人的智能是单一的”这一传统观念的批判。如果传统的智力理论是正确的，那你要么在每件事上都很聪明，做什么事情都很能干；要么就很愚蠢，什么都做不好。也就是说，只需要花费一个小时的时间进行一场智力测验，你就能向全世界展示你的智力水平。

然而每一位教师、家长以及每一位视野开阔、善于思考的公民都知道，这一结论不可能正确。在 1983 年出版的《智能的结构》一书中，我凭借多种学科的论据证明：每个人都拥有多种各自独立的智能；智力测验所能测量的，主要是语言智能和逻辑 - 数学智能，有些测验也能测量空间智能。但是我认为至少还有另外 4 种智能，即音乐智能、身体 - 动觉智能、人际智能和自我认知智能。后来我又提出了第 8 种智能即博物学家智能，并对其他可能成立的智能，包括存在智能、教育学智能等进行了推测。

我的这些观点在心理学界存在争议，主要是因为所有这些智能都不能在一个小时或更短的时间内测量出来。不过，多元智能理论的主要思想已经为世界上大多数国家的大多数人所接受。如今，当我们说一个孩子“聪明”的时候，实际想说的是这个孩子“在学校里能够取得成功”。然而大家都知道，当这个孩子离开学校，成年后走上工作岗位时，作为公民和家庭中的一员时，所有种类的智能对他来说都会变得非常重要。

多元智能理论目前主要应用于教育和培训领域，无论是在学校还是在工作场所，情况都是如此。在《智能的结构》一书出版后的几年里，世界各地的教育工作者都开始将“多元智能”的理念引入他们的课程、评估手段和教育目标，这让我感到非常惊讶和高兴，于是在 2009 年专门编撰了一本论文集《多元智能在全球》[①]，其中收录了几位中国教育工作者的文章。

起初，我并未就多元智能理论对教育的意义提出什么观点，毕竟我主要是一名心理学科研工作者，而不是一名一线教师。那时我的选择是让多元智能理论在教育的广阔领域里“百花齐放”。

多元智能理论应用在教育上的大多数实例都很有意思，其中有一些特别有价值且极富想象力，但也有一些让我十分反感。对于后一种情况，我会直言不讳地表示反对。例如有人试图通过检查一个人的指纹（即应用所谓的皮纹学）来确定他的智能状况，这一做法绝对没有任何根据。此外，在澳大利亚还有一个教育项目将学生按照种族分类，认为不同种族的人智能强弱也不同。同样，没有任何证据可以支持这一说法，因此我对此给予了强烈的批评。

同时出现的还有一些对多元智能理论的有趣理解，或者说是误解。2004 年，我在中国旅行时，人们对多元智能理论的浓厚兴趣给我留下了深刻印象。有一天在上海，一位记者向我解释了中国人对此理论感兴趣的原因。她说：“这是因为我们现在知道了，应该让我们的孩子在这 8 种智能上都表现优异！”

---

① 《多元智能在全球》（*Multiple Intelligences Around the World*）：沈致隆主编，多元智能学会译，张厚粲、沈致隆审校，中国人民大学出版社 2010 年 5 月出版。——译者注

十多年后，我决定就多元智能理论在教育领域的应用提出自己的观点。首先，我发现了更多关于多元智能的错误认识，对此我在 2006 年出版的《多元智能新视野》一书中给予了澄清，随后提出了多元智能理论对教育领域的两方面启示。

第一，教育应该更加个性化。

我们应该尽可能多地了解每个人的智能状况。只要有可能，我们应该以充分利用学生各自智能强项的方式来教育他们。

当然，这在科技发达的时代相对容易实现，因为在当今的科技时代，人们更有条件为每个学生提供更适合其个性的学习材料。

第二，教育应该更加多元化。

无论何时，当教师教授一个概念或某种操作过程的时候，都应该以多种不同的方式表述，以便激活学生的不止一种智能。这种教学方式可以同时适用于更多的学生，因为学生们的学习方法也各不相同。此外，多种方式的教学可以提高学生的理解力，因为用多种方式思考同一个问题时，我们能够更全面地理解它。同样，在科技发达的时代，以各种不同的媒介和不同的方式安排授课内容是相对容易的。

虽然我为大众所熟知的最主要原因是我在多元智能理论上所做的工作，但我也探索了人类思维的许多其他领域。我在《大师的创造力》(*Creating Minds*) 中探讨了“大 C”创造力[①] 的根源；在《领导智慧》(*Leading Minds*)

---

① “大 C”创造力 （“big-C” creativity）：作者用该词表示达・芬奇、爱因斯坦等人身上所展现的惊人创造力。他认为自己和妻子埃伦・温纳（Ellen Winner）所拥有的是中等程度的创造力（“middle-C” creativity）。——译者注

中研究了领导者运用语言智能和人的认知智能的方式；在《决胜未来的 5 种能力》（*Five Minds for the Future*）中，我提出，21 世纪最重要的 5 种思维方式分别是“受过学科训练的”“善于综合的”“具有创造性的”“谨慎谦卑的”“符合伦理道德的”。

在写作《从多元智能到综合思维》这本有关我自己智能研究状况的回忆录时，我逐渐领悟到，对我自己所拥有的这种思维方式来说，最恰切的描述方式大概是“综合的思维方式”，这本书的书名因此而来。我目前所做的大部分工作都是为了理解“综合思维”，这是最初由 19 世纪的思想黑格尔和马克思所提出并阐述的能力。我相信，中国读者对这种综合思维能力的养成也会非常感兴趣。

就我个人来讲，最重要的工作是对“优善工作”和“优善公民”的持续 25 年的研究。这里的“优善”包含以下三个含义：第一，个人能力优秀；第二，工作富有意义，个人积极参与；第三，工作性质和个人行为均符合伦理道德。

当人们告诉我他们喜欢多元智能理论时，我通常会微笑着对他们表示感谢，随后我会补充说：仅仅开发智能是不够的，我们需要以正确的、符合伦理道德的方式运用智能，并思考我们对他人应尽的责任和义务。我最大的希望是，我这些书的读者们在开发出自己的智能强项以后，能够以对我们这个小星球上所有居民都有所助益的方式运用它们。

霍华德·加德纳

Howard Gardner

你了解多元智能与综合思维吗?

扫码获取全部测试题及答案，看看你有多了解多元智能与综合思维。

- 综合思维是指广泛吸收不同渠道的大量信息并进行深入思考，然后以对自己有用的方式组合起来的一种能力吗？（ ）

  A. 是

  B. 否

- 要想进行有价值的创造，就必须掌握一个或多个学科的思维方式，这是对的吗？（ ）

  A. 对

  B. 错

- 以下哪项不属于加德纳多元智能中的智能？（ ）

  A. 音乐智能

  B. 语言智能

  C. 综合智能

  D. 空间智能

本书作者、哈佛大学终身教授霍华德·加德纳1983年出版了《智能的结构》一书，创建了20世纪风靡全球的发展心理学理论——多元智能理论，名扬世界。他获得了普林斯顿大学等世界一流大学的心理学、教育学、音乐学、医学、文学、法学等不同学科的31个荣誉博士学位，并曾应邀前往全球几十个国家和地区讲学。

在《华尔街日报》2008年推出的“全球最具影响力的思想家”排行榜上，加德纳排在第5位。因此，说他是当今世界上伟大的发展心理学家和教育学家，乃实至名归。

加德纳的多元智能理论在中国更是振聋发聩，影响深远，得到了全国数十万教育工作者的广泛认可和传播，推动了难以计数的教育改革项目的实施。

据不完全统计，截至2018年，仅沈致隆翻译、审校、主编过的加德纳的包括《智能的结构》在内的10

部作品中文版的销售数，就已超过了 30 万册。加德纳本人也曾 6 次访问中国，足迹遍及中国十多个城市，并曾应中国教育学会“十五”规划重点课题“借鉴多元智能理论开发学生潜能实践研究”负责人陶西平会长的邀请，在 2004 年 5 月召开的北京国际研讨会上，为来自全国 13 个省市 800 余名大中小学的教育家和校长、教师发表了名为“多元智能理论再思考”的演讲。

然而，自 2010 年加德纳教授第 6 次访问北京后，多元智能理论在中国的热度逐年减退。并且，加德纳从多元智能理论衍生出来的有关德育、美育、创造力、领导力以及决胜未来的 5 种能力的新思想，虽然同样熠熠生辉且与中国当前的教育改革密切相关，却鲜为人知。另一方面，加德纳自幼年起所接受的教育，在他成长和成才过程中家庭、学校、社会所起的作用，与他成为影响全球、享誉世界的科学家、教育家之间有何关系？究竟是什么样的知识结构和思维方式，成就了这位推动全球教育改革的一代宗师？因为缺少相关的中英文资料，这些问题同样很少人知道或研究。然而这两方面的信息，却是广大教育科研人员、大中小学校长和老师们感兴趣的话题和研究素材。本书的重要价值之一，就在于弥补了以上两方面资料的不足——甚至空白。

看过《智能的结构》一书的读者都知道，加德纳虽然是发展心理学家，但他创建的多元智能理论，却是综合了心理学、神经医学、数学、物理学、生物学、文学、历史学、政治学、音乐学、美术学、舞蹈学、体育运动学等多个学科的研究成果而提出的理论。因此，可以说加德纳是百科全书式的学者，《智能的结构》也可以被看作是自然科学、人文社会科学，以及艺术相互交融的小型百科全书。

他在这本《从多元智能到综合思维》中提到的世界著名文学家、历史学家、社会学家、人类学家、哲学家、美学家、思想家、革命家、政治或宗教领导人、心理学家、教育家、语言学家、法学家、经济学家、企业家、新闻记者、出版社编辑、小说家、剧作家、诗人、电影演员、歌剧院院长、流行歌星、电视节目主持人、作曲家、画家、摄影家、音乐家、舞蹈家、数学家、数学社会学家、天文学家、核物理学家、心理物理学家、化学家、生物地理学家、古生物学家、神经医学家、博物学家和遗传学家达到数百位之众。书中介绍的这些人及其作品，要么对他的人生、学识和研究思路产生过重要影响和启迪，要么是他一生特别敬仰、学习、关注和研究的对象。当然，也有一些人给他的人生道路制造了障碍，甚至伤害了他、使他反感而被称作“反面教员”。

本书的独特和重要之处就在于，加德纳自始至终运用自我认知智能，通过回忆人生经历和分析以上人物对他学术道路的影响，生动阐明了自己跨学科的综合思维能力是从哪里来的、这种能力的独特之处是什么，以及在他一生的学习和工作中，这种能力和综合多学科的研究方法如何运作，从而激发他创建了多元智能理论，并取得了此后的一系列突出成就。正如他在本书中所说的："写这本回忆录的一个主要动机，就是说明多元智能理论在我学术生涯中起到什么作用，说明迄今为止的将近 40 年里，多学科思维方式的综合是如何影响了我和许多其他人的。"

多元智能理论广为传播之后，加德纳提出的 8 种智能很自然地引起了全球教育界人士和学生家长的极大兴趣，数十年来，无数人向他提出过相同的问题：他自己拥有的智能强项究竟是什么？加德纳 77 岁时总结了自己一生的学术道路后，在本书中给出了最终答案："我拥有的是综合智能，即综合了不同的学科、文化思维与推理方式的智能。"

2020 年 9 月 15 日，我国教育部等八部门《关于进一步激发中小学办学活力的若干意见》(教基〔2020〕7 号）提出："对于学科间关联性较强的学习内容，可自主统筹实施跨学科综合性主题教学。"2020 年 10 月 15 日在中共中央办公厅、国务院办公厅印发的《关于全面加强和改进新时代学校美育工作的意见》中，则进一步要求各级各类学校在“完善课程和教材体系”过程中首先要“树立学科融合理念”。

我们相信，本书展现加德纳跨学科综合思维和推理能力的养成和应用，对于我国当前大力推进基础教育的学科整合和课程整合，加强和改进新时代学校美育工作，培育德智体美劳全面发展的社会主义建设者和接班人，具有重要的参考价值。

沈致隆

2021 年 2 月

面向未来的综合思维

1984 年秋天，我应邀在美国国家私立学校联合会的年会上演讲，地点是纽约曼哈顿的希尔顿酒店。主办方希望我演讲的主题，是我当时刚出版不久的新书《智能的结构》。我一走进现场，立刻意识到事情有点异样。

我当时是心理学领域的科研人员，有时也讲课，还算是有教学经验的教师。同时，我也发表了很多学术论文和科普文章，出版过几本专著和教材，甚至获得过几个奖项。因为新书《智能的结构》受到广泛关注，在此书 1983 年 9 月正式出版的前后，我已经就书的内容发表过了几次演讲。

当我穿过希尔顿酒店的走廊，就要进入报告厅的时候，发现里面已经座无虚席，甚至到了拥挤的程度。我刚一进入报告厅，演讲前听众席常有的嘈杂声立即消失了。在突然变得悄无声息的大厅里，我注意到有人开始向我招手示意。此后，听众之间私下的议论声渐渐重新响起，只不过音调比之前低了很多。主持人介绍我之后，热烈的掌声一阵高过一阵，这在当时的学术活动场景中并不常见。在我演讲的时候，很多听众的神情似乎比听惯常的会议报告更加全神贯注。寻常会议上嘉宾演讲时常有的杂音，如听众在会场前后随意穿行的声音、在座位上翻阅纸质资料的声音，在我这次演讲时都消失了。演讲结束后，我应邀为许多听众在他们购买的《智能的结构》上签名（这还是在手机自拍功能和亚马逊 kindle 问世之前的数十年）。

我当时的意识是对的——这本有关多元智能理论的书永久地改变了我的人生。在此之前，我是从事专业研究工作的心理学家，而此书出版后，我变成了一篇备受讨论的论文的作者和引起争议的多元智能理论的创建者。此前，我出版的几部著作，主要是综述他人的思想，而此后，我自己的思想却成为学者们赞扬、批评和争论的焦点。当然，尽管我不愿意（现在依然如此）在街道上和飞机场被人认出来，但也不得不逐渐习惯面对人们提出下列问题时给予肯定回答。这些问题是："您是霍华德·加德纳吗？""您是加德纳博士吗？""您是加德纳教授吗？"或者干脆就是："您真的是霍华德·加德纳吗？"

在一定程度上，我对自己作为一名学者和崭露头角的有影响力的知识分子的名声，还是满意的。虽然我并不认为自己在小有名气之前，曾有过成名的梦想，因为那不是我的秉性。但我必须坦率地承认，对于出名，对于应邀出席能够产生美好回忆的、有趣的学术论坛和聚会，对于工资以外收入的增加，我还是感到高兴的。在本书中，我将谈到这些方面获得的回报。

但是，写作这本回忆录的最初动机，却不是以上原因，而是另外两个。

首先，在当今世界——特别在美国，演讲者和作者在演说和著作中，总是表达特定的观点。我已经出版了 30 本著作，发表了数百篇论文，从事过几十个项目的研究，但我被读者和观众熟知的身份（我相信今后仍然如此的可能性很大），是作为多元智能理论的创建者或者“多元智能理论之父”。首先需要说明的是，我绝不会抛弃这个身份或后悔提出了这个理论，事实上，在我第一次提出这个理论后的几十年里，我仍然花了不少时间继续研究它。但根据自己的秉性、情怀和使命感，我从没有想过此后只研究多元智能理论。如果因为我提出了这个理论，就有义务不断完善它，或者为它辩护，对此我不赞同。人生苦短，我还有很多其他想法和兴趣，我认为自己应该将注意力集中在其他课题上，而不仅仅是做一名多元智能理论的“专利保有者”。

此外，虽然多元智能理论引起了全世界很多人的注意，但这并不意味着他们都理解了这一理论。我多年来为消除误解所做的努力难以统计，却并没有取得明显的成效。虽然我很少质疑那些打着多元智能理论旗号的人的动机，但他们有时的确会以破坏性的方式应用或歪曲这个理论。事实上，正如本书后面详述的某个案例，曲解和错用是如此明目张胆，以至于我不得不公开谴责。在我提出这个理论后的几十年里，那些不愉快的事彻底改变了我研究工作的路线。在很大程度上，为了纠正此类对我理论的曲解，我不再是研究人类认知能力的心理学家，而开始努力研究如何理解并促使人们对所拥有的智能和创造力的强项，进行符合伦理道德标准的运用的问题。到目前为止，这项研究持续的时间已经超过 25 年了。

在本书中，我从个人的角度，追溯了自己思想和灵感的起源、从事研究工作的早期情况、多元智能理论早期得到的认可，以及在提出这个理论后的 40 多年里，我在学术和文化上走过的曲折道路。

我撰写这本书还有另一个动机。这个动机也许难以预测，我却认为更加重要。在学术研究和写作的大部分生涯中，我主要关注人类的心理和智能，或者换一种说法，关注人的思维方式。在本书后续的内容中，我试图审视自己的思维方式，即半个世纪以来，是何种思维促使我产生了多元智能理论和其他各种学术思想。令我感到惊讶的是，它并不能简单或者轻而易举地用多元智能理论来解释。

问题的关键在于，我确信自己的思维具有能够对横跨多个学科的思维和推理方式进行综合的特点。这种综合的能力，必须与特定的目标相结合。而跨学科的思维和推理能力，可以调动起多种智能以及用不同方式组合智能。在分析综合性的行为或综合类的艺术作品时，我相信自己能说明其中的思维方式——这在过去没有人分析过，但可以预见，在未来会特别重要。

从学术生涯早期开始，我就被一种特定的研究和写作方法吸引。从技术上讲，可以称之为“定性的社会科学”（qualitative social science）。但更准确或者稍微夸张一点说，可以称之为有关人类思想、本性和文化的“综合性研究”。这是从我求学早期开始就非常崇拜的导师——精神分析学家埃里克·埃里克森[①]、社会学家大卫·理斯曼[②]、心理学家杰罗姆·布鲁纳[③]所采用的研究和写作方法，他们也就理所当然地成了我模仿的对象。我高中和大学时代崇拜的对象——理查德·霍夫施塔特[④]和埃德蒙·威尔逊[⑤]，他们也都是这样做的。这使他们的作品具有吸引力，读起来引人入胜。我在自己所有的著作中也努力这样做，《智能的结构》一书就是最好的证明。

我相信自己长期以来从事的、介于新闻报道和实验科学之间的研究工作，

---

① 埃里克·埃里克森（Erik Erikson，1902—1994）：美国神经病学家、发展心理学家和精神分析学家，曾在哈佛医学院担任人类发展学教授，并讲授“人类生命周期”课程。——译者注

② 大卫·理斯曼（David Riesman，1909—2002）：美国社会学家，“公共社会学”早期的代表人物，1950 年出版名著《孤独的人群》（*The Lonely Crowd*）。——译者注

③ 杰罗姆·布鲁纳（Jerome Bruner，1915—2016）：美国心理学家、教育学家，对认知心理理论的系统化和科学化做出过重大贡献。——译者注

④ 理查德·霍夫施塔特（Richard Hofstadter，1916—1970）：美国历史学家，曾因《美国生活中的反智主义》等著作两次获普利策奖。——译者注

⑤ 埃德蒙·威尔逊（Edmund Wilson，1895—1972）：美国著名评论家和作家，曾任美国《名利场》和《新共和》杂志编辑、《纽约客》评论主笔。——译者注

是一种有效的，同时也是特别值得珍视的（也可能是特别不确定的）获取知识的方法。在我的学术生涯中，我一直运用的就是这种方法，也是我特别擅长的方法。然而，让我担心的是，此类跨学科的研究方法越来越不受人们重视。目前学术界更加倾向于在标准的学科边界之内，运用高技术从事定量的研究工作。媒体则更青睐单一且简单的“大创意”，以及评论员能不受采访者提示，就能说出后者所希望的一连串精确的话语。如果我所欣赏的、融合不同概念和思想的综合性创造，从网络和公众的视野中消失，那将多么遗憾。

因此，在本书中我将努力反映跨学科研究的两方面议题：

- 究竟是哪些因素导致了人类智能观念的创新，以及人们有关智能对话方式的改变，同时说明这种改变给与多元智能理论绑定后的我所带来的压力。
- 我从童年开始，就试图在综合大量信息的基础上探索智能的种类，创建有关人生体验的新概念，并清楚地传达给更多的人。

随着我的叙述和观点的展开，你可以明显看出这本书很有自传的性质，但它可不是有关“人生和爱情”的故事。更确切地说，它是我人生思维、推理能力和方式的展示，是我自己学术生涯和智能结构的回忆录。

我的故事分三个部分展开。

第一部分，我分别介绍了在我作为孩童、青年学生、初出茅庐的心理学家和作家的不同时期中，影响我心理发展的事件和因素。作为理论创始人和本书的唯一主人翁，我不知道是我的家庭、故乡、兴趣爱好、好奇心、优缺点、朋友或我参与的活动和选择的学校等哪些具体的因素，使我成为横跨多个学科的科学家，但至少通过以上内容的叙述，我提出了一个形成综合思维的研究案例。

第二部分，我详细介绍了自己综合多学科的研究成果，也就是对我成名起到最重要作用的多元智能理论。此外，从那天我在希尔顿酒店演讲时的感受出发，我逐一介绍了以下内容：当一种观点传播开来时会发生什么事；我对学术界的批评、公众的认可和求知欲的反应；多元智能理论“解放”我和“束缚”我的方式；人们受多元智能理论影响而开发的各种各样的教育方案和课题，其中包括我和同事们创建并实施的多个项目。

第三部分，我介绍了自己其他方向的研究。这些工作的目的是，辨别那些看似分散的活动是如何被综合思维的能力联系在一起的。我学术生涯中有一件意想不到的事，那就是公众对多元智能理论的反应最终导致我进行了大规模的、长达十多年之久的有关职业道德和高等教育的研究。在写这篇序言之前，我正在研究的是一般人以及杰出艺术家、科学家和政治家的思维方式。

在本书的最后几章，我通过“照镜子”的方式反躬自省，换句话说，是运用自我认知智能，找出自己跨学科综合思维和推理的能力来自哪里、是如何运作的、独特之处是什么，以及在当今和以后的时代里，我对自己思维和推理方式的认知，可能带给拥有其他思维方式的人什么样的经验和教训。虽然我这种综合多种学科的研究方法，既不同于新闻报道，也不同于社会科学的实证研究，但它具有连续性：不仅被标准教科书（我自己也写过两本）一致承认，最早独创该研究方法的伟大学者——如生物学家达尔文或历史学家霍夫施塔特在其学术生涯中也一直延续使用。这也就是我在有关多元智能、创造性和领导力的研究中努力实践的方法。

我毕生所为，都在试图证明为什么提出强有力的概念、通过广泛而细致的研究对其进行探索，并向学术界和公众清楚地表达是一项很有意义的工作。我认为，只要人类继续生存，就应当继续追求并珍惜这些概念。

A SYNTHESIZING MIND

目 录

A SYNTHESIZING MIND

第一部分

综合思维和推理能力的形成

第 1 章

10 岁的我如何思考

故事的开篇

如果能见到 10 岁时的我，吸引你的会是什么？你会看到的可能是一个活泼好动的微胖男孩，戴着高度眼镜，正将自己的鼻子深埋在一本打开的书里；可能是他正低头垂肩坐在钢琴凳上，弹奏巴赫的前奏曲和赋格曲，母亲陪坐在一旁；也可能是他正弯腰俯身在一架小型便携式打字机前面，用两三根手指敲击键盘打字，就像我现在坐在笔记本电脑前所做的一样。

是什么让还是孩童的我对弹奏钢琴和文字写作如此全神贯注？

我的母亲叫希尔德·贝拉·魏尔海默（Hilde Bella Weilheimer），父亲叫鲁道夫·加德纳（Rudolf Gärtner），他们出身于德国纽伦堡中产阶级犹太人家庭。在我母亲 20 岁、父亲 23 岁的时候，他们结婚了。在那个时代的中产阶级中，如此早婚是罕见的。他们结婚后，打算和自己祖上几代人一样，在这片土地上继续过着传统资产阶级的富裕生活。

1933 年 1 月，希特勒被任命为德国总理，这在当时引起了轩然大波。我父母见多识广，颇有先见之明，为远离日渐明显的纳粹暴力政权，于 1934 年迁居米兰，打算在意大利开始新的生活。很快，他们就发现墨索里尼和希特勒是一路货色，意大利也没有犹太人的家园，只好又搬回了德国。1935 年，他们的长子埃里克（Erich）出生。此后我父母人生的重要使命（很快就成为最重要的使命），就是带着埃里克离开德国。他们最理想的移民地点是美国。

由于我母亲和哥哥基本上已被纳粹扣作了人质，父亲先后三次走海路前往美国，寻求能为全家三口人出具担保的人——他得能保证这个家庭到达后不会给美国增加财政上的负担。1938 年，父亲终于成功了，他从此前已经移民到加利福尼亚州的同学[①]那里，获得了担保书。为了办理前往美国的所有手续，父母动用了全部财产缴纳税款——几乎相当于随身携带的行李和物品 4 倍的价值，终于登上了开往纽约的轮船。

我父母只会一点英语，在美国也只有很少的几个朋友和熟人。而且由于德国当局的限制，他们于 1938 年 11 月 9 日午夜到达美国时，每人只随身携带了 5 美元。那个晚上正好是后来臭名昭著的"帝国水晶之夜"[②]，德国千百座犹太教堂被打砸或烧毁，无数犹太人被逮捕、打伤甚至被杀害，其中就有母亲的许多亲属。但我父母还算幸运的，至少比东欧的犹太人幸运。他们的幸运之处在于，全家三口完好无损地逃离了虎口，虽然贫穷，但身体健康、创业精神犹在。

这样的幸运并没能持续多久，他们从纽约搬迁到宾夕法尼亚州一个从没听说过的小镇斯克兰顿（Scranton）后，日子过得很艰难。父亲过去在德国从没

---

① 我最近得知，父亲这位朋友名叫阿尔弗雷德・马舒茨（Alfred Marshütz），他当时必须为我父母提供 5 年的经济担保。

② 帝国水晶之夜（Kristallnacht）：又译"碎玻璃之夜"，指 1938 年 11 月 9 日至 10 日凌晨，希特勒青年团、盖世太保和党卫军袭击德国和奥地利犹太人的事件，标志着纳粹对犹太人有组织屠杀的开始。——译者注

有从事过体力劳动，此时却不得不为了每周 15 美元的工资，靠搬运汽油桶谋生。母亲以往从没有做过一顿饭、铺过一次床（甚至在经济大萧条时期，像她这类活跃在社交圈里的人都雇有女仆），在美国却开始做家务，而且很快就为很多无家可归的难民提供庇护。

1943 年 1 月，一个悲剧的降临让这个家庭雪上加霜。我的哥哥埃里克从一座小山丘乘雪橇往下滑的时候，为避开一只狗而拐道，发生了严重的事故，最终命丧黄泉。多年后，母亲告诉我，如果不是当时我在她肚里已经三个月，她与父亲会因悲痛而自杀。因为当时他们已经失去了一切，包括自己的祖国、土地、房屋、很多朋友以及亲人，就连他们视如珍宝的聪明儿子也没能活下来。虽然哥哥埃里克刚到美国时，连三个英语单词都不会，但却十分聪明（我曾听到不同的人分别用英语、法语、德语三种语言的“聪明”一词夸他），学校甚至因此同意他免读一年级，入学后立即跳班进入二年级。

在那些日子里，美国的父母都被告知要对自己的孩子隐瞒坏消息。因此，不管这提议是对还是错，我出生以后，父母从没有在我面前提到过德国、希特勒、集中营以及他们的早年生活，他们极力想掀开生活新的一页。更加令人惊讶的是，他们从没有告诉过我哥哥埃里克的意外夭亡。当我看到家中镜框里哥哥的照片并询问是谁的时候，他们告诉我是邻居家的孩子。直到有一天，我随意乱翻抽屉，发现了报道埃里克不幸离世的一张剪报，他们所有善意的谎言才被揭穿。我之所以用“善意的谎言”这个词，是因为我知道，无论在什么程度上、从何种视角看，本杰明·斯波克①医生的建议和我父母的谎言都出于善意。但他们都低估了儿童观察和分析的能力，其实我早就知道了希特勒和埃里克的事。

---

① 本杰明·斯波克（Benjamin Spock，1903—1998）：美国儿科医生，其《斯波克育儿经》被公认为 20 世纪最可信的育儿手册。——译者注

我用以上故事作为本章的开头，是因为无论我父母是否刻意保持沉默，这两件事对我的童年都影响极大，或者至少给我的童年抹上了浓重的色彩。我在宾夕法尼亚州东北部小镇上的同龄人，大多数是移民的第二代或第三代，而我的妹妹玛丽昂（Marion，生于 1946 年）和我，则来自一个以德语为母语的家庭。当时我父母为保守这一秘密，彼此用法语交谈，偶尔使用意大利语。但是，在我家没有电梯的三楼的狭小房间里，经常来访或共进晚餐的客人们，却都是讲德语的难民。

我的强项

毋庸讳言，第二次世界大战及其造成的伤痛（包括许多流离失所者的困境），在 20 世纪 40 年代末和 50 年代，一直萦绕在每个人的脑海中。我父亲就从来没有真正适应来美国后的生活，如果能让他回到 20 世纪 20 年代末有足球比赛、啤酒和炸鸡排的德国，即使需要付出折断手指的代价，他也毫不犹豫。我的母亲则与父亲相反，在 2013 年 102 岁去世之前，她始终保持着清醒的头脑，很容易就适应了美国的生活，并且不想再与德国藕断丝连（她很高兴我们的姓氏被英语化为加德纳）。但是，埃里克曾经有过的远大前程和他悲惨死亡的阴影，一直笼罩着他们。虽然他们作为父母是称职的——对此我给予他们“优”的成绩，但我当年却不知道自己是替代哥哥的孩子。甚至我的中间名厄尔（Earl），也被精心美国化，作为埃里克（Erich）的替代品。为了继续纪念他，在我们家族后代的各个分支中，都有几个人被起名叫埃里克。

我父母在德国长大，是 20 世纪 20 年代典型的享受型年轻人。他们跳舞、聚会、滑雪，而且非常热衷社交活动。但在雪橇事故中失去了一个孩子后，他们特别注意保护我：不让我参与任何可能导致严重伤害的活动，禁止我从事任何体育运动，从不让我滑雪，也不允许我踢足球。我在 20 多岁离开家很久之后才学会了骑自行车，即便那时，骑在这种两个轮子的交通工具上，我也从没感到得心应手。我并没有反社会人格，但正如本书开篇你看到的，我喜欢单独活动，如广泛阅读、定期写作和一个人刻苦地练习钢琴。即使在今天，我还是喜欢游泳而不愿去参加集体性的体育运动。我总能结交到几个亲密的朋友，和自己认识的人交往得很好，但我不太合群，也不喜欢参与聚会性质的活动。

大家可能想不到，因为我一直活在内心的世界里，我竟然花了几十年才意识到自己的以上特点。其间，多亏一位邻居注意到我的音乐天分，一直督促我父母培养我，后来他们真的花了 30 美元为我买了一架二手钢琴。此后，我几乎每天都在弹钢琴，还曾在犹太教堂里拉手风琴、弹管风琴，在高中乐队里演奏长笛。我如饥似渴地在收音机里聆听不同种类的音乐，收听并收藏了许多唱片（大多是每分钟 33 转的，而不是每分钟 45 转或 78 转的）。毫无疑问，几乎在所有清醒的时候，我脑海中都自然而然地会有音乐声响起。现在我写这本书的时候，也有同样的感觉。

只要条件允许，无论在家里，还是在家乡的公共图书馆，我都尽可能多地阅读各种书刊。在斯克兰顿的公共图书馆里，我读书花费的时间，真是难以计数。我埋头书本不是为了逃避现实，而是因为对从体育运动到气候特点的所有信息都很感兴趣。我读过一本只有一卷的百科全书，并将多卷本的《世界百科全书》（*World Book*）放在床边，以便随时参考（如果晚 60 年出生的话，我的搜索引擎会忙得不可开交）。我读过很多非常受欢迎的、具有里程碑意义的书籍，但我特别着迷的还是历史和传记类图书。这两类书常常与人类做出决定自己命运的选择有关，或者与人类被决定的命运有关。我所阅读的，主要是讲述两次世界大战的历史及其相关人物的，那是我家里为数不多的英语书，它们同样清楚地反映了我父亲的爱好。当时我所阅读的故事、小说和《少年生活》[1]杂志里面的文章，大约 80% 都是非虚构类的内容。

---

① 《少年生活》（*Boys' Life*）：美国童子军组织出版的辅导 8 ～ 18 岁青少年的课外活动刊物，包括知识介绍、趣味性文字和漫画等内容。——译者注

现在回想起来，可以说我当年的阅读范围很广，但我并未有意识地系统阅读某方面的内容。和许多年轻人一样，我博闻强记，无论是对历史、科学还是体育新闻，都是如此。我很容易被这些信息吸引，并将不同领域的信息联系起来，如将体育人物与历史人物或媒体人物与当代政治人物联系起来进行比较，记录同一年两个不同团体或部门发生的事情。我觉得自己试图弄清楚的是，父母为什么对我隐瞒哥哥的夭折和数百万犹太人被屠杀之事。后来运用我自己开发的语言体系，注重用对比的方法，看到了两件似乎彼此无关事件之间的联系，并以不受学科约束的思维方式，或者以在我头脑中建立起真正学科概念之前的思维方式，对它们加以比较。我的头脑像一个巨大的信息收集器，自如地穿梭在没有严格界线的不同学科之间。在我还没有开始真正学习如历史学、经济学或政治学这样的学科之前，就已经对它们进行了区分、比较和联系。

我喜欢写作。7 岁上小学的时候，没有任何人的鼓励和督促，我就为班里创办了一份报纸。那会儿我家里有一架小型台式印刷机，我会耐心地把每个单词的每个字母，都放在印刷机的台板上，然后转动杠杆，煞费苦心地出版一份只有 4 页的报纸。如果有人，包括溺爱我的父母，读过或保留过其中哪怕一页报纸，我都会感到惊讶，因为没人这么做。不过没关系，我的乐趣就在于把事件和想法记录下来。多年以后，这种愉快的感觉依然存在。今天，当我坐在办公桌上打字时，想的还是希望能把自己的想法传递给世界。即使这些文字将随风而逝，我也会继续写作，因为它们是我人生的见证。

因此，如果要我总结综合思维和推理能力的发展模式有什么特点，无论是以我自己为模型，还是以适应未来世界为准，我都认为以下几点很重要：广泛的好奇心，透彻理解、吸收并牢记大量事件和数字，最后提出问题，但同时也要认真关注问题的答案——无论这些答案是从书本、大自然、简单的实验中获取的，还是从其他人或自己的想象中获得的，都对其一视同仁。然后，以既不僵化也不混乱的方式，将这些原始的答案放在一起，看看它们是如何起作用的

（还是根本不起作用）。重要的是，将这些答案按照某些符号系统记录下来。

我的大脑日夜都很活跃，这经常使家人和朋友疲于应对。在学校里，我是一名好学生，成绩在班级里总是毫无悬念地名列前茅。尽管我不喜欢这种说法，但我的确是应试教育中的佼佼者。对我来说，无论选择专注于哪一项活动，取得好成绩都很重要。我们永远不可能知道的是，我是否和从未谋面的哥哥一样是好学生且学得很轻松，但我怀疑，在某种程度上自己是在和他一争高下。

说到我童年时的崇拜对象，可以从那时挂在我卧室里的三张照片——优素福·卡什[①]、爱因斯坦和海明威了解一二。还有我外祖父马丁·魏尔海默（Martin Weilheimer）的肖像，这幅肖像照的风格与卡什作品类似，至今仍挂在我的书房里。[②] 他们代表了在各自领域——科学、艺术和商业中取得了很大成就的人。虽然 70 年前我不会这么想，但外祖父的确希望我有一天也能成为他们那样的人。

我的弱项

多亏了我家的另一个朋友，他劝诫我父母不要过分庇护我，所以 7 岁的时候，我开始参加露营活动。起初，我讨厌离家外宿，因为我既没有天赋也没有热情投入在需要花费很多时间的竞技体育运动上。但体验了 7 年以后，我成了一个相当热爱露营的人。我曾在年幼时成为幼年童子军和正规童子军的成员，

---

① 优素福·卡什（Yousuf Karsh，1908—2002）：20 世纪享誉世界的人像摄影大师。——译者注

② 照片和其他人物画像见 95 页插图。

后来成为雄鹰童子军[①]的成员。几十年后，我很高兴地发现，长期担任美国教师联合会主席的阿尔·尚克尔（Al Shanker）曾经也是雄鹰童子军的成员。他是一位身材高大、十分聪明的犹太人，却在当时以英美人为主的机构中担任重要职务，非常受人尊敬。

要想成为雄鹰童子军的侦察兵，必须获得 21 枚奖章，为此我不得不参加 20 次通宵野营。和以往的其他露营一样，我最初颇为害怕，虽然最终适应了，还是未能真正喜欢上。背着沉重的背包，在尘土飞扬的小路上走 20 次；漫漫长夜，在破旧的睡袋里驱赶蚊虫——这些经历使我永远无法喜欢露宿野外。不过，这可能会让我的儿孙感到遗憾。

尽管我缺乏通常能在团体运动中获得的身体技能，童子军却给了我一个不同寻常的机会——让我成为一名队列行进时的“标兵”。幼年童子军或正规童子军中的成员，必须按照顺序和同伴排成一行，并严格遵守行军时的命令。我不是个时刻保持标准体态的人，总是随意或站或坐，我父母还经常用略带德语口音的话温柔地提醒我：“站直！坐直！”但是，在行军时，我从来没有做错过一次指令。这可能与我的音乐爱好有关，或者与我杰出的应试能力类似。不管是什么原因，就像我无须再露宿野外一样，我很高兴后来再也不用参加行军操练了。

宾夕法尼亚州的斯克兰顿小城几乎从来不是媒体关注的焦点。19 世纪末，那里曾经是一个生机勃勃、不断扩张的地方，同时也以杂耍和卖淫闻名。后来，它被宣布为美国第一个经济萧条的地区。我从得知这个消息开始，就对这个论断存在疑问。当星期六下午我去湖滨剧院看电影时，注意到斯克兰顿经常是人们的笑柄。我当时很天真，以为在某个城镇上映的电影都要提到那个城镇

---

① 幼年童子军（Cub Scout）、正规童子军（Boy Scout）、雄鹰童子军（Eagle Scout）的区别在于加入时的年龄，分别为 11 岁以下、11～14 岁和 14 岁以上。——作者应译者的请求特为此书中译本加注

的名字，但事实上当时的斯克兰顿在全世界都是人们的笑料。

但在那些日子里，不管经济多么萧条、遭了多少人的嘲笑，斯克兰顿还是有几家电台和电视台。大约 10 岁的时候，我参加了一个名为“少年评委”的节目，为各种流行和严肃音乐打分。这件事对我来说几乎毫不费力，还让斯克兰顿人熟悉了我的声音和观点，也让我早早体验了成名的滋味。

在我更小的时候，曾经参加过另一个叫“影子杀手”①的电视节目，参赛者在节目中通过物体的轮廓，判断它究竟是什么。结果我这个小学里的好学生，在节目中却表现不佳，我甚至需要主持人给一些提示才能答对。我一向不拒绝参加比赛，经常与家人和朋友玩棋类游戏，但在那段时间里，我决心再也不参加任何识别图案的比赛。

儿童考虑他人想法的时候，往往假设每个人的想法和感受都和自己一样。儿童意识到以自我为中心的处事方式逐渐行不通的过程可能是痛苦的，但他们也会因此获得认识上的提高：知道大多数人的想法可能与自己完全不同，而自己的想法甚至可能在某些方面是独特的。在“影子杀手”节目上的表现，让我意识到，在视觉表现上自己处于明显的劣势。

首先我缺乏立体感。同一时间内，我只能用一只眼睛看东西，而且右眼的视力比左眼的差很多。所以我永远也不会喜欢看 3D 电影，或任何具有三维立体感的东西。有趣的是，我的外祖父和哥哥埃里克，基本上也只用单眼视物，另一只就是所谓“懒惰或游荡的眼睛”（埃里克为训练这只眼睛，甚至在视力较强的眼睛上蒙一块眼罩，但也于事无补）。

---

① 影子杀手（Shadow Stumpers）：美国巴尔的摩地区的一个电视游戏节目，两个家庭竞相猜出帘子后面的影子是什么，也有观众在家里通过电话参与。——译者注

其次我还是色盲，接受石原测试（色盲检测图）时几乎认不出任何数字。而且我还是脸盲症患者，不能通过面孔辨认人。这些都具有遗传性，我父亲和我女儿克里斯（Kerith）都存在同样的问题。事实上，如果我遇见你并和你谈话，我可能会说："如果明天见到你，我可能认不出你，所以希望你能主动说明自己的身份。不过，这是我的隐私，请不要外传。"尽管从表面上看，我这两种视觉障碍有明显的相似之处，但从基础生物学的角度看，至少到目前为止，我认为它们彼此之间没有联系。

随着年龄的增长，我对视觉艺术产生了极大的兴趣，甚至博士论文都专注于视觉艺术的研究，最终我还受邀成为纽约现代艺术博物馆[①]董事会的成员。虽然从童年起，在涉及视觉的任何事情上我都有明显的缺陷，但我已经想出了各种办法对此加以弥补。

我与他人相处时表现如何？虽然我是个"老好人"，但我不喜欢用这个词来说明人的秉性。在童年的中期，很多孩子对于什么是对的、什么是错的，怀有强烈的区分意识，也就是心理学家劳伦斯·科尔伯格[②]所谓的"好男孩/坏男孩"心态。大多数孩子还认识不到好与坏的细微差别，我也不例外，所以我总是轻易批评不符合自己理想行为的人和事。

但父母纠正了我的这种倾向。他们是典型的"德国好人"，总是尽力遵守法规的条文和精神[③]。我记得有人给我读过以行为不端为主题的德国故事书《马克斯和莫里茨》（*Max and Moritz*）、《蓬头彼得》（*Struvelpeter*），书里主人公

---

① 纽约现代艺术博物馆（New York Museum of Modern Art）：当今世界最重要的现当代美术馆之一，收藏有凡·高、莫奈、塞尚、毕加索、马蒂斯、达利等人的名作。——译者注

② 劳伦斯·科尔伯格（Lawrence Kohlberg，1927—1987）：美国教育心理学家、儿童发展心理学家，对儿童道德认知的发展提出了"道德发展阶段"理论，在国际心理学和教育界引起很大反响。——译者注

③ 你们可能听过德国人在路标后面空等几个小时的故事，讲的是他们没能登上即将开走的火车，即使听见了通知的哨声，原因是不肯违抗"请在标志后面等候"的禁令。

的结局都很可怕。作为在德意志国长大的年轻人，无论我的父母是否有挑战权威的倾向，他们生活在希特勒统治下的德国时，毫无疑问都会感到压抑。在那里，说错一句话，甚至一个身体的动作出了问题，都会导致入狱或者更严重的后果。因此，当我路过任何事故发生地时，目光会本能地转向别处，匆忙赶路，这令我妻子和其他的美国同龄人感到吃惊。

两件童年往事

童年时期还有两段难忘的经历能够解释为何我会持续痴迷于研究如何面对伦理和道德的挑战，以及为什么我在过去 25 年里一直关注究竟什么才是“优善的”①。

作为一个在斯克兰顿长大的孩子，我定期前往麦迪逊大道教堂（Madison Avenue Temple）——当时也被称为安什·切斯特（Anshe Chesed）的犹太人教堂，参加每个星期六清晨的礼拜仪式，从不缺席。某一个星期六的早晨，雪下得很大，我艰难地从山上下来。当我到达教堂时，只有教士拉比·欧文·赫尔曼（Rabbi Erwin Herman）一人在场。这是一座改革后的宗教场所，而不是正统的犹太教堂。因为雪实在下得太大，其他信徒都待在家里，没有来参加当天的礼拜活动。因此，我当时几乎肯定赫尔曼教士会取消那天的仪式，因为他不可能花费一个小时或更长的时间，仅仅为一个虔诚的孩子祈祷、吟唱圣歌、阅读犹太律法和讲道。但是，赫尔曼一丝不苟地完成了全部仪式。后来，当我问他为什么要专门为一个儿童信徒这么做时，他的回答简单却令我难忘：“上帝不会根据教堂里的人数判断安息日的价值。”

大约在同一时期，也就是我上小学六年级的时候，我有一位名叫玛格丽

---

① 此处专指作者自 20 世纪 90 年代后期开始的“优善工作”（Good Work）的研究以及从事的“优善工作”项目（Good Work Project），详见本书第 10 章。——译者注

特·戴尔（Margaret Dyer）的老师，她的哥哥约翰·戴尔（John Dyer）是当时手握实权的学区督学。有一次，戴尔小姐让全班同学学习一个音符，但她自己的认知却是错的，竟然说这个音是 F。我不喜欢将错就错，当场纠正了老师的错误，当时的场面可想而知。其实我并没有采用轻视的口气，而只是说："不是 F，戴尔小姐，这个音是升 F。"戴尔小姐不喜欢被学生挑错，于是恼羞成怒，在全班同学面前狠狠地打了我的手背。

这种公开的羞辱让我很不爽，于是我将这件事告诉了母亲。她想了一会儿，就决定去见校长。随后，母亲带着我大步走进校长里斯先生的办公室，讲述了那段经历。令我惊讶的是，戴尔小姐被召进了校长办公室，尽管她与学校的管理层关系密切，还是不得不向我道歉。我永远不会忘记母亲的勇气（在法西斯德国和意大利生活后保持下来的勇气）和校长的公平意识。可能正因为如此，当我后来遇到复杂的伦理道德问题时，会尽量做到不偏不倚、客观公正，并鼓励其他人也抱持这种态度。

10 岁时的智能结构

到现在为止，你们至少应该大致了解了，与他人相比，在技巧、才华和能力方面，哪些是我的强项，哪些是我的弱项。如果今天我遇到了一个自己童年时期的克隆体，需要描述他能力范围内的强项和弱项，我很可能会通过多元智能理论的术语得出以下结论：

- 语言能力：很强。
- 数学和逻辑能力：相当强。
- 音乐能力：非常强。
- 空间能力：很弱，可能因为生物学的遗传因素。

- 身体－动觉能力：弱，因为童年很少有机会练习和提高（弹钢琴可能是例外）。
- 理解他人的能力：不强。
- 理解自己的能力：一般。
- 对大自然（植物、动物等）的认知能力：合格，至少达到获得童子军奖章的水平。
- 对哲学大问题的兴趣：对世界，特别是人类世界的过去和现在都有很强烈的好奇心。

我很怀疑自己当年是否已经进行过这种自我分析。如前所述，大多数 10 岁左右的孩子，不会有意识地在一系列认知能力和运用上与他人进行比较。事实上，那个年龄的我们，倾向于认为其他人的思想和自己非常相似，并以此对那些有着不同“智能结构”的人进行评论。然而，无论我在童年时是否意识到，我那时都是一个生机勃勃、怀揣梦想、具有如光谱一样多彩的智能、在人生道路上大步向前走的儿童。如果按照以上方法分析我 76 岁时的智能结构，也会得出非常相似的结论，不过希望我已经运用某种方式增强了自己的“人的认知智能”[①]。

估计到这里，你们已经对 10 岁时的我有所了解了（那时大家都称呼我的小名“霍伊”）：一个拥有阅读、写作、音乐方面天赋，也有视觉、运动能力缺陷的混合体；在开始系统的学科学习之前，我已经牢记了许多知识；我具有相当强烈的好奇心，尤其是有关名人和政治的；我具有强烈的道德意识，也就是

① 人的认知智能（personal intelligence）：加德纳在《智能的结构》一书中将“人际认知智能”和“自我认知智能”合并后的统称。——译者注

我后来知道的“强大的超我”[①]；我读了很多书，认真倾听别人的讲述，并努力理解他们说法；我有时独自思考，有时也与其他人（通常是比我年龄大的人）探讨；整个童年时代，我还将自己获得的信息和所思所想记下来，发表在自己编辑制作的内部刊物上。

① 强大的超我（powerful superego）：弗洛伊德将人格结构分成“本我”“自我”“超我”。“本我”是先天的本能，包括各种生理需要。“自我”位于人格结构的中间层，一方面调节着“本我”，另一方面又受制于“超我”。“超我”是由社会规范、伦理道德、价值观念内化而来，追求完美的境界。——译者注

第 2 章

攸关命运的选择

一次得不偿失的心理测试

1956年，也就是为我举行受诫礼[①]的那一年，我父母带我去新泽西州的霍博肯市接受为期 5 天的“测试”。作为没有受过高等教育的移民，我的父母虽然有一个聪明的孩子——无论是学校的学业成绩，还是钢琴演奏上的高超技艺，我都表现得很出色（不过当时没人在乎我还是童子军队列行进中的标兵），但他们显然不知道该如何培养我。

补充一点，我所在的斯克兰顿这座小城市，当时总人口不超过 10 万，其中多数是老年人，只有约 1000 名与我年龄相仿的年轻人。虽然我在那里表现很优秀，但没有人知道我能否在一个更大的、经济不那么萧条的地区脱颖而出。不管怎样，我家的多位朋友、我的老师和犹太教的赫尔曼教士都曾提出建议，让我的父母去训练有素的专家那里听取培养孩子的明智建议。当时，只要花几百美元，就可以在斯蒂文斯理工学院[②]接受一整套心理学测试。

---

① 受诫礼（bar mitzvah）：为年满 13 岁的犹太男孩举行的成人仪式。——译者注

② 斯蒂文斯理工学院（Stevens Institute of Technology）：成立于 1870 年，美国历史最为悠久的理工学院之一，坐落于新泽西州的霍博肯市，与纽约曼哈顿岛隔河相望。——译者注

对那次心理学测试，我的记忆现在已经模糊了，只记得专业人士花了好几天时间，使用了各种各样的仪器，采用 20 世纪 50 年代中期的心理测试量表，对我做了好几次心理学测试，以确保结果的准确性。让他们遗憾的是，这些测试最后都没有成功。我怀疑当年自己接受的是一整套认知心理学的测试，很可能也包括了人格、动机、职业技能和理想抱负，以及当时其他心理结构的测试[①]。

但有一幕却永久嵌刻在我的心里，令我难以忘记。最后一天，我和父母被叫进了主任医生的办公室，在那里听到了这样的话："霍华德是个聪明的孩子，他可能做什么都行，但在做神职人员方面有特殊的天赋。"

这话使我震惊不已。我接受了几十种仪器的检测，并耐心而细致地填写了所有表格，但是很明显，我过去认为，现在仍然这样认为：那次测试中我表现最突出的地方，竟然是在完成那些不需要动脑筋的题目上。在一个典型的纸笔测试中，接受测试者必须阅读一长串数字或字母，然后划掉所有属于或不属于某一特定类别的选项。这是一个任何受过训练的猴子或鸽子都能完成的任务，而今天，我们当然会把这些任务分配给简单的模式识别系统。为什么我们当初需要用一个星期的时间，花费几百美元（相当于今天的几千美元），去获得任何人一眼就能看出来的信息？而且根据我的判断，这些信息对我将来选择职业或人生方向毫无作用。就我自己的看法，当年全家陪我去霍博肯市做心理学测试，纯属劳民伤财、得不偿失！

如前所述，我一直是应试教育的佼佼者，但我后来也成了应试教育（尤其是那个时候广泛采用的多项选择的考试制度）的严厉批评者。我很看重已故的

---

① 例如，弗雷德里克·查尔斯·索恩（Frederick Charles Thorne）的《心理测试原理：应用整合心理学系统教材》（*Principles of psychological examining: A systematic textbook of applied integrative psychology*）中的测试。

威廉·巴克利[①]的名言："要想在这些测试中找到正确答案，不必知道什么答案是正确的，只需猜出教育考试服务中心发布测试的人认为正确的答案就足够了。"我更喜欢的是那些能深入考察原创性思维能力的测试方法。在长达一小时的简单纸笔问答测试中，那些能力是显示不出来的。之所以要测试这么久，仅仅是因为要用铅笔涂抹答案。即使在那个时候，我也明确意识到，一星期的测试甚至没有涉及我现在最看重的人格素养，比如广泛的阅读，广博的知识，提出问题和寻求答案、解决问题的能力，以及能将有意义的、看似不相关的问题联系起来的能力，即本书所说的综合思维的能力。回顾过去，我甚至可以说，那时的测试完全遗漏了我后来介绍和推荐的"决胜未来的 5 种能力"（详见本书第 12 章）。

和我一起对当代智力概念和智力测验秉持怀疑和批评态度的，是心理学家罗伯特·斯滕伯格[②]（我将在后面的章节中再次提到他）。作为一名多产作家，斯滕伯格至少已经出版了十几本书，发表了难以计数的文章，对心理测量学界长期以来有关智力的共识给予了批评。虽然我和他对此的观点在很大程度上不同，但根据他的自传，我们两人都对自己童年时参加的心理学测试持否定的看法。斯滕伯格所依据的例证是，因为他不擅长上文提及的分类测试，就被评价为迟钝、愚笨。鲍勃（斯滕伯格的昵称）已经批判过这种错误的分类，早在七年级时，他就发明了适合自己的智力测验，并提供给他的同学。成年后的斯滕伯格一直在耶鲁大学学习和任教，在高等教育领域中的学术和行政管理两方面都取得了杰出成就。

---

① 威廉·法兰克·巴克利（William Frank Buckley，1925—2008）：美国媒体人、作家、政治评论家。——译者注

② 罗伯特·斯滕伯格（Robert Sternberg，1949—　）：认知心理学家，耶鲁大学教授，创建了"智力三元论"。——译者注

自我转变的开始

对于一个顺从的少年来说，在霍博肯市参加心理学测试的经历，为我敲响了警钟——人不应该盲目、单纯地学习专业知识和技能。某人可能穿着西装、打着领带，姓名前后都有显赫的头衔，说出的话带有明显的权威性，但并不能保证他知道自己在说什么。当然，当时我也不知道自己最终会在哪个专业领域建功立业，但无论是我小学六年级的老师，还是霍博肯市的心理学家，对于他们为我前途所作出的判断，我都表示怀疑。

我在受诫礼上被宣布成年后，又在心理测试中被推断为未来的神职人员，这样一来，加德纳家族面临着有关我前途命运的两个选择。第一个比较简单，是我的钢琴演奏生涯，父母当时甚至不打算让我继续上音乐课。正如上文提到的，当我 6 岁随父母拜访他们的一个朋友时，我就能分辨出他们家钢琴上弹出的乐曲，就像俗话所说的“凭耳朵演奏”。这种能力很不寻常，父母的朋友们都建议他们给我买一架钢琴。虽然我们家在 20 世纪 50 年代很穷，但父母还是花 30 美元为我买了一架索默牌（Soehmer）立式钢琴。直到我上高中的时候，它都一直矗立在我家的客厅里。

我很幸运遇到了两个老师。第一个是格里 · 弗里德林（Geri Friedlin），第二个是哈罗德 · 布里格斯（Harold Briggs）。弗里德林是个高个子女人，穿着长到脚踝的深色裙子。我父亲 1938 年底刚到斯克兰顿时，曾为她叔叔搬运汽油桶。弗里德林那时经常乘车前往纽约，跟着大师级钢琴教师阿尔弗雷德 · 米洛维奇（Alfred Mirovitch）学钢琴。我则每周上一次弗里德林的课，每天都在学过钢琴的母亲的陪伴下练习。我快速练完了席尔默初级练习曲，开始弹奏哈农[①]和车尔尼[②]的简单练习曲，还弹奏巴赫和莫扎特的钢琴小品。弗里德林是非常优秀的启蒙老师，对此我深感幸运。她用生动的语言和言传身教的方式，使我感受到了音乐的美妙。几年后，弗里德林说她已经穷尽其所能并推荐我转拜哈罗德·布里格斯为师，因为他有能力教授水平更高的学生。

我很希望媒体上能有布里格斯的照片或新闻报道，他真是不同凡响的人物！我在20世纪50年代初开始跟他学钢琴的时候，他已经90多岁了。在他独居的二楼工作室兼寓所里摆放着两架三角钢琴，这两架钢琴被他视为自己的家庭成员。布里格斯精力充沛，能毫不费力地爬楼梯回到自己的房间。他有一批学生，每个月都集中在一起，轮流在他面前演奏。这是一种经过时间检验的好方法，可以发现自己的进步并与同伴比较。在向布里格斯先生学习期间，我开始弹奏更有挑战性的作品，如莫扎特和贝多芬的奏鸣曲，这些都是所谓够档次的曲目。显然，我是他的明星学生之一，事实上，我甚至可能是他在小城斯克兰顿（那是一个小池塘[③]）的年轻学生中最棒的那一个。我在霍博肯市接受心理学测试期间，布里格斯先生对我说："现在你应该更加刻苦认真，每天至少要练琴2～3个小时，而且要前往纽约拜名师深造。"

对我来说，作出这个决定出人意料地容易。我喜欢弹钢琴，喜欢在家人、朋友、同学面前演奏，不过更重要的，是为我自己演奏。但我不想每天练习好几个小时，也不想定期乘车到纽约去学琴（那时乘公交车或火车到纽约，单程就需要四五个小时）。所以我告诉布里格斯先生："我可能会停止正规、专业的钢琴训练"，随后我就真的这么做了。虽然过了不久，我再次和启蒙老师弗里德林一起演奏四手联弹的乐曲，这对她和我来说都是新的体验。

---

① 夏尔·路易·哈农（Charles Louis Hanon，1819—1900）：法国著名管风琴师、钢琴师及钢琴教育家。——译者注

② 卡尔·车尔尼（Carl Czerny，1791—1857）：奥地利作曲家、钢琴家、音乐教育家，贝多芬最得意的学生，李斯特的尊师，一生写了无数经典钢琴练习曲。——译者注

③ 加德纳形容自己曾是斯克兰顿市"小池塘（small pond）里的一条大鱼"，上大学后成为哈佛这个"极大池塘里一条非常小的鱼"。——译者注

回想起来，我决定放弃成为职业音乐家，体现出我有一种在正规学习上打破常规的情结。我很愿意继续学习钢琴，但不愿意在深入学习已经成熟的学科时，走稳妥、常规之路。我身上存在着强烈的超我意识，这反映了我自己的偏好。

我不想成为职业钢琴家，但并没有放弃音乐生涯。从高中到大学，再到研究生，只要条件允许，我都会利用一切机会练习钢琴或在学校的聚会上即兴演奏。我当时还给别人上钢琴课，赚取额外的收入来付自己的学费。现在，只要我不外出旅行，每天至少要弹奏半个小时的钢琴音阶和我最喜欢的乐曲。最重要的是，我研究的课题和我学术思想的一个关键部分，就是艺术心理学，而音乐在我的头脑中，一直占有重要的位置。

在某种程度上，我十几岁的时候就已经意识到，人在艺术方面的能力和学业方面的能力是不一样的。我还可以说，智商和逆商[①]也是不一样的。在美国，如果在学校里拥有某项独特天赋的学生技艺甚高，就出现了一条重要的分界线。假设一个学生在钢琴、国际象棋、动漫设计、舞蹈或体育运动方面，比其他学科成绩好得多，就会感到压力，因为他必须在特长领域继续努力，以求技艺更加熟练，以使自己进入一所心仪的大学或者音乐学院，最后使之成为自己未来的职业。如果幸运的话，今后还能取得事业上的成功。

当然，如果有特殊才华的学生在一般课程的学习上，也同样表现很突出，那么他们在自己有特长的领域内继续学习的压力就小得多。而且在几乎所有的情况下，学校标准课程考试中表现优异的学生都会获得很多奖励。我就是这类公认的好学生，只要我在课程的学习上保持优异成绩，我是否爱弹钢琴，或者是否爱与同龄人打网球、是否喜欢戏剧表演、是否喜欢下象棋或者担任啦啦队

① 逆商（Adversity Quotient）：全称逆境商数，简称 AQ，也被译为挫折商或逆境商，指人们面对逆境时的反应，即面对挫折、摆脱困境和超越困难的能力。——译者注

的领队，完全是可以自主选择的。虽然我小时候最喜欢的艺术是音乐，但我也经常去纽约观看百老汇的演出。开始和我母亲一起去，后来和同学罗恩·戈登（Ron Gordon）一起去，后者最终成为一名从事平面设计工作的艺术家。此后，作为一名高中生，我曾和家人或朋友一起到马萨诸塞州的西部地区，观看波士顿交响乐团在坦格伍德（Tanglewood）举办的夏季音乐会。我还经常光顾斯克兰顿当地的博物馆。对我来说，艺术活动始终是我学习学术意义上标准课程的重要补充。

我和父母在我十几岁时面临的第二个重大选择，是决定我去哪里上中学。斯克兰顿中心高级中学（Scranton Central High School）虽然最方便，但我们都认为在那里不太可能发展我的才能。因此，我与在詹姆斯·麦迪逊（James Madison）小学和约翰·奥杜邦（John Audubon）小学的同学一起，进入了靠近市中心的一所高中，选修了必要的中学预科课程，同时这一选择也不用中断我与所属教会的青年团和童子军的必要联系。

但很快我就明白了，那所高中对我完全不具有挑战性。即使尽量选择客气的措辞，也不得不说，在那所学校的有些课程上，我的确比老师知道得多（有可能像本书上一章提到的我在小学六年级时与戴尔小姐发生矛盾的情况），所以我开始考虑转学。

此后，父母根据更有见识的人的建议，想让我去马萨诸塞州安多弗市的菲利普斯安多弗中学[①]学习。该校当时和现在一样，简称为“安多弗”。那是一所一流中学，当时，该校的毕业生大多升入常春藤联盟[②]学习。但我的态度很坚决：我完全不想离开家和不认识的人住在一起，即使他们的家庭背景可能比

---

① 菲利普斯安多弗中学（Phillips Academy Andover）：1778 年创办，美国最古老和最优秀的中学之一。学生入校后需长期寄宿。——译者注

② 常春藤联盟（Ivy League）：美国东北部的哈佛大学、宾夕法尼亚大学、耶鲁大学、普林斯顿大学、哥伦比亚大学、布朗大学、康奈尔大学和达特茅斯学院。——译者注

我优越得多。

最后的折中方案是，我进入宾夕法尼亚州金斯顿（Kingston）附近的一所私立学校，即怀俄明高级中学[①]就读。我可以在学校住宿，周末回家也很容易。显然，无论在课程设置、学生群体还是校友取得的成就方面，没有人会把怀俄明高级中学和安多弗中学相提并论。但怀俄明高级中学不偏不倚、恰好适中的特点，对于我来说很合适。它既具备像斯克兰顿中心高级中学一样让我熟悉但不具挑战性的环境，又提出对未来进入精英预科学校所必需的、更高智力的要求，以及满足社会需要的目标。这个选择还给了我一个机会，至少在未来的几年里，能使我成为一个中型池塘里一条更大的鱼。

30 年前，我返校参加了怀俄明高级中学毕业 25 周年的同学聚会。在到达母校之前，我对高中阶段教育的重要性认识不足。在我心目中，在哈佛大学当学生、科研人员和教师的几十年更重要。但我回到高中校园的几个小时后，就像普鲁斯特的玛德琳蛋糕[②]一样，记忆的闸门被全方位打开了。我开始意识到高中在很多方面对我来说，都是自我转变的开始。

在斯克兰顿长大的我，基本上被家人和邻居环绕着。到怀俄明高级中学以后，我遇到了来自不同社区和不同家庭背景的学生。以前我很少或根本不注意自己的衣着打扮和整体形象，在这里我开始注意别人穿什么，关心他们是如何表现自己的。我还在怀俄明高级中学认识了女孩子们，并开始和她们约会。

---

① 怀俄明高级中学（Wyoming Seminary）：美国著名百年贵族名校，建于 1844 年，以“教学严谨、管理严格”著称，注重塑造学生独立自主、有责任心、善于合作、关心世界和尊重他人等能力和品质。——译者注

② 普鲁斯特的玛德琳蛋糕（Proust's madeleine）：一种法国风味小甜点。据说，法国文豪普鲁斯特因为对此蛋糕的味觉回忆，写出了长篇文学巨著《追忆似水年华》，此蛋糕因此闻名于世。——译者注

关键转折点

如果你看到我在怀俄明高级中学就读时的学校年刊，觉得我是校园名人的话，那你的感觉是对的。我当时是许多学生组织的成员，还是少数几个学生组织的领导人。但如果你认为我是“校园里的大人物”，那就错了，充其量我不过是几个比较有名的同学之一。当然，我当时也并不认为自己“出类拔萃”，因为我太在意自己的边缘地位，认为自己不过是一个来自不富裕的移民家庭、每周寄宿 5 天的学生。但后来我非常惊讶地发现，我在其他同学的心目中，是一个需要仰视的角色，他们显然因为我的成就而感到威胁，这使我很伤心。

回想起在怀俄明高级中学的三年时间里，有两次经历可以称为我人生的关键转折点。一次是刚到学校不久，我就试着参与学校出版的《观点报》（*the Opinator*）的编辑工作。此前，除了在小学时编辑过各种报纸，我还参与过斯克兰顿中心高级中学校报的编辑工作。《观点报》的名称和出版都不寻常，也许在那个时代的中学里是独一无二的。它是周报，内容包括新闻、体育、社论、诗歌，还有小说、广告和版画。从它带有插图封面的意义上说，看起来更像是《纽约客》，而不像《纽约时报》。它完全由学生编辑，也通过刊登广告筹集资金。我们几个编辑报纸的学生花在报纸上的时间，至少和花在学习上的时间一样多。

一开始，我在《观点报》是一名记者，但很快就成为编辑部的一员。巴里·约瑟森（Barry Yoselson）是我的好朋友之一，我们俩在三年级时一起成为候补编辑，四年级又同时成为正式编辑。很明显，我在那里学到了从事新闻工作以及组织并管理一个小团体的能力。我在编辑部与同学们一起工作，还担负了一定的监督责任（偶尔也可能会解聘他们）。我在那里实践自己的想法，提高自己的写作、编辑和营销技能。最近，翻阅了几十期我曾编辑过的、已经泛黄的《观点报》后，我惊奇地发现了青少年时期的自己所感兴趣的东西。正如在自己博客中提到的，当时我就曾在文章中提及了我几十年后从事的很多研究课题。在那份报纸里，我发表的新闻作品中，有关于人文、应试、大学入学的文章，甚至还有对詹姆斯·科南特[①]1959年出版的《今日美国高中》(*The American High School*)一书的评论！

另一个关键的转折点是我参与了怀俄明高级中学组织的高年级研讨班。这一研讨班由历史学教授约翰·贝特利(John Betterly)和文学学者弗兰克·莱特(Frank Light)主持。高年级研讨班的课程只限于少数成绩优秀的学生参加，重点是讨论美国的历史和文学。这个研讨班的特色是它的书单，上面有许多美国的古典小说，如《哈克贝利·费恩历险记》[②]《红字》《白鲸》《美国悲剧》《了不起的盖茨比》《愤怒的葡萄》等。无论我们是否完整读过这些作品，我们都从中知晓了一些当代的文学家。此外，对我来说更重要的是，我们不是在读一本本教科书，而是在分析历史。还有一类作品是我仔细、重复阅读并在书中批注的，有理查德·霍夫施塔特的《美国政治传统及其缔造者》(*The American Political Tradition*)、《改革时代》(*The Age of Reform*)、弗农·帕林顿的《美国思想史中的主流》(*Main Currents of American Thought*)，以及一本令人难忘的专著，即J.富兰克林·詹姆森的《作为社会运动的美国革命》(*The American Revolution Considered as a Social Movement*)。每周我们都要写一篇关于历史、文学或将两者综合在一起的论文。

显然，从教学大纲和教学设计来看，这是一门大学类型的课程，是为美国文理学院入学考试做准备而专门开设的。值得注意的是，我看重的作品并非标准历史事件的叙述(先发生A事件，然后发生B事件)，而是综合性的作品。我尤其钦佩霍夫施塔特的多才多艺，他以美国总统为议题，描述了令总统当选

---

① 詹姆斯·科南特(James Conant，1893—1978)：美国教育家，曾分别获哈佛大学文学学士学位和化学博士学位，任哈佛大学化学系主任，哈佛大学校长(1933—1953)。——译者注

② 《哈克贝利·费恩历险记》(*Adventures of Huckleberry Finn*)：美国作家马克·吐温(*Mark Twain*，1835—1910)所著长篇小说，其主人公哈克贝利·费恩心地善良、不愿受拘束。——译者注

的个人政治魄力与时代洪流对他们任期内政绩的影响，以及他们最终留下的政治遗产。霍夫施塔特描写的总统人物有林肯和两位罗斯福，描述的事件是美国内战。他所采用的论述方式，完全超越了我以前在经典著作或高中教学大纲中看到的浮于表面的叙述。这使我有生以来第一次意识到，历史人物和电影中的角色不一样，并非不是英雄就是坏蛋，而是复杂得多的人。他们在面临多种选择时，可能采用不同的方式，导致不同的后果。我也第一次意识到写作者（例如霍夫施塔特）也会有自己的“声音”，他会提出自己的观点，有时还公开与自己的老师以及该学科领域公认的专家们辩论。

我非常喜欢高年级研讨班开设的这门课，成绩也很好，似乎做好了进入大学后主修历史学的准备。直到后来，正如我在第 3 章的开头所介绍的，我发现了这门课程的局限性，或者更确切地说，是我学习这门课程的局限性。

人生榜样

十几岁的时候，除了老师和我在书中阅读的人物之外，还有另外两个截然不同的人，对我产生了巨大而持久的影响。一个是我的叔叔弗雷德·加德纳（Fred Gardner），他和我父母那代人一样，人生因希特勒的崛起而无从选择。弗里茨[①]从未上过大学，但学识渊博，是一个真正的知识分子。他是18世纪英国文学史的专家，收藏了德国最早出版的一套儿童读物（今天，人们可以在费城免费图书馆里参观他的收藏）。他驾驶自己的飞机，组装（或至少重新组装）了自己的计算机。他棋艺高超，喜欢宠物狗，还在不同地方交过女朋友。他自己没有孩子，婚姻也不如人意。弗里茨把我放在他的羽翼下，和我谈论各种各样的话题，给过我无数的建议（我至今还记得很多，但并没有毫无保留地全部遵循）。他向我介绍书籍和艺术作品，带我坐他的飞机一起旅行，甚至对我在

---

① 作者在书中后来始终称呼他叔叔的德文名弗里茨（Fritz）。——译者注

《观点报》上发表的文章，给予书面的评论（我怀疑家里根本没有其他人读过当时我这个少年写的作品，但我不能怪他们）。

叔叔弗里茨与我不经意间的、并不深入的接触，最终却对我产生了终生的影响。我十几岁的时候，他给了我一本诺曼·芒恩（Norman Munn）写的心理学教科书。尽管当时我还不知道有心理学这门学科的存在，但在我自己都没意识到的时候，他就发现我对心理学可能会有兴趣。由于在斯蒂文斯理工学院的经历，我知道心理学测试，但没有意识到，还有一个更广泛的、研究人类大脑如何工作的学科。我记得我翻了很多遍芒恩的教科书，对色盲测试特别感兴趣。当然，我知道自己是色盲，这是一种与性别有关的遗传病，但我过去不知道色盲也有多种类型。我当时对色觉如何工作的理论很感兴趣，对神秘的石原测试背后的原理也非常着迷。当时我们两个人都没能预料到，弗里茨已经在我心里播下了今后学习心理学、选择它作为自己的事业，甚至编写心理学教科书的种子！

另一个对我产生重要影响的人叫马克·哈里斯（Mark Harris），他只比我大两岁，可以说是我的同龄人。无论怎么看，马克都来自斯克兰顿的另一阶层。20 世纪 20 年代末，他母亲曾前往韦尔斯利学院[①]就读，而他父亲则进入哈佛学院[②]就读，后来成为宾夕法尼亚州东北部的一位著名律师。有点出乎我意料的是，我被邀请参加了马克的成年礼仪式。为了应对仪式后的例行聚会，我第一次上了几节舞蹈课（由于身体 - 动觉智能是我的弱项，这些课程事后被证明意义不大）。

虽然他有条件上任何一所中学，但马克（或他的家人）还是选择了前往怀俄明高级中学就读。马克是这所学校学生们的一个榜样，对我来说，还是一个

① 韦尔斯利学院（Wellesley College）：美国最好的女子文理学院之一，冰心、宋美龄、希拉里·克林顿均毕业于此。——译者注

② 哈佛学院（Harvard College）：哈佛大学招收本科生的学院。——译者注

朋友，我参加过许多他也参加的活动。他也曾是《观点报》的编辑，我就是追随着他的脚步，后来也成了该报的编辑。当我和室友发生矛盾时，他慷慨地让我暂时借住在他的房间里，直到我重新找到另一个单人房间为止。我们还互相介绍了一些朋友，有女孩也有男孩。马克自立能力很强，这是我钦佩并试图效仿的素质。最重要的是，马克考上了哈佛大学，比我早两年毕业。如果没有马克作榜样，我很可能会选择另一条求学道路，带来的便是另外一个人生故事了。

显然，拥有他们这样的导师和榜样是我的幸运。事后回想起来，我才意识到，他们可能看到了我身上某些吸引人的特质，才让我有机会与他们建立导师和学生、学长和学弟的关系。而且幸运的是，因为我是出生于 20 世纪中叶的白人男性，所以在我的一生中都很容易遇到潜在的优秀导师。

与哈佛学院的初次接触

下面说说我的大学时代吧。即使在竞争不那么激烈的日子里，宾夕法尼亚州东北部有升学愿望的中学生，也会考虑上大学的事。早在高中二年级的时候，我就参加了学术评估测试预考[①]，此后，我还参加了一系列美国大学理事会的成就和能力倾向测试，成绩都不错。在我上完高中二年级、三年级之后的暑假，父亲曾带我去美国东北部的几所大学参观（那时几乎没有人坐飞机，所以去参观的大学必须在自驾车能到达的距离之内）。在此之前，我读过一本经典漫画杂志，在那份杂志与历史有关的最后一页，我发现哈佛大学一个班曾出过三位元帅，他们一位是天主教徒，一位是新教徒，一位是犹太人。因为总是有人注意我的种族背景，哈佛明显的自由主义倾向给我留下了很好的印象。因

① 学术评估测试预考（Preliminary Scholastic Assessment Test）：简称 PSAT，也是美国国家优秀奖学金资格测试，对准备申请大学的学生来说，是学术评估测试前的热身赛。——译者注

此，我心中的梦想（当时还不敢大声说出来）便是去哈佛学院就读。

前文我已经提到过，我对自己给人的印象，如色盲、视觉敏感度不佳，并不是很在意。在前往哈佛面试之前，我尽量穿着得体。多年后，我的一个在哈佛学院工作的朋友，偷看了我的入学档案。在那里，她发现学院的面试官注意到我当时系着一条红领带、穿着一双红袜子，很引人注目（我想在那些日子里的确如此，也许今天也是这样）。

我对面试官彼得·弗罗斯特（Peter Frost）印象深刻，因为他看上去很有“学院派”的气质。几年前，我在报纸上看到威廉姆斯学院（Williams College）教授彼得·弗罗斯特的一封信后，就决定写信给他，问他是否是当年那位面试官。结果证明，那时已是政治学退休教授的他，确实是当年的面试官，因为不可能有两个面试官重名，也确实是他面试了我，并把我穿红袜子、系红领带的“红色”标记写进了我的档案。

对这件事和随之而来的巧合，彼得和我再次相会时，我俩都大笑不已。他说，当得知招生部门主要想招运动员，以及希望避免招募太多来自新泽西州的医学预科生时，他就不想再主持招生面试了。我有时会想，自从我 60 年前申请大学以来，这种招生倾向是否真的有了任何改善？

第 3 章

跨学科探索的开始

初入大学

我敢打赌，人们对大学一年级的记忆，远远超过大学生活其余三年中的任何一年，这就是心理学家所谓的“首因效应”[①]。将其与“近因效应”[②]进行对比可知，我们昨天早上吃了什么、昨晚的一次谈话说了什么、新认识的人或昨天新闻中出现的人的全名，都不如“首因效应”那样令人印象深刻。

这种“首因效应”在我身上中表现得很明显。尤其是，如果受一张旧照片或那个时代的某件事（如约翰·肯尼迪遇刺与亚瑟王宫[③]的联系）的刺激，我会长时间、详细地谈论 1961 年的哈佛学院，估计除了我（可能还有几个同班同学之外）其他人都会觉得很无聊。

---

① 首因效应（primacy effect）：个体在与他人交往过程中，最先接收到的信息比后续信息对形成印象影响更大的现象。——译者注

② 近因效应（recency effect）：最近接收到的信息对形成印象影响更大的现象。——译者注

③ 亚瑟王宫（camelot）：传说是亚瑟王开圆桌会议所在的宫殿，比喻民众心中神圣崇高的政治期望。百老汇有部音乐剧名为 *Camelot*，肯尼迪总统喜欢其中的歌词：“不要忘记曾有一个地方，一个短暂的闪光时刻，那地方叫亚瑟王宫。”在他遇刺后，人们视他的死如同亚瑟王的结局一样悲壮。——译者注

大学一年级开始时，有两件事在我脑海中留下了生动的印象。我在这两件事中的经历，是我们今天称为哈佛学院的第一代大学生们体验过的。

第一件事，是正式开课前在宽敞的哈佛广场里，为即将入学的学生举办的一个招待会。我和来自新泽西州的新生戴维·古尔德[①]一边聊天，一边登上怀德纳图书馆的台阶。当我们登上几十个台阶后，就可以俯瞰台阶下空旷地面上的数百名同学和一些管理人员。此时我们思考的问题是："世界现在对我们敞开了，我们所能取得的成就将是无限的。"

当然，远大抱负是一把双刃剑，因为我们可能成功，也可能惨败，幸而我们两人在未来的岁月里都避开了后一个结局。我们出身卑微（父母没有上过大学），也没有上过精英高中，但在马萨诸塞州的坎布里奇市，我们可以自由地学习想学的东西、和喜欢的人一起去喜欢的地方玩儿，并发展各自的兴趣和爱好。这一切都顺理成章，而且明显地朝着积极的方向发展。

作为一个刚开始学习美国历史的学生（感恩我在怀俄明高级中学的高年级研讨班时所学），我无可避免地为我们被允许进入的这个充满传奇色彩的地方所震撼，甚至有点儿被吓住了。我们站在怀德纳图书馆大门前最高的台阶上，凝视着眼前的一切。在我们面前的是爱默生大厅，它以堪称美国第一位知识巨匠爱默生[②]的名字命名。在大厅不远处，留下了散文家梭罗（爱默生的朋友）、美国最杰出的哲学家威廉·詹姆斯[③]和我们这个时代的首席政治评论员沃尔特·李普曼[④]等人的足迹。我们也知道，除了白人男性（他们仍然主宰着哈佛

① 戴维·古尔德（David Gould）后来成了我的好朋友，很遗憾，他于 1988 年 12 月搭乘泛美航空 103 航班，在苏格兰洛克比空难中不幸丧命。

② 拉尔夫·沃尔多·爱默生（Ralph Waldo Emerson，1803—1882）：美国思想家、文学家、诗人，确立美国文化精神的代表人物，美国总统林肯称他为"美国文明之父"。——译者注

③ 威廉·詹姆斯（William James，1842—1910）：美国哲学家、心理学家，机能心理学创始人之一，1904 年当选为美国心理学会主席。——译者注

④ 沃尔特·李普曼（Walter Lippmann，1889—1974）：美国新闻评论家和专栏作家，传播学史上具有重要影响的学者之一，1958 年和 1962 年两次获普利策新闻奖。——译者注

学院）之外，当时黑人知识分子中的领军人物杜波依斯[①]、外交官拉尔夫·邦奇[②]（哈佛的第一位黑人督学）和海伦·凯勒[③]也与此地颇有渊源。后者既无听觉也无视觉，却考入了拉德克利夫学院（后来合并入哈佛大学），在写作和服务社会方面取得了辉煌的成就，度过了灿烂的一生。在怀俄明高级中学对我起过重要作用的高年级研讨班上，我就听过他们中一些人的事迹。我们渴望在这些杰出人物的行列中寻找自己的位置。

第二件难忘的小插曲更让人感到惭愧。当时，对我而言，不管课外活动多么诱人、同学们的邀请有多频繁，我也得完成学业。事实证明，至少在入学第一年，这并不是难事。我研修了世界历史概论、音乐概论、生物学导论、经济学导论、必修写作课和大一新生研讨会。最后一门是哈佛大学当时新增加的课程，由即时摄影（即著名的宝丽来相机）的发明者埃德温·兰德（Edwin Land）匿名赞助，使得部分学生有机会直接与学者一起研究课题。

大学的真正意义

鉴于对历史学长期以来的兴趣，我选择了斯坦利·卡茨（Stanley Katz）主持的、主题为美国历史的研讨会。选修这门课程的学生不到10名，主要研究马萨诸塞州发生过的两个著名历史事件的原始文献。第一个事件是17世纪90年代的"塞勒姆灭巫事件"审判案，不幸的年轻女性被指控、审判，甚至

---

① 威廉·爱德华·伯格哈特·杜波依斯（William Edward Burghardt Du Bois，1868—1963）：美国作家、思想家，首个获得哈佛大学博士学位的非裔美国人，著有《黑人的灵魂》（*The Souls of Black Folk*）等。——译者注

② 拉尔夫·邦奇（Ralph J. Bunche，1903—1971）：美国政治学家、外交家，因20世纪40年代在巴以冲突中担任联合国调解人而获得1950年诺贝尔和平奖，是历史上首位获此殊荣的非裔美国人。——译者注

③ 海伦·凯勒（Helen Keller，1880—1968）：美国著名女作家、教育家、慈善家、社会活动家，幼年因病失去视力和听力，一生有87年生活在无声无光的世界里，却成为世界名人。——译者注

被处以绞刑。第二个事件是 20 世纪 20 年代的“萨科和万泽提事件”，两名有无政府主义倾向的移民被判谋杀罪并被处死。这两起案件都与哈佛大学有关：清教徒牧师兼作家科顿·马瑟（Cotton Mather）的父亲曾任哈佛大学校长，是“塞勒姆灭巫事件”一案的主审法官。为决定萨科和万泽提的命运而设立的一个特别法庭，由当时哈佛大学校长阿伯特·劳伦斯·洛厄尔[①]主持，他支持死刑。而公开反对死刑的费利克斯·法兰克福（Felix Frankfurter），当时是哈佛大学法学院重量级教授，后来成为美国最高法院的助理法官。

我被指派撰写研讨会第一篇关于“塞勒姆灭巫事件”审判案的论文，并信心十足地写了 5 页之多。之所以充满信心，是因为我认真地阅读了有关文献，而且自认是一名合格的作家——毕竟我在高中时期就编辑过《观点报》，并在哈佛大学新生必修的写作课上因表现出色、名列前茅，很是风光了一阵。

想象一下，收到那篇被退回的论文时，我是多么震惊。卡茨对我的论文进行了大量修改，最后客气但带有讽刺意味地写下评语：“这只是初稿吧。”

卡茨的评论给我敲响了警钟。借用 18 世纪伟大的哲学家康德的话说，我突然从自以为是的梦中醒来。在此前刚开始的学术生涯中，我曾认为自己的工作就是阅读、思考，然后认真地写一篇综述，也许可以在这个过程中提出一两个想法。“清楚而准确地反馈”可能就是我遵循的准则。

经过认真思考，加上与卡茨以及其他同学交谈，我意识到自己需要完成更雄心勃勃、更艰难、更“危险”的事业。第一步就是对有关议题进行消化和思考之后，给出尖锐的批评，然后提出引人入胜的问题——甚至是思考问题的新方法。用最近我们在高等教育研究工作中新创的词来说，就是要展示我的“人

---

① 阿伯特·劳伦斯·洛厄尔（Abbott Lawrence Lowel，1856—1943）：美国教育家、法律学者，1909—1933 年担任哈佛大学校长。——译者注

文资本”（liberal arts capital）。在这种情况下，应该首先认真研究历史文献，并根据我掌握的知识和拥有的洞察力，使之为我所用，最后产生研究成果。借用我对历史学家理查德·霍夫施塔特成就的理解，那时我期待着发出自己的“声音”。

现在，请允许我依据本书的主题，追溯性地介绍上述经历及其收获。自从我开始写书评或课程要求的论文以来，就认为自己的工作是综合我所知道、读到的东西。这并非简单地鹦鹉学舌，也不是用词汇将我所学的东西表达出来——即便在高中，仅有综述便不够了，更不要说在大学里。但我并没有想到应该简单地以这些综合起来的知识作为文章的背景，再以新的方法来表达内在的主题、思想和概念。或者更好的是，用一种全新的方式或至少提出一种新视角来谈论有关议题。

近来，我把以上过程定义为“综合连续体”（continuum of synthesis）。这是传统的综合，也就是将概念和思想严格依靠常识或传统意义上的智慧结合在一起，这样在任何情况下都不大可能引起争议。这就是我在学生时代做过的，也是我至今仍在编写得当的教科书和搜索引擎里寻找的东西。

卡茨当时可能期望我提交一份原创的综合性论文，以表明我不仅阅读并掌握了现有资料（通常是书籍和文章，但也可能是艺术作品），而且超出了通常意义上的综述，还提出了新的理念、与旧观点的对比和问题关键所在。因为这就是大学真正的意义所在[①]！

当然，这种顿悟，就像其他镶嵌在脑海中的经历一样，在回首往事的时候更容易描述。我怀疑在当时，自己仅仅感到不安和没把握。希望我能有成功的

① 我现在要补充的是，大学新生不太可能对两个经过大量研究的案例发表任何独到的见解，但至少需在内容或形式上进行超越常规的分析，或者最好是两者兼而有之。

文章作为以上说法的书面证据，就像我在《观点报》担任编辑期间有思想随笔可以证明，以及我完成博士论文后也有笔记和草稿可以作证一样。

遗憾的是，这方法已经行不通了。像大多数醉心收藏的老鼠一样，我把学生时代所有的资料，都存放在我们家在斯克兰顿的车库里。有一两次父亲问我如何处理这些资料，我根本不以为意。后来有一次放假，我回到斯克兰顿时，发现几十箱资料都不在车库里了。当问父母它们放在哪里时，我听到了一个不幸的消息：父亲把它们都扔掉了！在追问之下，他回答道："我以为你不要了，我需要腾出车库做别的事。"

在本书的第 1 章我说过，我给自己父母打的分数是"优"。虽然资料的意外丢失让我很生气，但即使这是我对父亲最有意见的事，我也没有理由改变给他的高分。因为我也有责任，事先没有告诉父亲为什么那些资料值得保存（如果它们的确值得的话）。这些资料的缺失，意味着这本回忆录引用我接受高等教育时期的文献较少——这非我所愿。这次损失就像父亲给我的虚荣心点了一把火，使未来的传记作家（如果有的话）无须阅读那些粗心大意打出来的论文，也不必因处理年代久远的复写纸弄脏自己的手，更不必眯着眼睛去辨认那些由或细心或尽职或挑剔的老师写下的评语。幸运的是，《观点报》和高年级研讨班上的那 4 篇论文，仍然被保留了下来。但与我在高中 4 年、大学 4 年和研究生 5 年撰写的几十篇论文（包括我初出茅庐时写的一些）相比，它们对我的用处要少得多。

在没有足够书面资料证据的情况下，只能依靠其他证明。我在哈佛大学读一年级时表现很好，获得了戴尔奖[①]。奖励是我可以选择任何一本书，并在书的显著位置盖上哈佛的印章。回想起来，我的选择既令人惊讶（如果不奇怪

① 戴尔奖（Detur prize）：哈佛学院颁发给一年级最佳学生的奖项。（The prize to the best first year students at Harvard—Detur is just a name.）——作者应译者的请求特为此书中译本加注

的话），也很有启发意义：我选择了《美国文学史》（*A Literary History of the United States*）。这是一部由 4 位著名文学学者主编的、扩展性的百科全书式的作品，涵盖了 20 世纪中叶以前几乎所有重要的美国作家。

我觉得自己之所以选择它，是因为作为怀俄明高级中学高年级研讨班毕业的学生，考虑到我当时在哈佛学院的学术抱负，有一本资料书确实很有用，何况它还是一本综合性的作品。若是购买，那本书可价格不菲。我可以把它放在书桌旁，随时翻阅参考，就像我小时候的床边总放着一本百科全书一样。甚至直到今天，我仍然一直把《牛津英语词典》放在写字台旁边。也许，我是想培养自己内心深处的"埃德蒙 · 威尔逊情结"，他当时成了美国文学重量级的人物。也许我的这次选择，可能会被其他人视为是想成为"学者"的举动。今天，我对这次选择还感到汗颜，因为它看起来是那么缺少个人色彩和想象力，官气十足。我为什么不选择普鲁斯特的法语作品、米开朗琪罗的画作，或者牛顿从数学到炼金术的文集呢？但这一选择也揭示了我是如何思考问题的：我想要自己兴趣十足的东西，且不关心别人如何看待。

埃德蒙 · 威尔逊情结

下面谈谈埃德蒙·威尔逊。他生于 1895 年，在希尔中学[①]和普林斯顿大学受过教育，是当时美国最著名的随笔作家。从经历上看，威尔逊实质上是一名记者，他没有博士学位，也从未在重要的教学岗位上任职，甚至除了短时期做过编辑以外，也没做过任何其他工作。然而，他清晰而富有洞察力地写了大量不同议题的评论文章，这些文章题材广泛，从文学中象征主义的兴起到苏联的成立，甚至还有对俄罗斯经典作品的翻译质量的评论，不一而足。他至少出版了 30 本著作，发表了 1000 多篇文章！我对威尔逊写的任何东西都感兴趣，因

① 希尔中学（The Hill School）：位于宾夕法尼亚州南部小镇，是美国著名的小常青藤中学之一。——译者注

为他是一位非常杰出的作家。可以说，他本人就是我对优秀作家的判断标准！威尔逊能够向读者介绍他们过去一无所知的领域，比如《阿克瑟尔的城堡》[①]里法语和英语的象征主义写作，并使人读后能够掌握作品中的关键以进行明智的对话。他也可以把一个人们自以为早已熟知的话题，用全新的方式呈现，从而使他们大吃一惊。比如说，他在《到芬兰车站》[②]一书中明确指出，在 19 世纪早期的法国学术著作中，就已经有苏联崛起的暗示。

我也渴望成为一名知识广博、能够涵盖许多领域的作家，并且我所写的能让聪明的普通人都能够理解。然而，当时我并没有意识到，自己的这种抱负与我在大学毕业后接受的学科训练之间形成了长期的矛盾。因为当时和过去相比，事实和信息开始在特定的领域里更加聚集，历史的、传记的、文学的都是如此。但这些学科的边界并非严丝合缝、一成不变，我天生就倾向于保持跨学科的姿态。我当时不想将自己的事业完全以历史学为中心，而是想自由地借鉴其他学科的视野。

作为新生，我的学习成绩很好，于是有机会竞争另一项荣誉——雅各布·温德尔奖[③]。在这种特殊情况下，我必须接受一个委员会的面试。就像几年前被哈佛录取前的面试一样，我尽量穿着得体，也许是为了避免再次因为红色领带和红色袜子被记录在案而贻笑后人。竞争温德尔奖的面试细节我记不清了，但我记得谁赢了。我一见到同学戴维・戈登（David Gordon），就意识到他会被选中而我会落选。与我的朋友戴维・古尔德不同，这位特别的戴维的出

---

① 《阿克瑟尔的城堡》（*Axel's Castle*）：埃德蒙・威尔逊陆续发表在美国《新共和》杂志上的研究现代主义作家的论文集，被认为是研究法国象征主义运动里程碑式的文学理论著作。——译者注

② 《到芬兰车站》(*To the Finland Station*)：威尔逊在这本书中从空想社会主义一直写到马克思、恩格斯、巴枯宁、托洛茨基，最后一章的标题是“列宁抵达芬兰车站”。——译者注

③ 雅各布・温德尔奖（Jacob Wendell Prize）：哈佛的另一个奖项，颁给不仅在学业上杰出而且在个性和公众演讲上也表现优异的一年级学生。——作者应译者的请求特为此书中译本加注

身有学术背景——他家里至少有三位杰出的经济学家。他本人曾就读于一所精英中学，似乎已经为后续申请罗兹（Rhodes）奖学金做好了准备。我立刻得出结论，无论笔试成绩多么优秀，我都不擅长在哈佛学院（或在其他地方，甚至在任何地方也一样）为争取一个有声望的奖项，在竞争激烈的面试中表现自己。综合笔试——无论在怀俄明高级中学还是在哈佛学院，与面对压力下的综合面试相比，风格是完全不同的。我意识到，除了写作成绩优秀，我还得学会在不同的环境下，有效地用口头语言表达自己。

长期以来，我相信自我完善的重要性，也就是想成为拥有现在被称为具有“成长型思维模式”[①]的人，所以我马上决定选修一门关于演讲和修辞的课程，希望因此得到我以前不需要的“话语权威”（voice of authority）。在我追求自己事业的抱负时，它可能对我很有帮助（那时我还不知道自己的事业将是什么）。当我去上课时，发现情况出乎意料，选修这门课程的学生都是英语非母语的学生和想学好英语口语的人。这门课程显然不是为一个未能获得重大奖项的“本地人”开设的，我没有继续学习，但我成了导师埃尔斯沃思·费希（Ellsworth Fersch）的朋友。他是坎布里奇市的一大人物，值得为他写书立传，但很可惜没有这样一本书。

顺便提一下我的另一个“普鲁斯特式的记忆”[②]。最近在一个家庭聚会上，13 岁的孙子奥斯卡祝酒时，令我突然想起了自己 13 岁时发生的事。当时父亲给了我一本关于公众演讲的书，并题了词：“我一生都在后悔没能发表一次精彩的演讲，希望这本书能帮助你做到这一点。”

---

① “成长型思维模式”（growth mindset）：斯坦福大学心理学教授卡罗尔·S. 德韦克（Carol S. Dweck）在 2006 年出版的《终身成长》（*Mindset*）中提出，人的思维模式可以通过后天的努力学习发展，与之对立的是“固定型思维模式”。——译者注

② 普鲁斯特式的记忆（Proustian memory）：只要闻到曾经闻过的味道，就会开启当时的记忆。本书 24 页下注“普鲁斯特的玛德琳蛋糕”有更详细说明。——译者注

从历史学转向社会关系学

如何总结，或者更具体地说是如何综合性地概括我在大学 4 年里的紧张学习，以及与同学、老师的无数次对话？

我的兴趣发生了变化。作为一名新生，在历史课上我对当时刚出版的获奖图书《青年路德：一项精神分析与历史的研究》（*Young Man Luther : A Study in Psychoanalysis and History*）印象深刻。这本由精神分析师埃里克·埃里克森撰写的新教创始人传记，代表了他在心理学史上的一次开拓性努力，一次雄心勃勃的、大胆的学术尝试。该书试图按照马丁·路德[①]个人心理的发展，解释他的思想、概念及其传播途径。历史课的指导教师罗恩·维特（Ron Witt）注意到我对埃里克森的著作感兴趣，建议我多学点精神分析学和心理学。我知道这方面的术语，是因为叔叔弗里茨曾给过我一本诺曼·芒恩编写的心理学教科书，我从那本书中的插图了解到了色盲现象的原理。

尽管如此，历史学仍然是我喜欢、乐于研修的课程。所以用哈佛的行话说，我决定“集中精力”主修历史学专业。我大二的时候参加了历史辅导班，那是一个小型研讨会，学生们在会上专心致志地阅读并讨论历史学的研究成果。我希望这个研讨会能重现斯坦利·卡茨主持的新生研讨会的情景。但很遗憾，我无法对指定的阅读材料产生共鸣，而且导师也不是斯坦利·卡茨。阅读的材料既不是历史，也不是心理学史，而是史学史，即著名历史学家讲述他们如何研究和写作有关历史文章的选集。

回过头看，我理解了为什么要指定学生阅读这些作品。而且多年以后，鉴于我对方法论产生了兴趣，我可能会开始喜欢那些阅读材料，或至少从中受

① 马丁·路德（Martin Luther，1483—1546）：德国神父，16 世纪欧洲基督教新教路德宗派创始人。——译者注

益。但当时我感到它们虽然珍贵，但晦涩难懂，而且颇有深意，是为更加年长、思考能力更强、比当时的我更加“元认知”[①]的人写的。这也意味着我未来可能不打算攻读历史学的研究生，而是成为心理学的研究生，我将在第 4 章讲述这方面的故事。

所以，借用心理学的一个术语，我成了“回避”行为的受害者，不再期待这门功课的任何辅导。另一方面，我非常喜欢第二门历史课，就是奥斯卡·汉德林[②]开设的“美国社会史调查”。汉德林出生于布鲁克林，是一位聪慧而博学的大师，正是他开辟了这个领域。我还喜欢一年级时埃里克·埃里克森开设的有关心理学史的探索课程，所以我二年级选修了“社会关系学”。这是一个相对较新的领域，坦率地说，这个领域通常是运动员们（我们称之为“四肢发达的人”）选修的。因为与物理学、语言学或其他表面上看起来要求更高的课程相比，社会关系学被认为是相对容易通过的课程。

我对社会关系学了解得越多，就越感觉到自己对它的喜爱。说句玩笑话，当然没有人会把运动天分欠佳的我当成一个运动员。因此我转而选择了两门社会关系学的入门课程，作为我的必修课，并申请了老师的辅导。在此类课程中，我们读到了一些社会科学的基础资料，如卡尔·马克思论共产主义，马克斯·韦伯[③]论资本主义，涂尔干[④]论社会的组织。这些课程充满了令人兴奋的理

---

① 元认知（meta-cognitive）：心理学名词，指对自己认知过程的思考、认识与理解。用通俗的话说，就是对认知的认知。——译者注

② 奥斯卡·汉德林（Oscar Handlin，1915—2011）：美国著名历史学家。1973 年任哈佛大学图书馆馆长，曾在哈佛社会学系任教，被誉为第二次世界大战后新社会史学的开创者。——译者注

③ 马克斯·韦伯（Max Weber，1864—1920）：德国著名社会学家、历史学家、经济学家，现代最具影响力的思想家之一。——译者注

④ 爱弥儿·涂尔干（Emile Durkheim，1858—1917）：法国社会学家，被誉为当代社会学的三大奠基人之一。——译者注

念，而且不像历史学的辅导课，它们不是方法论或元科学[①]类型的课程。

在社会关系学这门特殊课程的选修者中，我堪称佼佼者（其他课程，包括历史学，是否也如此，我不清楚）。有两个证据可以证明这不是我在自吹自擂。首先，在大学二年级结束时，本科生项目的负责人乔治·戈泰尔斯（George Goethals）告诉我，我可以自由选择未来两年的学习课程。我很怀疑其他系的学生无论成绩多好，是否能有如此自由选择的权利。第二个证据是，《青年路德》的作者、当时刚刚担任哈佛大学教授的埃里克森，被安排开设一门初级课程。因为他才华横溢、英俊潇洒、魅力十足、聪慧绝顶，并承诺让我们通过课程领悟自己的“身份认同危机”，所以有几十个学生报名。

我们现在可以说，戈泰尔斯是一个公正的人，但绝非不知变通。虽然他口头上说将依靠抽签挑选学生参加埃里克森的辅导班，但我一进入教室，看到和我一起被选中的其他 11 名学生，我就清楚地知道，埃里克森研讨班的成员是人为选定的，而且很可能是根据戈泰尔斯的意愿确定的。事实上，这些人不仅仅是社会关系学的学生，还有来自其他学科的优秀学生。即使在哈佛学院，我们也是相当大的“鱼”。很明显，该项目的指导教师希望哈佛学生能给埃里克森留下深刻印象，因此没给任何人碰运气的机会。

社会关系学的研究领域是什么？这门学科名不副实，让我想起了一个学术上的高峰：一个由学术明星组成的委员会所创建的学术部门。第二次世界大战刚结束不久的 1946 年，几位当时在哈佛社会科学领域很有名望的科研人员，强强联手，创建了一个新系。精心筹建了这个横跨多个学科的新系的杰出人物

---

① 元科学（metadiscipline）：亦称“元理论”，关于理论自身的理论，研究科学的性质、特征、形成和发展的一般规律。——译者注

和“设计师”，包括社会学家塔尔科特·帕森斯[①]、心理学家高尔顿·奥尔波特[②]和人类学家克莱德·克拉克洪[③]。他们设想的研究和教学内容是这三个学科的整合。

尽管这个学科的名字选择不当和起源不明，社会关系学的思想和学术规划却值得称赞，也很重要。人类学（对史前人类和跨文化的研究，特别是对处在地球偏远角落的人类先驱者的研究）、社会学（对群体、组织和社会的研究）和心理学（对人的行为、人格、动机和认知的研究）之间的界限，本来就不是很严格，试图将它们分开并加以严格区别，是人为的，也是不可信的。

回想起来，我们可以发现，哈佛社会关系学系是为那些具有综合思维的人定制的，特别是为对所谓的（也许这样说有点自命不凡）人类境况和人性感兴趣的人。一方面，它有意地将一些学科——如心理学、社会学、人类学、政治学和经济学的部分理念结合起来，并邀请实践者从几个不同的视角出发，加以理解，并进一步明确其概念。另一方面，它确实采用了统计学和在实验室进行实验的发展方法。对于我们之中更倾向于主题分析和对主要现象进行描绘，而不愿意研究单一和刻意简化的现象累积（例如，人类学家偏爱研究某个社会在文字出现之前的亲属关系结构，心理学家常常将无意义音节的记忆作为主要研究对象）的人，社会关系学给予了充分的空间。社会关系学系既由众多专著及其作者组成，也有很多学术论文和对某一现象进行多方面钻研的实证研究。尽管没有人能像埃德蒙·威尔逊那样优雅地写作，也少有人能像那个时代我崇拜的理查德·霍夫施塔特那样，写出极具吸引力的作品，但这个系的成员还是经常为聪慧的广大普通读者写作。社会关系学系的学者们不是拥有大型实验室、

---

① 塔尔科特·帕森斯（Talcott Parsons，1902—1979）：哈佛大学教授，美国现代社会学的奠基人，美国第二次世界大战后统整社会学理论的重要思想家。——译者注

② 高尔顿·奥尔波特（Gordon Willard Allport，1897—1967）：哈佛大学教授，现代个性心理学创始人之一，特质理论的始创者。1939 年任美国心理学会主席。——译者注

③ 克莱德·克拉克洪（Clyde Kluckhohn，1905—1960）：哈佛大学人类学教授，著有《论人类学与古典学的关系》（*Anthropology and the Classics*）。——译者注

配备昂贵设备的科学家，也不是文学学者，更不是艺术家。他们相信自己正在开创一门新的学科，或一系列相互关联的新学科。

但还有两个不那么冠冕堂皇的动机支撑着这个系。一个比较机会主义，即美国的基金会和联邦政府对有关人性的学科越来越兴趣盎然。最近的一次世界大战中出现的宣传、洗脑、传媒理论等，令他们十分关心，并愿意为相关研究提供资金支持。社会关系学界的领导人从中发现了积累大量科研基金的机会。社会学家罗伯特·尼斯贝特（Robert Nisbet）在《学术教条的退化》（*The Degradation of the Academic Dogma*）一书中曾深刻描述过，大学在获得大规模资助机会的同时产生了权力和责任的根本性变化，事实也正是这样。而包括我在内的许多人，对这种变化一直非常矛盾。我们作为被精心挑选出来教育青年的教育工作者，主要的任务是教育和培养学生还是完成研究课题、出版成果？或者教学和科研兼而有之，还是说，我们的任务变成了这两种活动的尴尬混合体？在大多数其他国家，它们是分开的吗？几十年来，我一直被这两类任务来回拉扯。

建立社会关系学系的另一个动机（和资金来源）可以说既保守又对立，组成它的学科彼此截然不同：一种是不讲情面的、定量的，威廉·詹姆斯称之为“倔强型的”；另一种是定性的、解释性的，较少使用数学模型，被詹姆斯称为“温柔型的”。那些被社会关系学吸引的人，想把自己与数学社会学家（mathematical sociologists）、行为主义心理学家和体质人类学家[①]区别开来，而且有一段时间他们做得相当成功。在某种程度上，社会关系学是那些对“大问题”感兴趣的人的避难所，他们不怕处理混乱的现象，尽管不完美。回顾这个系的发展过程，三个核心学科的设定目标分别是：人类学家关注学术知识的种类和属性，社会学家关注学科的组织建设，心理学家关注可持续产生学术新

---

① 体质人类学家（physical anthropologists）：体质人类学研究人类群体体质特征和结构，探讨人类自身的起源、分布、演化与发展，人种的形成及其类型特点。——译者注

星动力的研究。那些在社会关系学系接受教育的学生，将就这三门学科的研究内容进行深入、综合的学习。

1972年，也就是社会关系学系成立25年后，哈佛大学的领导决定停办它。其他类似的机构也做出了相似的决定，而迄今为止，那些院系一直鼓励或至少允许在人文科学领域内的跨学科研究。以上决定不是轻率做出的，特别是在涉及很多人的自尊心时，更需要慎重。在当时的情况下，这个系的创始人和最初的资助者都已退休，先驱者们也没能培养出堪当重任的接班人。当初整合一门社会科学新学科的承诺，同样没能实现。当时卡耐基公司的总裁、主要投资人查尔斯·多拉德（Charles Dollard）在事后一次尖锐但基本准确的分析中说："在过早尝试创建大规模社会科学领域的'综合'或'整合'上，浪费了大量时间。"①

社会关系学系的颓势也有其内在的原因。每一个学科的成员，都对自己接受训练的领域抱持强烈的效忠情感，因此，哈佛和其他学校，如耶鲁大学和芝加哥大学，最终又都回到了过去的状态，即心理学系、社会学系和人类学系各自独立。正如可以预见的那样，每一个重生的系都包含有社会关系学的内容，事实上是各自重新创建。但当各自重建部门的运转遇到问题时，部分人又回到了社会关系学体系内寻求帮助。后来，在每一个重生的学科中，都能找到那些在追求可处理问题时倾向于方法论无可挑剔的人，以及与此相反，穷尽所有方法、以任何站得住脚的方式，寻求阐明更大和更难解问题的人。

为什么要在本书中介绍这段学术历史？因为时至今日，我仍然坚信社会关系学系的使命依然存在，而且还有很多人在其全盛时期接受过训练。例如，现在和我一样明显是资深学者的里克·施韦德（Rick Shweder）、克劳德·菲舍

---

① 引自：Roger Geiger, *American Higher Education after World War II*（Princeton, NJ: Princeton University Press, 2019）, 99.

尔（Claude Fischer），来自哈佛的威廉·戴蒙[①]，芝加哥大学毕业的米哈里·希斯赞特米哈伊[②]，或者很遗憾现在已经不在世的罗伯特·贝拉[③]、克利福德·格尔茨[④]和尼尔·斯梅尔塞[⑤]。

与许多同行和几乎所有继任者相比，我们更期待有机会借鉴多个学科的概念和方法，去解决重大的问题。在一个规则严格的学术界，很多学科的领域往往很狭窄，但我们仍然倾向于采用更宽泛的综合方法。即使那些可能喜欢甚至钦佩我们所做工作的规则维护者，面对那些更苛刻、更严格（或者不那么优雅）的规则维护者，也很难为我们所做的工作辩护。

我在社会关系学系学到的东西，在很多方面都为我日后大部分工作打下了基础。以下是一个相对较新的例证：21 世纪初的十多年里，我和凯蒂·戴维斯（Katie Davis）研究年轻人是如何运用新的数字媒体的。我们观察和研究了许多青少年，面见了几十位与青少年相处至少 20 年的人，还调查了其他人——从夏令营的主管到精神分析师，应有尽有。当研究成果以著作的形式呈现在大众面前时，我们决定把今天的年轻人称为“APP 一代”[⑥]。我们详细介绍了今天的年轻人如何对待自己的身份认同、如何处理与周围人的亲密关系，以及他们

---

① 威廉·戴蒙（William Damon，1944— ）：美国心理学家、斯坦福大学教育研究所教授、世界领先的人类发展学者之一。——译者注

② 米哈里·希斯赞特米哈伊（Mihaly Csikszentmihalyi，1934—2021）：美国心理学家，曾任芝加哥大学心理学系和社会人类系主任。——译者注

③ 罗伯特·贝拉（Robert Bellah，1927—2013）：美国社会学家、加州大学伯克利分校社会学教授，也曾就读和任教于哈佛大学。——译者注

④ 克利福德·格尔茨（Clifford Geertz，1926—2006）：美国人类学家，曾就读于哈佛大学，先后任职于斯坦福大学、芝加哥大学、加州大学、普林斯顿高等研究院。——译者注

⑤ 尼尔·斯梅尔塞（Neil Smelser，1930—2017）：美国社会学家，加州大学伯克利分校教授，1952 年毕业于哈佛社会关系学系，1958 年获得哈佛社会学博士学位。——译者注

⑥ “APP 一代”：加德纳和凯蒂·戴维斯 2013 年在耶鲁大学出版社出版的一本书的主标题，全名为《App 一代：网络化科学的新时代》（*The App Generation: How Today's Youth Navigate Identity, Intimacy, and Imagination in a Digital World*），译者认为书名应译为《移动互联网的一代：当代年轻人如何自我定位》。——译者注

在哪些方面具有创造力、想象力和创新的动力。

对于普通读者来说，这似乎是一本标准的综合性的社会科学著作。但事实上，它直接建立在两位社会关系学教师工作的基础上，他们对我产生了巨大的影响。说到今天的年轻人时，我们会将他们和早期的年轻人加以比较，这是理斯曼式的观点。社会分析学家大卫·理斯曼认为，美国18世纪的殖民主义者是传统导向的，19世纪的美国人是内在导向的，而20世纪的美国人是其他导向的。我和凯蒂·戴维斯则认为，当今世纪的年轻人最好被描述为“APP导向”的人，即他们强烈地（即便是无意识地）受到应用软件和这些软件常用方法的影响。

如果说理斯曼为我们提供了一个社会学的视角，我的导师埃里克森则提供了一个心理学的视角。后者描述了生命不同阶段的一系列紧张关系：少年人体验的是“同一性整合”[①]与“同一性混乱”[②]风险之间的冲突；年轻人体验的是建立亲密关系的能力和孤独处境之间的冲突；成年人可能会产生新的想法、建立新关系，或者不那么高兴地重回旧轨。如果我们用埃里克森的观点解释今天的年轻人，几乎会令他无法想象。

我相信这样的研究是严肃的——在过去的70年里，我们中的许多人，包括那些没有读过他们书的人，都从像理斯曼和埃里克森这样的学者所做的工作中学到了很多东西。但正如我在这本书的最后几页所阐述的，我认为把他们努力工作的结晶说成是社会科学的成果是一个错误，或者说是致命的傲慢。诚然，我们在可能的情况下使用科学方法，渴望达到科学的境界（哈佛大学前

---

① 同一性整合（coalescence of identity）：指青少年对过去、现在和未来的自我不断探索，对外界的影响不断取舍后形成的一个连续完整的自我确认。——译者注

② 同一性混乱（identity diffusion）：指青少年在寻求自我同一性（ego identity）过程中的迷惑与混乱。他们对自我缺乏清晰的同一感，自我评价往往失真。——译者注

校长劳伦斯·亨利·萨默斯[①]曾打趣道："任何自称科学的东西都不是科学。"），但是我们研究的科学，既不是物理学、化学，也不是数学。正如我常说的那样，我们的发现和有关著作也会改变未来的事。像我们这样的学者，可以而且已经改变了话语权。

职业的选择

我喜欢哈佛学院，我在那里选修了自己想学的课程，结交了许多新的、长期的好朋友，过着愉快的社交生活。而且那时我开始意识到自己的天赋，发现我比大多数同龄人更容易与教授建立联系。我还旁听了许多不同领域的课程，虽然吉尼斯世界纪录的编辑人员还没对此做记录，但我还是声称自己是旁听课程数目最多的世界纪录保持者。我还参加了一些学习小组，和朋友们讨论不同领域的关键术语和对不同学科课程的综合。我对知识难以抑制的渴望和追求，得益于从童年起养成的习惯，这让我在哈佛处于有利的地位。

前面介绍过我在怀俄明高级中学参加的许多课外活动，但在哈佛学院一年级时，我放弃竞争学校报纸的职位，未能成为传说中声名显赫的《哈佛深红报》[②]中的一员，当时这是将来进入著名报纸和杂志社实习的前站。我作这个决定也许考虑不周，但高中时就编辑过《观点报》的我认为，没有必要重新体验这类经历。取而代之的是，我加入了至今还在提供哈佛校园导览的服务团体。

就像我曾经选择一本文学史作为戴尔奖奖品一样，我无法确定自己当时作

---

① 劳伦斯·亨利·萨默斯（Lawrence Henry Summers，1954—）：美国经济学家，美国国家经济委员会主任。在克林顿时期担任美国第 71 任财政部部长，2001—2006 年担任哈佛大学第 27 任校长。——译者注

② 《哈佛深红报》（*The Harvard Crimson*）：哈佛大学于 1873 年创建的校官方媒体宣传机构，出版的报纸就名为《哈佛深红报》，其中各大板块负责人全部为哈佛大学在校优秀本科生。——译者注

出这个决定的动机（事实上，我还曾为年轻的霍伊所作的决定而皱眉——霍伊这个名字在整个大学期间一直伴随着我，但后来突然永久性地消失了）。我想，原因之一是我为自己在哈佛感到自豪，另一个原因则是担任暑假导游能赚取生活费。但还有一部分原因是，在我未能获得温德尔奖学金之前，就觉得有必要发展自己的社交能力。我的大部分课余时间，都与其他旅行社的成员，以及几十个、后来也许是几百个游客组成的旅行团一起，在校园里转来转去。（我当时没想到的是，在以后的几十年里，我向世界各地成千上万的学生和听众发表演讲，并回答他们的问题。）当年成为哈佛校园游览社成员的得意心情，至今几乎没有什么改变。在哈佛学院读本科期间，我与其他俱乐部和实习单位毫无联系。

是的，在哈佛学院的生活是如此愉快，我希望能永远留在大学校园里。当然，从某种意义上说，我已经成功地实现了这个愿望。就这个愿望而言，我有些与众不同。在我的同学聚会上，以及妻子埃伦[①]（在我毕业几年后，她就读于哈佛大学的拉德克利夫女子学院）的同学聚会上，我惊讶又沮丧地发现，我的很多同龄人对他们在哈佛学院的 4 年大学生活印象不佳，尤其是女学生或少数族裔。我希望今天更多人的大学生活，能给他们留下美好的回忆。

但 4 年很快就过去了，我知道自己必须作出今后的职业选择，至少决定“下一步怎么走”。当时，我还没有清楚地意识到我（和其他人）对自己有什么期待。在第 50 次大学同学聚会时，我的同学、那时已经是著名心理治疗专家的南希·乔多罗[②]，终于向我说明了应该期待些什么。“霍伊，难道你不知道哈佛学子始终只想一件事，那就是成功吗？”即使我未曾深想，我也知道（至

① 埃伦·温纳（Ellen Winner，1947—　）：心理学家，“零点项目”重要成员，1978 年获哈佛大学心理学和社会关系学博士学位，2009—2018 任美国波士顿学院心理学系主任、教授。——译者注

② 南希·乔多罗（Nancy Chodorow，1944—　）：美国社会学家、心理学家，加州大学伯克利分校社会学与心理学教授，2000 年获得美国精神分析学会颁发的“女性与精神分析杰出贡献奖”。——译者注

少在埃里克森式的潜意识里知道)，从家人到朋友，再到中学老师和大学导师，他们为我付出了这么多，无论在哪一方面，也无论在任何事情上，我都必须成功。

有这样一个老式笑话：“律师是什么人？是讨厌看到鲜血的犹太男孩。”事实上，在大学三年级之前，我只考虑过两个职业领域：法律和医学。在医学方面，我选修了生物课和化学课，并在学院附近的奥本山医院急诊室工作了一段时间。大学三年级结束后的那个夏天，我甚至在旧金山湾区见到了斯坦福医学院的招生办主任。但很遗憾，医生这个职业从来没有真正吸引过我。至于法律，我选修了法学教授保罗·弗罗因德(Paul Freund)的著名课程“法律诉讼程序”。我这门课的成绩很好，弗罗因德教授建议我去法学院读研究生。我想象得出自己成为一个律师的样子，甚至意识到我似乎挺有律师的“头脑”。但我当时和现在的想法一样，对于在法庭上为那些可能有罪的客户辩护，或者让富人变得更富有，没有一点兴趣。“公共利益法”(public interest law)不在我的视野之内，何况这个术语当时几乎还没有成型。

我想告诉自己，也告诉我的父母、亲戚和朋友们，我可以成为一个标准的犹太职业人，我有这个能力。但我和社会关系学系合作后，逐渐将自己看成是一个未来的学者，一个会教书、会做研究工作并发表文章的人，就像我敬业的导师和敬佩的教授所做的那样。在我碰巧看到的一封推荐信中，埃里克森教授对我的评价很简单：“适合从事科研工作。”但研究什么、以什么方式研究，我当时还不清楚。

为了完成毕业论文而做的工作给我今后的道路指明了方向。我感到幸运的是，埃里克森教授做了我两年的指导教师。此外，我还说服了杰出的社会学家查尔斯·蒂利[1]担任我的共同导师。在他们两人的指导下，我完成了一篇典型的社会关系学论文。由于哈佛提供了资助，在读完大三后的夏天，我研究了美国一个新出现的特色鲜明的区域：退休社区。在一段时间里，我每天都去参观一个疗养村。那是一个当时刚开放不久的社区，仅限60岁以上的人居住，位于加利福尼亚州的瓦卡维尔，距离伯克利不到一小时的车程。当时我与一个工科专业的研究生合租，住在德怀特路上的一栋公寓里。事后我写了一篇广受好评的论文，题目是《老年人：退休社区中的身份和诚信》(*Gerontopia: Identity and Integrity in a Retirement Community*)。

在这篇相当成熟的综述性论文中，我不仅以记者的身份记录了所见所闻，还从学者的角度讨论了当时广受关注的老年人的身份、诚信和社区等议题。我得出的结论是，不同利益相关者都对退休生活怀有自己的梦想，而这些梦想总是相互冲突的，或者正如我最近说的，他们的观念是“错位的”。例如，在是否应该邀请孙子孙女们使用社区的游泳池的问题上，社区内部意见完全不一致。我的论文综合了心理学、社会学和人类学的概念和观点，是社会关系学作为一个横跨多学科领域的典型例证。很明显，无论时为本科生的我是否意识到，当时的行为是在朝着社会关系学研究生的方向前进，这项研究都有可能扩展为一篇受欢迎的论文，甚至成为一本畅销书。一些朋友和导师鼓励我朝这个方向努力，但我却不想在这篇论文上交和得到评分后，再做与此有关的其他工作。

但在我必须对研究生阶段的学习方向作出明确选择之前，重要的转折点已经出现，其中有两个最终改变了我的人生。第一个是我获得了一笔奖学金，可以在当时英联邦的任何国家游学一年。和当时的许多同龄人一样，我选择去伦敦。在那里的大学中，我能交到很多朋友，并且可以利用一年的时间阅读、写

---

① 查尔斯·蒂利（Charles Tilly，1929—2008）：美国社会学家、政治学家，1958年获哈佛大学博士学位。主要研究集体行为的历史和动力、城市化的过程和民族国家的形成。——译者注

作、思考，还能充分享受那里20世纪60年代中期日益丰富的文化生活。在那一年中，我观看的戏剧演出、音乐会和艺术展览可能比后来的10年都多。我还有机会周游欧洲和苏联。在伦敦经济学院，我遇到了一个很好的导师——厄内斯特·盖尔纳（Ernest Gellner），他自认为是社会人类学家和哲学家，但实际上，他很容易被误认为是大学里典型的社会关系学专业的老师。用法国社会学家皮埃尔·布尔迪厄[①]的话说，我在伦敦积累了大量的社会学和文化资本。这些资本可以帮助我参与更加激烈的竞争，甚至使我成为下一届温德尔奖学金的获得者。

在上述奖学金资助期结束前，我仍然需要决定做点什么。我很幸运曾在埃里克·埃里克森教授的羽翼下成长，我很欣赏他的临床诊断能力，但又不想上医学院（埃里克森本人甚至从来没有上过大学）。我虽然申请并被接受参与临床心理学的博士研究生项目，这是一条在精神分析模式下进行临床实践的捷径，但我的心不在那里。因此，当第二次机会出现时，我搭顺风车前往密歇根州的安娜堡，在考察了密歇根大学的研究生课程后，我毫不犹豫地放弃了上述临床心理学的博士研究生项目，这让那些希望我对临床心理学感兴趣的人失望了。50多年过去了，我仍然感到内疚，因为我不喜欢辜负自己或他人的期望。

在那趟命中注定的旅程中，我获悉哈佛大学著名心理学教授杰罗姆·布鲁纳将要为小学中年级的学生，发起一项富有想象力的教育干预措施。当时布鲁纳教授正在寻找助理，以协助从事“人的研究”课程[②]的研究工作，这是面向10岁儿童的心理学和其他社会科学的入门介绍，实际上是一门小学版的社会关系学课。

在顺风车司机的建议下，我去见了布鲁纳教授。就像电影导演要在即将上

---

① 皮埃尔·布尔迪厄（Pierre Bourdieu，1930—2002）：法国人类学家、社会学家、教育家，曾任巴黎高等研究学校教授、法兰西学院院士，极具国际性影响。——译者注

② “人的研究”课程即 Man: A Course of Study，简称 MACOS。——译者注

映的电影中挑选一个小角色一样，他跟我简单聊了几分钟后就对我说：“你去和安妮特·凯森（Annette Kaysen，他的得力助手）商量细节，两周后我们在牛顿[①]的安德伍德学校见面。”这样一来，就意味着我临床心理学家的生涯就此结束了。

虽然心理学是组成社会关系学的三驾马车之一，但我从来没有正式学过学术上的心理学课程。我学过的是带有埃里克森色彩的精神分析，也许适合那些想成为精神病学专家或这方面临床医生的人，而不适合想成为真正的实验心理学家的人。布鲁纳本人接受过社会学和生理心理学（physiological psychology）方面的训练，因此他与社会关系学系和心理学系一直都有联系。但更重要的是，他后来成为一个新的学科领域——认知心理学的创始人。这个学科研究大脑在正常时或因不同的原因被扭曲、膨胀甚至受到干扰后，是如何认知、思维和推理的。20年后，我写下了在认知科学这一更广泛领域里自己的第一部专著，名为《思维的新科学：认知革命史》[②]。

这次为小学生准备课程的“短途旅行”，成为我大学本科生活的完美结尾。我喜欢学习认知，尤其是关于认知发展的观察和实证研究，即在预先设计好的方案和步骤上，研究孩子们的思维是如何发生变化的。但无论正式的还是非正式的探索，都要考虑到他们是在游戏还是在做真正意义上的探索。在那之前，我几乎没听说过让·皮亚杰[③]。他对自己的三个孩子进行了开创性的观察，对孩子们如何随着时间的推移和他们在现实世界中的行动而发展逻辑思维、社会思维和道德思维也进行了大规模、更具实验性的研究。我对皮亚杰的这些研究非常感兴趣，甚至觉得自己也一直在进行同样的研究。作为一名雄鹰童子军和

---

① 马萨诸塞州波士顿地区的一个小城市。——译者注

② 《思维的新科学：认知革命史》（*The Mind's New Science: A History of the Cognitive Revolution*）：作者应询对主书名译法的建议是“思维的新科学”（The New Science of Thinking）。——译者注

③ 让·皮亚杰（Jean Piaget，1896—1980）：瑞士儿童心理学家、发展心理学家、认知心理学家，重要贡献是使弗洛伊德随意的、缺乏系统性的临床观察更加科学化和系统化。——译者注

一名钢琴教师，我一直很喜欢与孩子们互动，并试图理解他们为何有那样的表现。

那年夏天，我们在布鲁纳主持下所做的工作与一般学校的正常教学不太一样。在慷慨的资助和严格的期限之下，我和同事们一直在开发前文提到的“人的研究”课程。这门课程探讨了三个核心问题，直到今天仍然在我眼前出现：

- 什么使人成为人？
- 人怎么会有那样的行为？
- 怎样才能让人更像人？

回想起来，我当时就意识到这些都是典型的综合性问题。只要对来自多个学科和知识来源的材料持开放态度，并愿意愉快且坚决地将它们以某种对相关人员有意义的方式组合起来，无论他们是大学教授、中学教师，还是刚毕业的大学生，或者如果幸运的话，正放暑假的 10 岁孩子也包括在内，只要选修马萨诸塞州牛顿的安德伍德学校的这门课程（在开始学科的学习之前），就能找到解决各自问题的方法。这门课程就是对综合思维的日常锻炼。

当时，作为这所学校刚成立的“教学研究小组”的成员，我每天的工作是协助设计课程，并观察这些课程是否适合小学五年级的学生，然后修改当天的教学内容并策划第二天的课程。我喜欢这项工作，而且做得很好。这个教学研究小组有 6 名成员，每天都在进行有趣的、高风险的教学内容的综合，观察相关教学内容的运行情况，并决定在接下来的几个小时里，可以和应该做出什么样的改变。当时，我还没听说过像麦肯锡这样的管理咨询公司，但我猜“人的研究”课程的关注点和研究节奏在某些方面类似于一个飞行咨询团队，在飞往一个客户所在地进行访问之前，试图弄清楚该地工作人员应该做些什么。

在那里，给我留下更深刻印象的是杰瑞本人（那段时间我们都亲切地称布鲁纳为杰瑞）的管理方式。那里几乎没有等级观念，每个人除了关注自己想法的质量，以及如何有效地提出和捍卫自己的想法，并根据需要修改甚至撤回自己想法以外，几乎没有上下级之分。从受人尊敬的教授和顾问，到课堂里的普通教师，再到职位较低的研究助理，大家都在安德伍德学校的地下室里一起吃饭，每天的午餐由两名高中生用他们父母的旅行车送来。许多晚上，我们前往杰瑞和他妻子布兰奇·布鲁纳（Blanche Bruner）位于哈佛广场附近福伦街的宽敞住宅做客，都受到了欢迎。在那里，我们再次与那个时代的主要思想家和实践者展开交流，几乎不考虑彼此的地位。我根本没有意识到，自己在那里获得了领导方面的知识和能力。如果幸运的话，那些或许可以激发我建立一个研究小组。虽然我最近才意识到，但我过去甚至模仿过布鲁纳这位富有魅力和创业精神的学者的着装和行为举止。

1965 年夏天的这段意想不到的经历同时影响了我的生活目标和职业抱负。那年夏天开始的时候，我还是一个大学刚毕业的本科生，对未来的临床心理学家生涯并无兴趣。暑假结束时，我即将以奖学金出国游学。当时我正准备申请发展心理学的博士学位，这是布鲁纳和皮亚杰的专业领域（按照从属关系，也是哈佛大学社会关系学系研究领域的一部分）。我同时爱上了布鲁纳团队的另一名成员朱迪思·克里格（Judith Krieger）[①]，她那时已经被哈佛大学发展心理学的博士研究生项目录取。一年后我从英国归来，与朱迪结婚，同时开始攻读发展心理学博士，那是我在大学本科 4 年期间还不知晓的一个领域。

---

① 加德纳的第一任妻子，昵称朱迪。——译者注

第 4 章

挣脱单一学科思维的束缚

一次突然的攻击

我很喜欢在哈佛学院度过的 4 年本科生涯，但不喜欢甚至反感后来的研究生时代，请允许我说说原因。

首先，我与其他同学以及几位主要的教师没有共同话题，当然，或许他们对我感觉也一样。用现在的话说，就是我们话不投机。但对于这种情况，我们谁都没有责任。

后来，我发现自己对实验心理学并不感兴趣。现在和那时一样，实验心理学都是发展心理学和社会心理学的分支。这一领域的研究，通常都需要了解且熟练地使用测试仪器或电子设备（对此，我并不擅长），然后一步一步精心设计程序或干预措施，收集大量与先前明确陈述的假设直接相关的数据。然后根据需要，在得出结论并公布之前，反复分析这些数据。我可不愿意在以后的职业生涯中一直做这样的事！相比之下，来自化学或生物学等“更难的”学科的许多同学和一些教授（其中有些人也许是从那些学科中“逃”出来的），习惯了在实验室工作中不断挑战难题及随之而来的压力，习惯了按部就班的工作节奏和偶尔的刺激。人们甚至不清楚实验心理学家是否喜欢儿童，或者是否关心作为个体的人，而不是仅仅把他们视为“研究对象”。

我在哈佛大学文理研究生院的头几周里，发生了一件十分不愉快的事。根据要求，我选修了“社会心理学导论”，这门课由两位年轻的教授担任主持。其中一位是种族关系方面的专家汤姆·佩蒂格鲁（Tom Pettigrew），另一位名为斯坦利·米尔格拉姆[①]，一位聪明的实验主义者，擅长提出新概念。

因为对服从权威的研究，米尔格拉姆广获赞誉。他反驳了该领域专家的预言，证明了普通人在实验室环境中，接收到穿白大褂的科学家的指令时，会将明显使人痛苦的电击加诸他人，甚至会使对方陷于危险（实际上，被电击者由实验者乔装而成，使人痛苦的电击并没有发生）。这些实验成为有力的证据被广泛传播开来，以证明我们大多数人如果接受一个明显的权威人物的指令，就可能会对他人造成伤害。言外之意是，几乎我们所有人都有可能成为“听话的纳粹分子”。

我不反对米尔格拉姆，也并不反感这类引人入胜的课题研究。我在课堂上所做的，不过是大胆提出几个也许有点挑战性的问题，这并不意味着我不尊重米尔格拉姆教授。

接下来发生的事情令人十分惊讶，米尔格拉姆教授猛烈抨击我，竟然认为我向他发起了挑衅。他突然攻击和贬低我，并说我这样做是在“伤害”他。他的做法真是匪夷所思，或者更准确地说，是极为不妥，尤其是在刚入学的研究生参加的严肃研讨会上。随后发生的事和米尔格拉姆对我的无端攻击一样令人惊讶：他的同事佩蒂格鲁教授和研讨会上的 20 多个人，竟然没有一个人站出

① 斯坦利·米尔格拉姆（Stanley Milgram，1933—1984）：美国社会心理学家，曾在哈佛大学等多所高校任教。在耶鲁大学时，他进行了“米尔格拉姆实验”，测试人们对权威的服从性。——译者注

来为我辩护，也没人试图缓和这次冲突。直到下课后，包括佩蒂格鲁教授在内的其他人，才过来安慰我。

时至今日，我仍不知道当时米尔格拉姆仅仅是偶然的情绪失控还是在进行某种非正式的实验，看看我会如何反应。如今，无论是最初的“米尔格拉姆实验”，还是临时起意的攻击，负责人类研究的委员会都不会允许这样的做法。但我最初的创伤经历后来被证明是有益的，从此我知道学术界也像其他行业一样，初入者可能会遭到无理攻击，而且这类攻击可能非常恶毒，也不能指望谁来保护自己。这段不愉快的经历使我的脸皮变厚了，以至于此后对我学术成果或对我个人的攻击，当然，后面这些要比米尔格拉姆的那次温和得多，都没有给我造成多大困扰。

米尔格拉姆和我再也没有讨论过这件事，相反，我们之间是正常的师生关系，他甚至阅读和评论了我随后的论文并给予了帮助。与佩蒂格鲁教授不同的是，米尔格拉姆没能在哈佛获得终身教职。对此，我经常思考，他好斗和易变的性格是否也是原因之一？虽然米尔格拉姆后来的事业也很成功，但他在 51 岁时因心脏病突发而离世，事业不得不半途而废。我虽然很久以前就原谅了他的那次突然发作，但仍然不明白其原因。今天，一个在课堂上受到攻击的学生很可能会提出正式申诉（事实上，现在这样的事件甚至可能会被偷偷地用手机录制下来）。但在当时，我和我的同学都不会有这样的反应。我认为现在的处理方式更好，但也不能肯定它一定正确。

沉闷的研究生时光

我在哈佛学院读本科生课程、在哈佛大学文理研究生院读研究生课程时，都在威廉·詹姆斯楼[①]里（教学楼当时是新建的，在我看来却相当难看）。在本书中，我忍不住将这两段不同的经历做一下对比。作为一名本科生，我能自由选修自己喜欢的课程，探索新的议题和陌生的领域，发表越来越冒险的、跨学科性质的文章。我还交了几个朋友，获得了一些老师的青睐，毕竟他们希望吸引，甚至激励那些坚定想从事学术事业的学生，以及潜在的、值得培养的学术助手。

相比之下，作为一名博士研究生，在社会关系学系里，我显然处于学术金字塔的最底层。教师们专注于自己的研究，希望获得资助、发表论文、出版专著。如果可能的话，他们更愿意从远方而不是从走廊的对面[②]，获得各种各样的荣誉和奖项。登上所属学科的顶端，并在那里守住自己的位置，是他们坚持不懈追求的目标。这些著名学者之间，当然也存在着激烈的竞争。

这样说并不是我夸大其词。在 20 世纪 60 年代晚期，威廉·詹姆斯教学楼内有 4 个用于做研究的实验室，分布在地下室、5 楼、11 楼和 14 楼，科研人员的主要研究对象是婴儿。即使没有明文规定，教授们也不鼓励某个实验室的学生介入其他实验室的研究。这实际上是让学生变相承诺或者说签订了“保密协议”。用现在的话说，教授们希望我们成为他们实验室里固定的“小配件”。尽管我从不认为自己特别骄傲或自负，但我也不想成为任何“机械装置”上的“齿轮”。几年后，我注意到，毕业后找到最好的工作岗位的学生，是那些在博士研究生期间表现最优秀的“小配件”。但其中的大多数人并不是最终改变学科领域内话语的人。因为，作为一个“小配件”，他们很难转化成为某一学科发展的引领者。

---

① 威廉·詹姆斯楼（William James Hall）：哈佛大学校园内以美国实验心理学家威廉·詹姆斯命名的教学楼。——译者注

② 许多杰出学者从欧洲、拉丁美洲和亚洲获得的荣誉学位和教授职位，要比从本国获得的更多。——译者注

也许我可以援引两种教育模式，来区分自己这两段截然不同的经历。我还是一个本科生的时候，遇到的导师都对我的发展很感兴趣，甚至推心置腹地待我。例如，埃里克·埃里克森会定期邀请我到他的办公室去，询问我对他正在阅读或思考的资料的看法，甚至邀请我和同学们到他简朴的家中做客，享用美味的烧烤。如前所述，在那个筹备“人类的研究”课程的暑假，杰罗姆·布鲁纳也并不在意他身边人的地位高低。无论是地位低下的人，还是有权势的人，他都同样欢迎。

下面我准备详述前文提到的一点：导师与学生之间的指导与被指导的关系是双向的。学生希望遇到自己认可的学术前辈作为导师，向他学习，并期待有朝一日能取得像导师一样的成就。小时候，父母和叔叔弗里茨是我模仿的对象。上了大学以后，我的教授们便承担了这个角色，他们几乎都是男性，很多也是犹太人，其中一些还是从纳粹统治下的欧洲逃出来的。但导师制需要导师与学生的双重认可。在选择学生的时候，导师通常想找到与学生产生共鸣的可能性，希望学生将来能继续从事自己的研究工作，甚至希望学生采取自己的研究方法。当然，在接下来的几十年里，当我自己成为导师，甚至是声名显赫的导师时，也是这样做的。

这样的导师—学生关系当然也会出现在研究生的培养，甚至博士后的培养中。我很快就要向大家介绍的纳尔逊·古德曼[①]，在我的人生中扮演的就是这样的角色。但总的来说，这只是一种理想情况，因为在研究生阶段，人们关注的往往是职业训练，更愿意采用师徒制模式。不管怎样，在我自己读研究生期间，并没有出现以上情况。也许因为我在面对他人时，显得很挑剔或者表现出了对抗性，毕竟早在小学六年级的时候，我就曾和当时的老师戴尔小姐发生过冲突。未能与导师建立双向的关系，也许我也应该负部分责任。

---

① 纳尔逊·古德曼（Nelson Goodman，1906—1998）：美国科学哲学家和美学家，哈佛大学教育研究生院“零点项目”（Project Zero）创始人。——译者注

综上所述，我把自己的立场归纳为“反对过分专业化”，或是“拒绝接受任何单一学科思维方式的束缚”。对于教授们作为科研人员努力去做的那些事，虽然我可以帮助他们中的一些人做得更有效、更成功，但我不记得自己当时那样做过，在我此后的教授生涯中也没有那样做过。那时的我不想接受实验心理学的训练，也不想在这方面训练别人，只想继续自己本科时代的探索性冒险。或者换句话说，虽然当时无法用语言表达，但我心里想的是广泛涉猎并综合某个领域或话题，再转到另一个完全不同的方向。现在，在漫长而美好的人生即将结束之际，我终于可以满怀感激并松了一口气地说，我或多或少做到了这一点。

但如果回到 20 世纪 60 年代后期，我该怎么办？为了厘清思路，我坐下来认真思考后列出了一张权衡利弊的清单：我为什么应该留在哈佛大学文理研究生院，而不是去哈佛大学法学院？我为什么要离开研究生院？结果，清单上的两种选择利弊相当。我经过反复思考，最终决定留在研究生院，因为在那里，可以尽可能地忽略我不喜欢的事，同时利用研究生院的学习机会（当时的政府奖学金足以覆盖我的学费），以自己的方式做我想做的事情。因为当时有选择的机会，我再一次比大多数人都幸运。作出决定后，我就能很容易地忽视那些与我没有共鸣的人，避免参加我不喜欢的学术团体，并且像那个与我完全不同类型的人物弗兰克・辛纳特拉[①]一样，以“自己的方式”来做事。

和研究生同学朱迪结婚并组建家庭，以及在哈佛附近的其他高校交了不少朋友，这些都对我的工作很有帮助。最后，我找到了导师罗杰・布朗[②]，他是社会心理学和语言学方面的权威专家，我很崇拜他。他似乎也很喜欢我，鼓励我做自己想做的事、支持我、为我辩护、反对其他批评我的教授（其中一位显然想把我踢出某个项目），并最终帮我获得了梦寐以求的奖学金。

---

① 弗兰克・辛纳特拉（Frank Sinatra，1915—1998）：美国 20 世纪著名歌手，特色鲜明，出身社会底层却获得了格莱美终身成就奖，身为白人却将黑人爵士乐发扬光大。——译者注

② 罗杰・布朗（Roger Brown，1925—1997）：美国心理语言学先驱、社会心理学家，哈佛大学教授，1971 年获美国心理学会杰出科学贡献荣誉奖。——译者注

时光流逝，世界也在发生变化，1965 年和现在有明显的两大差异。第一，我和哈佛学院的大多数同学，本科毕业后都选择了学术，而且从业终身。我本人以及我在哈佛学院结交的十几个最亲密的朋友中，有 10 个仍然留在我们最初接受专业训练的行业。第二，几乎所有本科毕业获得奖项的同学，都像我后来一样，获得了博士学位，其中的大多数人还成了教授。今天，华尔街、好莱坞和硅谷的职位，无论是工资还是生活方式都很诱人，我担心我们的“学院”将无法培养和留住那些将来可能成为杰出教授的大学生。即使博士学位获得者能有幸获得不错的教师和学者职位，除非他们能留在最具竞争力、资源最充足的大学，今天，教授的人生已经不再那么吸引人了。

哈佛大学文理研究生院的课程、研究课题和教授中，有我喜欢的，也有我不喜欢的。尽管那时我还不太确定自己将会做什么，但大部分时间我都力求挣脱束缚。虽然我很高兴自己将来能成为一名教授，但我并不希望是实验心理学教授。可是，当时的社会关系学系已经“道尽途穷”了，我获得博士学位后一年，它就被撤销了。

与“零点项目”结缘

获得博士学位后，另外一件偶然的事改变了我的人生。我当时正在参加谢尔登·怀特（Sheldon White）主持的博士研究生研讨会。怀特是一位接受过“沙尘暴训练”[①]的实验型儿童心理学家，后来成为一位杰出的心理学理论家。某次，怀特教授提到，附近布兰迪斯大学[②]的哲学教授纳尔逊·古德曼正考虑前往哈佛工作，他在筹划一个艺术研究项目，正在物色研究助理。尽管我不确定

---

① “沙尘暴训练”（“dust bowl”trained）：在美国中西部实施的经验主义和行为主义心理学训练，与沿海地区的训练截然不同，对认知方法持开放态度。——作者应译者的请求特为此书中译本加注

② 布兰迪斯大学（Brandeis University）：位于美国马萨诸塞州波士顿地区沃尔瑟姆镇（Waltham）的私立顶尖研究型大学，成立于 1948 年，素有“犹太哈佛”之美誉。——译者注

自己是否读过古德曼教授的任何著作，也不太明白他想去哈佛大学教育研究生院并发起一个研究项目的原因，但幸运的是，我听说过他并知道他是一位杰出的认识论学者。1967 年春天，我长途跋涉来到马萨诸塞州沃尔瑟姆的布兰迪斯大学，和这位令人敬畏的智者进行了一次面谈。古德曼教授仅从外貌上看就比我们其他人聪明，他额头高耸、目光炯炯有神。但他的手指却有点咄咄逼人地敲击着桌子，这似乎表明了我的回答不太令他满意。

确实，我出师不利，第一步就走错了路。在回答一个关于我对哲学的熟悉程度的问题时，我提到自己一直在阅读法国现象学家莫里斯·梅洛·庞蒂①的著作，纳尔逊·古德曼明显皱起了眉头。但后来当我补充说，自己也在阅读艺术哲学家苏珊·朗格②（她曾是我妻子朱迪的大学老师）的作品时，古德曼教授的神情放松了，他说："好吧，那是另外一个故事。"那次简短的谈话是一个积极的拐点，改变了我的人生。

当时的古德曼教授虽然已经分别在宾夕法尼亚大学和布兰迪斯大学度过了他前半生的学术生涯，但这位波士顿本地人还是一位与哈佛有缘的学者，他分别于 1928 年和 1941 年在哈佛大学获得了学士和博士学位。他渴望回到哈佛，而哈佛似乎也准备好了迎接他归来。

因此，1967 年的秋天，古德曼教授在哈佛教育研究生院创建了哈佛"零点项目"。他聘任我和当时在麻省理工学院攻读数学和人工智能的博士研究生戴维·珀金斯（David Perkins）一起，担任该项目的第一批研究助理。尽管我

---

① 莫里斯·梅洛·庞蒂（Maurice Merleau Ponty，1908—1961）：法国 20 世纪最重要的哲学家、思想家之一，法国存在主义的代表之一，其专著《知觉现象学》（*Phénoménologie de la Perception*）被视为法国现象学的奠基之作。——译者注

② 苏珊·朗格（Susanne Langer, 1895—1981）：德裔美国美学家、符号论美学代表人物之一，曾在美国哥伦比亚大学、纽约大学等校任教。——译者注

从 1961 年起就进入了哈佛学院，但我很少踏入哈佛教育研究生院[①]。与社会关系学系不同的是，现在“零点项目”已经名声大振，尽管正如我们这些“零点项目”老成员喜欢说的那样，这个名称从字面上看不出是什么意思。

古德曼教授不仅是一流的认识论学者，还对艺术很着迷。他花了 15 年时间搜集油画、素描和雕塑，并在波士顿开了一家美术馆，还娶了著名视觉艺术家凯瑟琳·斯特吉斯（Katherine Sturgis）为妻。那时的古德曼教授正在撰写一篇关于艺术知识的本质和知识论的重要论文，后来扩展成了专著《艺术的语言》（*Languages of Art*）。这本书使用的哲学术语虽然与苏珊·朗格的《哲学新解》（*Philosophy in a New Key*）不同，但两书的主旨是相近的。

在《艺术的语言》（我们很快就在“零点项目”中给这本书起了个“圣经”的昵称）一书中，古德曼教授对不同艺术形式中使用的各类符号和符号系统，进行了严格的类型学[②]研究。在结论部分的一段文字中，古德曼所思考的是，在参与并最终掌握各种艺术形式的问题时，学者和研究人员是否能够积累“系统性的知识”。他承认，在录音棚或艺术家的工作室里，在后台对话与舞台的旁白中，存在很多口耳相传的艺术教育理论。他很感慨地说，这只是传闻和从印象出发的认识，如果想发展成系统的知识，严肃的研究者必须有效地从零开始。所以，这个项目被起名为“零点项目”。

除了珀金斯和我之外，古德曼还集合了一群来自音乐、视觉艺术、建筑学、戏剧、心理学、计算机科学等专业的、大多数都很年轻的学生，以及几位教授朋友，邀请大家一起从事这场智力和组织架构上的冒险事业。这真是一个典型的跨学科团队！一开始，我们的研究工作没有报酬，而且持续了将近半个

① 那时哈佛教育研究生院自己的主楼朗费罗楼（Longfellow Hall），还是从拉德克利夫学院租借的，而且没有男用小便池！（拉德克利夫学院刚建立时只招收女生。）——译者注

② 类型学（typology）：一种分组归类方法的体系，因在各种现象之间建立有限关系而有助于论证和探索。——译者注

世纪，但大家依然安贫乐道。因此我喜欢开玩笑，说这是我们快乐地延续了超过半个世纪的传统（事实上，尽管数目极为有限，“零点项目”的研究人员后来还是得到了报酬）。古德曼主持了这个项目几年后，对珀金斯和我说：“好吧，小伙子们，如果你们愿意，这个项目就是你们的了。”

当时我们还没有完全明白这句话的意思，但此后终于明白了，珀金斯和我将不得不筹集资金，用于支付研究人员的工资、研究材料的采购费、差旅费、技术支持和租用场地等费用。出乎所有人（包括我们自己）意料的是，我们两人勇敢地承担起这一重任并迎难而上，共同主持了这个研究项目 28 年！最让我感到自豪的成就之一就是，今天在我写这本书的时候，“零点项目”比以往任何时候都更加活跃和充满生命力。古德曼于 1998 年去世，享年 92 岁，如果他在天有灵，对此可能会感到意外和有趣，也会为此自豪。正如他所说的那样，“‘零点项目’最终积累了不少研究成果。”

“零点项目”和古德曼教授给了我两件非常重要的礼物：不仅是我在学术研究和领导力方面的绝佳榜样，还给了我和其他许多人一个从事多年的学术项目的开端。

“碎片化导师”

虽然古德曼和布鲁纳两人是朋友，多年来一直保持联系，但他们的性格差异很大。20 世纪 60 年代末，古德曼主持了一个新生的、有关艺术知识的研究项目，与几年前布鲁纳课程开发项目的方式截然不同。古德曼的等级观念较强，待人不够宽容，而且习惯性地挑剔。本质上，他是一个内向的人。而布鲁纳性格外向，一旦发现了令人兴奋的线索，就会立即关注，并常常以很快的速度深入并顺延到另一个问题上去。古德曼则敏锐地专注于错误或存疑之处，花费很多时间反复研究。古德曼曾写过一篇评论，几乎每天都萦绕于我脑海中，他在其中说："当我阅读的时候，只要读到一行没有意义的东西，我就立即停止。"我的思想和写作的严谨性，主要都应该归因于他对我的影响。

古德曼的知识分子作风与布鲁纳是很好的互补。可以这样说，当布鲁纳从一项研究转移到另一项研究的时候，古德曼则始终如一地坚持做下去，直到他确认结果完全正确为止。当时我还没意识到，在他们两人的指导下，我免费上了一门严格的有关哲学论证的研究生课程。英国著名历史学家以赛亚·伯林[①]把学者分为两类：一类是属狐狸的，对很多细小的问题都很在意；另一类是属刺猬的，只专注于某个大问题。古德曼曾经打趣道："我知道的不多。"当然，他在自己的专业领域里堪称功勋卓著。我们可以说，古德曼的思维方式是典型的单学科型的，他是哲学家中的哲学家；布鲁纳的思维方式是典型的跨学科型的，他是"合成器"中的"合成器"。但由于各自的学者身份和生活方式，他们对单一学科（分别是哲学和心理学）和跨学科的综合性研究都持开放态度，因此，他们两人都是我的理想老师。也许，正是因为他们都不是我博士研究生时的导师，我反而很幸运。我真正的导师罗杰·布朗认可古德曼和布鲁纳的做法，不按照他们约束自己学生的方式来约束我。从某种意义上说，我更像是一个处于实习阶段的本科生，而不是一个踌躇不前的、有抱负的学科探索者。我还受益于我后来所称的"碎片化的指导"（frag-mentoring），这让我有机会模仿不同老师各自的长项。

我想，在我组建和领导的研究团队中（包括帮助我发展多元智能理论的团队），我融合了在这两位优秀老师身上观察到的智力领导特征。事实上，除了上文叙述的，他们之间的差异不可能更大了。古德曼和布鲁纳对我都非常关照，像慈父一般精心培养。随着年龄的增长，我也对他们关爱和"孝顺"有加。如果我能很好地汲取或融合他们各自的经验，在更广的范围内综合多学科的学

① 以赛亚·伯林（Isaiah Berlin，1909—1997）：英国政治哲学家、政治思想史家，20 世纪最著名的自由主义知识分子之一，牛津大学教授。——译者注

术研究工作，就能更精准地论证自己的观点。

个性在这里也起到了一定的作用。如前所述，布鲁纳性格开朗，天然外向，喜欢与人交往；古德曼显然是个内向的人，他反感闲聊，喜欢花几个小时独处，研究艺术作品。有人曾经告诉我，我是一个“补偿型内向者”（compensated introvert），是我内向的父亲和外向的母亲（以我的经验，在建立人际关系的技巧上，无人能与我母亲相比）的结合体，是一个典型的“连接器”（connector），这样的评价可能是对的。

除了对我的学术风格有所影响以外，古德曼还让我意识到，如何能让一名初出茅庐者的作品变得与众不同。他基本上同意我将自己两方面的兴趣，以一种即使不是前所未有的，也是非同寻常的方式结合起来。

艺术是我的两大兴趣之一，并且我对它的兴趣持续了很长时间。到 20 世纪 60 年代末为止，我已经学了 20 多年的钢琴。此外，我本科时代选修的艺术课程和在英国积累的“文化学分”（culture credits）使我几乎成了艺术的狂热爱好者。我喜欢了解各种不同的艺术形式，以及它们之间的联系、各自的独特贡献。借用朗格和古德曼的术语说，我想了解不同艺术形式各自的符号系统，如词汇、图像、音符、舞步等是如何运作的。和当时的许多人一样，我把艺术视为创造力的独特来源。作为一个刚开始攻读博士学位的研究生，我甚至写了一篇 50 页的、关于创造力的心理学研究论文，并得到了我曾经讨厌的米尔格拉姆的反馈。在我作为一名学者的发展过程中，这使米尔格拉姆在我心目中从一名反面教员变成了“碎片化导师”[①]。

---

① 碎片化导师（Frag-mentor）：作者在回复译者咨询时对此词的解释是“意味着我们从不同的人身上学到了不同的素养，这是我喜欢并在自己的人生中尝试过的”。（Frag-mentor means that we take different quality from different individuals—that is what I favor and that is what I have tried do in my own life.）——译者注

另一方面，我对人类从婴儿期到成年期的认知发展也很感兴趣。这个研究方向以及我在研究生院学到的任何实验和分析方法，都源自该领域两位学术巨人皮亚杰和布鲁纳的研究成果。没错，这两位心理学家都对艺术有着浓厚的兴趣，但和哈佛大学教育研究生院内以及全球范围内的心理学界几乎所有学者一样，他们认为认知发展就是逻辑思维，就像科学家的思考方式一样。社会关系学系其他科学家的观点也与皮亚杰和布鲁纳相同。

“零点项目”的研究方向

有一天，我头脑中突然产生了一个古怪但很有趣的想法：如果我把心理学和艺术两方面的兴趣结合起来，会产生什么结果？更具体地说，如果我将老师们教给我的认知发展心理学的概念和方法，应用到艺术领域的思维、技巧、创造力等方面，会出现什么结果？更严格地说，我能不能创造出一个名为“艺术发展认知心理学”（cognitive psychology of artistic development）的新学科，与相对成熟的“科学发展认知心理学”学科并列？也许真的可以。为了提出我当时还没有使用过的概念，我思考的问题是：“艺术智能”（artistic intelligences）和“科学智能”（scientific intelligences）有区别吗？简而言之，我认为任何种类的智能都可以用在艺术上，但这仅仅是一种选择，而不是必须。

这个看起来挺有发展前景的想法成了我的研究课题，也是“零点项目”在此后 10 年里的主要研究方向。在实验方面，我和同事对儿童如何发展重要的艺术能力进行了实证研究，比如：他们如何感知绘画作品的风格？后来，我们还研究了他们如何感知音乐和文学等其他艺术形式的风格。此外，我们还关注了一种重要的艺术认知方式，即隐喻的创作手法和对其的理解。要想弄清认知心理学和艺术之间的联系，以及在符号系统中捕捉这些对许多类型的综合必不可少的联系，先建立隐喻思维显然是研究工作的基础。在此基础上，我启动了一系列真正的（如果是适度的）实证研究，并找到了方法，还获得了政府和私人慈善基金的支持，从而开展了一系列研究工作。

你可能会感到困惑，既然我对实验研究缺乏热情，那后来我又是如何从事心理学研究的呢？这些研究并不缺假设，但假设不够严格，当我试图开拓新的研究领域时并没有意识到这一点。儿童能认识艺术作品的风格吗？他们对隐喻敏感吗？如果是，属于什么类型？在什么条件下？在我随后的许多实证研究中，从最初得到的实验结果来看，更多有趣的假设出现了。这些新的假设是研究的结果，而不是初始的研究动机。对艺术家风格的识别是有助于还是有碍于对艺术作品的理解？例如，具象绘画和抽象绘画相比，哪一类作品的风格更容易被识别？我们判断具体的比喻和心理暗示的隐喻的方式，是相似的还是不同的？在这两个案例中，我创建了一个小型工作坊研究以下议题：在艺术创作和活动中，解决问题和发现问题的思维是如何发展的？

在专门剖析自己的职业道路之前，请容许我先说点题外话。我曾进行过一项开创性的研究，探索儿童对绘画风格的敏感性。与大多数博士研究生不同的是，我没有在实验心理学家的监督下工作，而那是我现在称为“德国师徒制”的学术模式。因此，作为一个单打独斗的学术“企业家”，我不得不亲自“推销”自己的研究成果。我首先把论文展示给“著名”心理物理学家史蒂文斯①的妻子及其实验室经理。史蒂文斯的妻子瞥了论文一眼，带着一丝轻蔑的神情说“我丈夫不会对此感兴趣”，然后就把论文还给了我。也许她是对的，如果拒绝，最好别拐弯抹角。

然后，我把论文寄给了《心理科学》（*Psychological Science*）杂志的编辑克利福德·摩根（Clifford Morgan），又被礼貌地回绝了（我同样认为，如果拒绝，最好尽快）。但仅仅几个月后，《心理科学》却接受并发表了著名心理学

---

① 斯坦利·史密斯·史蒂文斯（Stanley Smith Stevens, 1906—1973）：美国心理物理学家，研究心理声学，提出了心理物理的幂函数定律。1946 年当选为美国国家科学院院士，1960 年获美国心理学会杰出科学贡献奖。——译者注

家理查德·沃克（Richard Walk）的一篇文章，和我那篇论文讨论的议题基本相同！我非常生气，不愿继续忍气吞声（再次想起我母亲向小学校长投诉戴尔小姐的不当行为），给摩根发了一封抗议信："你怎么能拒绝我，却接受沃克博士的文章？"

我很快再次收到了回复。摩根在回信中说：在心理学中，我们研究的是"概念形成机制"而非"艺术风格"，有关后者的论文应该寄给美学杂志。这本是传统的导师应该告诉我的事，但我不得不自己去碰钉子。我的导师布朗安抚我说："我们大家都有贴着'未发表论文'标签的文件夹。"后来，我也经常这样教导自己的学生：作为学者，要习惯文章寄出后被拒绝或收到"修改并重新提交"的反馈，以及由此而来的很多不必要的工作。

这就是当时的霍华德，一个商人的儿子、一个学习和传播认知发展心理学研究成果的学徒、一个学术出版界的新手。但我也有更远大的抱负，我开始认真思考创建完整的"艺术发展心理学"（developmental psychology of the arts）需要做些什么。

三本书，三种写作方式

我本来只想写一篇关于这一理念的文章，但后来发现，需要写一本书才能表达完整。因此我写了厚厚一本，取名为《艺术与人的发展》[①]。在这本书中，我回顾了英语、法语和德语的可用文献，并试图提出一个完整的艺术认知机理。该书能与其他在科学认知发展方面的作品媲美。不可否认，把许多信息放在其他人没有思考过的框架内，是一项综合性很强的工作。因此，我至少可以假设它具有创造性，甚至我还敢说这是走在时代前列的思想。现在，这

① 《艺术与人的发展》（*The Arts and Human Development*）：1973 年由美国约翰·威利父子（John Wiley & Sons）出版公司出版，全书共 7 章、395 页。——译者注

方面的课题研究已经持续 40 年了，大部分研究工作可能都是那些没听说过我或《艺术与人的发展》这本书的人所做的，例如，德国法兰克福现在有一个马克斯·普朗克研究所（Max Planck Institute），致力于“经验美学”（empirical aesthetics）的全面研究。《艺术与人的发展》这一综合了多学科研究成果的新颖尝试，以我从未预料到的方式，为《智能的结构》的问世奠定了基础，后者是我 10 年后关于智力和智能的主要作品。当然，这种尝试对我的其他长篇综述性著作同样起到了典范作用。

一位资历更深的同事谈到《艺术与人的发展》时说：“这是一位非常年轻的学者的作品。”这个评论虽然有些刺耳，但随着时间的推移，我理解了其深意：这本书本来可以写得更清楚，采用更少的术语、更明确的标题和理念。

我对《艺术与人的发展》一书的反思，与著名经济学家约翰·肯尼思·加尔布雷思[①]晚年时回忆他的第一批著作类似。那些著作用了很多学术用语，读者对象是相关学科内的一小部分学者，所以销量不佳，很快就被出版商廉价出售了。加尔布雷思汲取教训，下决心此后要说的每一句话都使用清晰易懂的词语。这样做以后，他的书就卖得很好，并且广为人知，甚至他的经济学同行们不得不阅读这些书，以便在鸡尾酒会上或在火车上被问及这些问题时做出准确回答。

作为一名在读的博士研究生，我也曾参与过其他以出版著作为主要目的的研究项目。在此过程中，我逐渐熟悉了出版市场是如何运作的。约翰·威利父子出版公司[②]的埃里克·瓦伦丁（Eric Valentin）告诉我，他可以为《艺术与人的发展》提供 1500 美元的预付款，因为这是销售人员根据成本和市场行情估计的数目。根据我从商人父亲和叔叔弗里茨那里学到的经营之道，我认为那笔

① 约翰·肯尼思·加尔布雷思（John Kenneth Galbraith，1908—2006）：美国经济学家，第二次世界大战期间在美国政府担任多种重要职务，1949 年重返哈佛大学任教。——译者注

② 约翰·威利父子（John Wiley & Sons）出版公司：1807 年创立于美国，是全球历史最悠久、最知名的学术出版公司之一。——译者注

预付款太少了，并要求对方提供 3000 美元。不久，瓦伦丁给我回电话说："我们重新做了计算，可以给你 3000 美元。"虽然我不是一个自负的讨价还价者，但我知道，作为一个学者，在与令人发怵却至关重要的商业界打交道的时候，确实需要有一定的手段。

其他书呢？差别再大不过了。有一年夏天，为了赚钱，我回复了一则广告，答应写一本教科书。投放广告的人是社会心理学家马丁·格罗萨克（Martin Grossack），他想写一本教科书，但遇到了问题。格罗萨克是个好人，但很明显，他无法完成这个任务。事实上，他几乎还没有开始，需要一个带有科研人员身份的合作者才能动笔。

碰巧，当时我刚结束了"社会心理学导论"课程的学习。本章的开头我曾提到，这门课是米尔格拉姆和佩蒂格鲁共同开设的，所以我当时能了解到这门学科的前沿信息，至少和哈佛大学的教授们一样熟悉这个领域。我和格罗萨克签约并解决了有关问题后，马上就成了编写这本教材的枪手。书中大部分小标题使用的几乎所有词汇，都出自我手。我本可以拿钱了事，但格罗萨克觉得这不公平，所以将我的名字放在书名之下，让我成为第二作者。这是一本相当标准的教科书，我在写作时做了自高中时期以来一直擅长的事，即综述有关话题并将它们放在一个合适的、瞩目的目录中。

时至今日，让人吃惊的是这本书的标题和封面设计。书名是"一个人和一群人：社会心理学和社会科学"（Man and Men: Social Psychology and Social Science），封面图案上有一个清晰的头像和一群人的剪影，大概都是白种人（见本书 94 页后的插图）。在今天看来，与这个书名和插图一样令人震惊的是，在我的记忆中，没有人对此提出过疑义。这就是 20 世纪 60 年代末学术界的状况。

这本书的重要意义，可能主要在于表明我当时就具有写一本教科书并出版的能力，即便语言不够生动，也是可信的、平实易懂的。当时，在美国各地心理学研究生的项目中，我的几乎所有同龄人都在实验室里做实验，然后写一些简短的、实证性的、可读性不强的学术论文，希望能在最权威的杂志上发表。而我则独自一人坐在书桌旁，广泛阅读论文和书籍，并将它们整理成便于读者阅读的长篇综述。10 年后，我成功地编写了一本属于我自己的发展心理学教科书，这本书相当有创意，而且出奇地成功。事实上，如果我选择了另一条人生道路，即依靠修改这本书或编写其他更多教科书的收入谋生，也能保持相当高的生活水平。我为这笔意外的收入高兴，与本书第 6 章介绍我意外获得“天才奖”时的心情一样。但无论这样做的前景多么诱人，我都不满足于只综述别人的论文和著作。

在提及我的第三本出版著作之前，先介绍一下我研究工作之外的生活：或是在打字机上敲出字母和单词，或是分担日常家务、抚养孩子（所花时间肯定不到半天）。此外，我还做了另外一些重要的事，一言以蔽之，就是教学。这主要指我有时还在教学生弹钢琴，但那已经不再是我赚取外快的主要方法了。相反，为了试图理解艺术家的心理发展，我思考了不同的教学方法，并记录了哪些是有效的，哪些是无效的。应该说，这属于艺术教育实验心理学（Empirical Psychology of Artistic Pedagogy）的范畴，不过，对这个自命不凡却难以被人认可的学科，我什么也没写过。

后来，我决定去公立学校任教，这对博士研究生来说也很不寻常。我的理由是，如果我想作为发展心理学专家度过一生，不应该仅仅观察孩子（包括我自己的孩子），或者在那些父母允许参加实验的孩子身上做实验，还应该试着教给孩子们一些东西。从那时起的几个月时间里，我都是安德伍德学校从幼儿园到小学二年级的那些班级的两位老师之一。这所学校位于小城牛顿附近，几年前布鲁纳和他的团队在这里开发了“人的研究”这门课程。

再后来，也是对我最重要的一件事，我自己成了哈佛学院社会关系学系本科生的老师。巧合的是，我读本科时曾在哈佛广场的“温斯洛普之家”居住并学习，现在却去了其附近的“昆西之家”[①]做了老师。在三年的时间里，我为大学生讲授社会学、人类学和心理学的各种基本内容。虽然我可能天生不适合做老师，毕竟我太内向，又过于沉浸在自我中，但这段经历使我成了教学的行家里手。我意识到，如果想要以教师为终身事业，我应当将自己的思想、兴趣、学科知识和技巧，其中，尤其是写作技巧，传授给本科生或研究生，而不是去教蹒跚学步的孩子。除了在我自己成长的家庭以外，我缺乏教育幼儿的能力，也没有获得这些技能的动力。

作为“昆西之家”的一名老师，我接触了许多知名人士，包括诗人罗伯特·洛威尔[②]和政治学家出身的参议员丹尼尔·帕特里克·莫伊尼汉[③]。我所负责的工作，是邀请以上嘉宾来哈佛学院和学生们对话。当时的哈佛学院和哈佛大学很少给予来访的嘉宾报酬，所以我们也无法提供酬金，但可以支付他们往返的基本费用。

尽管如此，还是有许多名人接受了邀请。我尤其记得语言学家和社会批评家诺姆·乔姆斯基[④]，他无疑是一个国宝级的人物，也是当今世界上最杰出的公共知识分子。我还记得民意调查主持人路易斯·哈里斯（Louis Harris），他主动提出要住豪华的波士顿丽思卡尔顿酒店，并要求我们支付他及其妻子的费用。这个要求虽然不过分，但我没有同意。我还记得让人生畏的纽约大都会歌剧院院长鲁道夫·宾（Rudolf Bing），他当年大约 60 岁，却带着一个漂亮

---

① 哈佛大学的“温斯洛普之家”（Winthrop House）与“昆西之家”（Quincy House）类似于英国剑桥大学的学院（School），是本科生住宿和学习的场所，有指派的导师。——译者注

② 罗伯特·洛威尔（Robert Lowell, 1917—1977）：美国诗人，曾在哈佛求学，两次获普利策诗歌奖。——译者注

③ 丹尼尔·帕特里克·莫伊尼汉（Daniel Patrick Moynihan，1927—2003）：美国社会学家、政治学家、民主党成员，曾任美国驻印度、驻联合国大使。——译者注

④ 诺姆·乔姆斯基（Noam Chomsky，1928—　）：美国语言学家、麻省理工学院教授。——译者注

的年轻女人应邀而来。这位女士看起来还不到 30 岁，显然不是他的妻子。那时的我太年轻，对此感到很震惊。还有一件事也让我震惊，1963 年 10 月，在“温斯洛普之家”，我曾见到加尔布雷斯教授在一位名叫安吉·迪金森（Angie Dickinson）的女演员的陪同下，走过等候午餐的队伍，我当时没有想到的是，迪金森要等的其实是约翰·肯尼迪总统，而总统不久后就抵达了哈佛校园。

有时候，我向名人发出的到“昆西之家”来与师生们见面的邀请会遭到拒绝，但这更有意义、更令人难忘。作家戈尔·维达尔①在字迹潦草的信中解释说，他将全力准备 1968 年的美国大选，故而无法赴约，但他答应大选结束再回复我（据我回忆，他后来始终没有兑现诺言）。我还邀请过传奇喜剧演员格劳乔·马克斯②，他虽然回信感谢邀请，但以忙于演出为由婉拒了我。他的回信参见本书 94 页后的插图。

最后，还有一次被拒绝的经历。我曾邀请自己心目中知识分子的杰出代表埃德蒙·威尔逊，他涉猎颇广且见解深刻。正如我之前提到的，他作为思想家、作家和综合多个学科的大师，从本科生时代起一直是我的榜样。他还刻意避免在学术上花费过多时间，因为他敏锐地意识到，学术研究会对他有所束缚，就好像哈克贝利·费恩那样。

毫不奇怪，我收到了带有典型威尔逊风格的回绝信：“埃德蒙·威尔逊很遗憾，他不能……”邀请函上的“演讲”一词旁还被打了个钩。我将装有威尔逊便条的信封保存了起来，一直想知道信封上手写的地址是否他本人的笔迹。几年后，当人们可以在搜索引擎上看到手写体的样本时，我找出了那只信封比对笔迹（我碰巧是一个笔迹学的爱好者，这也是我个人回忆录中的一个故事），果然不错，伟大的威尔逊亲自在信封上手写了自己地址。无论什么话题，如果

---

① 戈尔·维达尔（Gore Vidal，1925—2012）：美国小说家、剧作家、散文家、政论家，曾两次竞选国会议员都未能成功。——译者注

② 格劳乔·马克斯（Groucho Marx，1890—1977）：美国电影演员。——译者注

能当面听取威尔逊的意见，那将多么激动人心（尽管他有明显的结巴）！虽然我的邀请碰了壁，但我还是很喜欢这封亲笔书写的拒绝函（见本书 160 页后的插图）。

现在谈谈我的第三本书。我后来的职业生涯可以证明，这本书是很重要的。自从 1965 年夏天我与布鲁纳共事并大大拓宽了自己的学术视野后，我就被两位具有法国背景的学者深深吸引了。他们是来自瑞士法语区日内瓦的认知发展心理学先驱皮亚杰和来自巴黎的人类学家克洛德·列维－斯特劳斯[①]，后者运用心理学的认知理论研究不同的文化实体和艺术品。列维－斯特劳斯的这一立场源于当时语言学家的研究，尤其是罗曼·雅各布森[②]的理论。

在欧洲的那一年里，我广泛阅读了以上两位教授的英语和法语著作，当然，阅读法语著作时离不开法语词典。我还特意在日内瓦面见了皮亚杰，并参加了列维－斯特劳斯在伦敦的演讲会。虽然这两位学者在各自领域都很有名，但我能确定，当时还没有人研究过两人著作之间的异同。

在认真思考之后，我并未与人讨论就写了一篇有关两人著作异同的论文。没有多加思考，也没寄希望能收到什么反响，我把这篇论文（当然是英文）分别寄给了他们两人。我十分震惊地收到了他们两人的反馈，巧的是，两人的回信都是 1970 年 4 月 10 日发出的！两人的反馈特征鲜明，皮亚杰对论文抱持正面看法，而列维－斯特劳斯则略带有批评的口气——我也因此受益。这两封让我引以为荣的回信，一直挂在我的办公室里，距离格劳乔·马克斯言辞诙谐的回信不远（三封回信均见本书 94 页后的插图）。

---

① 克洛德·列维－斯特劳斯（Claude Lévi-Strauss，1908—2009）：法国社会人类学家、哲学家，法国结构主义人类学主要创始人。——译者注

② 罗曼·雅各布森（Roman Jakobson，1896—1982）：美国杰出的语言学家、文学理论家，原籍俄国。——译者注

两位世界级的杰出学者的反馈对我意义重大。我不认为自己在实验发展心理学领域的任何同学或教授会关心这个问题，毕竟，我们生活在不同的世界里。但是阐述这两位大人物思想异同的想法，对出版界确实很有吸引力。第二年，我和阿尔弗雷德·A. 克诺夫出版公司[①]签订了合同，出版了《思维方式的探索：皮亚杰、列维－斯特劳斯和结构主义运动》（*The Quest for Mind: Piaget, Lévi-Strauss, and the Structuralist Movement*）一书。无论当时还是现在，这家出版公司都是美国最负盛名的出版公司。

与写作《一个人和一群人》时一样，我写第二本、第三本书的速度也很快。在完成《艺术与人的发展》写作的同时，我也写完了《思维方式的探索》。《思维方式的探索》与《一个人和一群人》不同，不是一本教科书，与《艺术与人的发展》也不同，不是一种创造性的学术综合著作。相反，它是对两位在世的杰出学者的知识贡献的可读性描述。在此书中，我试图对他们工作中的相似性和差异性进行辨别，这也许也算一种原创性的尝试。此外，比起其他同类书，《思维方式的探索》更像是一次知识普及的尝试，它是提供给受过教育的普通读者的入门读物。在这项工作中，我得到了丹尼尔·奥克伦特（Daniel Okrent）极大的帮助，虽然当时他还不到 20 岁。此后，他成了一位令人尊敬的编辑和作家，并且是《纽约时报》首批调查员之一。给予我帮助的，还有梅尔文·罗森塔尔（Melvin Rosenthal），他是我有生以来遇到的、也可能是其他所有人遇到的最好的文字编辑。

事后，我终于明白了，我可以写三种不同类型的书，也就是我现在定义的三种不同的心理活动。在《一个人和一群人》一书中，我对社会关系学这一领域做了一次正式的综述，这是学习一门课程和多年来阅读相关资料后的收获。在社会关系学这一典型的分支学科中，我先接受了训练，然后再复述自己的所

① 阿尔弗雷德·A. 克诺夫（Alfred A.Knopf）出版公司：1915 年成立于美国纽约，以创建者的名字命名。——译者注

学所思。

在《艺术与人的发展》一书中，我试图开拓一个新的知识领域，或者至少在人类的发展方面提出一个新观点，这显然也是在尝试一次创造性的飞跃。而且在最好的情况下，对我自己也好，对有兴趣开拓一个新知识领域的学生和同事也好，都会很有帮助。但这样做可能过于学术化、缺乏实践基础，其他人难以为这一理念添砖加瓦。不过，在接下来的几年时间里，情况有所改变，但主要不是因为我自己的努力。事实上，我的第二任妻子埃伦·温纳分别于 1982 年、2018 年出版的《创造世界》（*Invented Worlds*）和《艺术的功能》（*How Art Works*），是对这一理念最好的阐述。

在《思维方式的探索》一书的创作过程中，我尝试了独创性的综合，即将两位杰出学者的思想和方法，以迄今为止从未被结合过的方式联系在一起，从而帮助人们以前所未有的方式，看待他们及其学术思想之间的关系。重要的是，我是为大众写的，而不是像写《一个人和一群人》那样，为社会心理学的学生所写，也不是像写《艺术与人的发展》那样，为美学和发展心理学的学者所写。

不过，这几本书的写作过程并没有太大的不同，而且直到今天，甚至此时此刻的写作，也几乎都是一样的。我做了大量笔记并反复整理，不停地与同事和朋友讨论，说明自己的想法。我还在脑海里不断地与自己对话，经常也会说出来。几十年前，我将这些句子用录音机录下来，现在则记录在手机里。

然后我就坐下来，写作、写作、再写作……我不是那种仅仅看重第一句话的作家，也不会每天固定给自己分配 500 个单词的任务，更不会必须将第一章修改得完美无缺后，才能继续写后面的章节。和他们不同，我任由思路驰骋，尽情发挥（或者也可以说是一泻千里）。我只要动笔，一次至少写一章，而且保证整本书尽可能不间断地一蹴而就。更准确地说是，在一两个星期内，连续不断地每天在键盘上写好几个小时。我在写作时，需要并且希望对整部作品有总体上的把握，想尽快知道整本书是什么样的，甚至想尽快知道很多词汇该如何组合。

在这项工作中，我喜欢把自己想象成一个文字交响曲的作曲家。这样的作曲家首先要写出 4 个或 5 个，甚至十几个乐章的草稿，然后根据需要对细节进行修改，包括重新确定主题、修改部分章节或调换章节的顺序。

一旦写好了草稿，我就把它放在一边，过一段时间再一次次修改。我大多数著作的草稿至少要经过 4 次修改，有几本书的修改次数更多。通常，我会把草稿给朋友或同事看，听取他们的反馈。我会接受某些反馈，尤其当不止一个人提出时（尽管我固执己见，但有时我也会后悔没听他人劝）。当然，某些时候，当编辑看完稿件后，我就需要进行一轮又一轮的修改甚至重写。

列维 - 斯特劳斯曾说过，作家只有三个快乐的时刻：一本书的构思或框架成型的时候，一切就绪送去出版的时候，收到作品已出版的邮件的时候。我不完全同意他的说法。我更喜欢写书的过程，并热切地希望自己能继续写下去。

那时，我是一个年轻的作者，写了三本不同类型的书，开始了艺术发展这一新领域的研究，并很快成为“零点项目”的负责人之一。同时，我与博士研究生同学朱迪结了婚，生活幸福，还是一个添丁进口的家庭中的父亲（我的女儿克里斯出生于 1969 年，儿子杰伊和安德鲁分别出生于 1971 年和 1976 年）。也许当时在其他人看起来，我未来的职业、研究方向和写作方式都显而易见，但对我来说，这一切还笼罩在神秘面纱之后，难以预料。

第 5 章

拓展事业边界

27 岁那年，在与妻子朱迪参加的同一个仪式上，我获得了发展心理学博士学位。更实事求是地说，是社会心理学的博士学位。这标志着我正式的学业已经完成。

但未来在哪里？本科毕业的时候，我曾考虑过做一名临床心理学家，但我志不在此，因为埃里克·埃里克森只有一个。无论如何，我更喜欢他敏锐的洞察力和令人印象深刻的综合能力，而非他对年轻患者的治疗方法和这方面的成就。随后一年的国外生活，对巩固我在大学校园内外所学到的知识非常重要，也为我提供了思考更多教育和职业选择的机会。入学之初，对如何顺利完成研究生院的学习，我颇有压力，但后来就释然了，找到了心理上的平衡。在博士毕业之际，我再次意识到，我想继续自己的研究。幸运的是，我得到了这个机会。

即使在那个遥远的年代，获得博士学位的学生也希望能获得博士后奖学金（如今这种情况更常见，但也更难实现）。有了这样的机会，我就能继续接受教育、寻找新的研究课题，至少在一段时间内，可以避免参与就业市场的竞争、摆脱日常的教学工作和拥有“真正的工作”后接踵而来的各种杂事。最后，我申请了三份博士后奖学金，并很幸运地同时成功了。这三个课题的结项时间不同，所以对我来说，不是有一两年，而是有整整三年的时间来继续做研究。可以说，那三年的研究让我能更愉快地回忆起妙趣横生的大学时光，而不是研究生院中的苦闷。作为这三年博士后工作的副业，我完成了《艺术与人的发展》《思维方式的探索》这两本书的最终稿。

如果我有幸能再有一年或更多的学习时间，我该做些什么呢？我最初倾向于人文学科，想学艺术史或美学，但后来的一次意想不到的经历，把我的好奇心引向了一个新的方向。

打造事业的地基

20 世纪 60 年代后期，当"零点项目"负责人纳尔逊·古德曼和我了解到大脑工作机制研究的新成果时，都兴奋得难以自抑。为了应对难治性癫痫，外科医生在少数情况下，会切除连接大脑左右两部分的胼胝体[①]。通过这种大型外科干预，他们能将大脑的左右半球分开，并通过我不擅长的速视（tachistoscopic）技术和双耳分听（dichotic listening）技术，获得可靠的有关大脑左右两部分容量的研究成果。大脑的块状组织在本质上与肉眼看到的相同，这方便研究它们完全不同的功能。很明显，左右脑的不同分工激发了古德曼和我的兴趣。

我深感幸运的是，这一研究领域的领军人物神经学家诺曼·格施温德[②]，当时正在波士顿退役军人管理局（Boston Veterans Administration）医院和哈佛

① 胼胝体（Corpus Callosum）：连接大脑左右半球的神经纤维束，对两半球间的协调活动有重要作用。——译者注

② 诺曼·格施温德（Norman Geschwind，1926—1984）：美国神经医学家，毕业于哈佛大学医学院，后任该学院教授。——译者注

大学医学院工作和生活。在那些日子里，正如我在哈佛学院邀请著名学者来“昆西之家”演讲时了解到的那样，说服忙碌的大人物花费宝贵时间，与学生和同事在另一个地方交流，而且不要求报酬，是比较容易的（然而，现在的情况不同了，并非是我斤斤计较或小人之心，如果能收到一个礼貌的“不”字，就很幸运了）。因此，格施温德教授来到了剑桥，来到了普雷斯科特（Prescott Street）大街上“零点项目”拥挤的办公室，向我们这群人数不多却热情而执着的科研人员介绍他的发现和理念。

老实说，我早就记不清在整整两小时的研讨会上格施温德到底说了些什么。也许是因为在随后的15年里，我听过他100多场讲座，所谓的首因效应被抵消了。但我知道的是，我们大家都深深地被吸引了，以至于趁着格施温德留下来吃晚饭，我回家和家人在一起逗留了一段时间后再回到“零点项目”时，发现同事们仍然在与他热烈地讨论。

我立刻意识到，格施温德及其团队正在进行的研究工作，无论从哪方面说，都与古德曼和我好奇的问题高度相关。古德曼假设大脑存在两种符号系统：一种是计数性的符号系统，即差异是高度确定的、数字化的，如“是”或“否”，“开”或“关”；另一种是非计数性的符号系统，明显是模拟的，以无限微小的梯度变化，如从橙色到红色，或者从“哦”到“啊”的感叹词。语言和音乐属于计数性的符号系统，每一个符号都对应一个特定的参照物。而视觉艺术，如绘画和雕塑，则明显属于非计数性的符号系统。你不可能有效地分别指出组成这种视觉效果的每个具体部分，也不能规定它们应该如何协同起作用。有趣的是，舞蹈起初似乎属于非计数性符号系统，但后来的事实证明，我们也可以创建相当详细的舞蹈计数性符号系统，精确地捕捉特定舞蹈的重要特征，从而可以在随后的舞蹈表演中，忠实地再现该舞蹈的原貌。

有时候，大自然与人类的直觉可以相互配合。请看，大脑的左半球似乎进化到了能处理计数性数字符号系统的程度，而右半球，则似乎进化到能处理非计数性模拟符号系统的程度。令我们吃惊的是，大脑的两个半球似乎遵循哲学性的差异而分工，或者反过来说亦然，人类对哲学的思考，使大脑的两个半球出现了分工。

对神经学和神经心理学的研究，我与格施温德的关注点并不一样。当时，我沉迷并试图理解的是艺术天分和技能是如何发展的。我发现，很难将各种不同的能力相互分离。举例来说：音乐和语言是否包含相同的能力和技巧从而大致相似，就像两只眼睛或两只耳朵一样？或者它们是完全分开的，像人的肾脏和胃那样？或者再考虑另一种可能性，人类的某一种能力是否依赖于另一种能力？比如语言能力是从音乐能力中发展出来的吗，还是相反？

对于一般人来说，无论是外行还是专家，区分语言能力和音乐能力是不容易的，但大脑的损伤会戏剧性地突然改变这种状况。大脑损伤可能是中风（大脑的半球、表层或者深层的皮层组织受损）、创伤（子弹、其他投射物造成）或疾病（缓慢或快速生长的肿瘤）造成的。当一个人的大脑受到损害时，就有可能分辨出两种智能之间的联系，也可能发现两种智能之间并无联系。正如格施温德所解释的那样：当著名作曲家莫里斯·拉威尔①患上失语症的时候，他仍然能够欣赏和评论音乐演奏；当著名画家洛维斯·科林斯②的大脑右半球受损后，他仍然可以画画，但常常曲解画布左侧的信息，或对此视而不见。

我当时感到困惑的问题，也就是我获得博士后奖学金后应该从事哪方面的研究，最终富有戏剧性地豁然开朗。在听取格施温德演讲后不久，我询问他是否同意接受我的博士后申请。尽管我不是医生，而他已经是一位备受追捧的杰出导师，他还是欣然同意了。我清楚地记得，甚至比我对他在“零点项目”中

---

① 莫里斯·拉威尔（Maurice Ravel，1875—1937 年）：法国作曲家、印象派作曲家最杰出代表之一，与德彪西齐名。其代表作管弦乐《波莱罗舞曲》在中国人气颇高，爱乐者无人不知。——译者注

② 洛维斯·科林斯（Lovis Corinth，1858—1925）：德国印象派画家。——译者注

长达数小时的工作细节记得更清楚，在飞往迈阿密的航班上，我坐在他旁边，准备去听他在那里举办的心理学会议上发表的主旨演讲。坐在经济舱他身边的座位上，我向他出示了博士后奖学金申请书。格施温德教授以我们大多数人在牙科诊所候诊时，阅读那里堆积如山的旧杂志的速度浏览了一遍我的申请书，指出了应该修改的三个地方。这样一来，申请书实际上已经准备好提交了。

即便如此，也不能保证我一定能得到奖学金，所以我同时申请了一份工作，即耶鲁大学心理学专业的助理教授。据我所知，面试时我的自我介绍以及与招聘教师的对话都没有问题，但我却没有得到这份工作。对此，我并不感到惊讶。不管怎样，向传统期刊投稿的经历让我明白，对艺术发展怀有强烈兴趣的我，在常春藤联盟高校那些心理学的终身教授眼里不是最佳人选，更不用说在那些知名杂志的资深编辑眼里了（刻薄一点说，是他们自认为很资深）。或者，正如我对他们不够恭敬，那些认为自己很有声望的编辑和杂志也对我抱持同样的态度。很明显，我所做的有关实验心理学的正规研究，以及我对他人的论文和著作的综述，都没给他们留下深刻印象。说来也巧，我申请的耶鲁大学的这份工作，最后被校方给了斯坦福大学毕业的大卫·亨利·费尔德曼[①]。我们很快就成了朋友，但他后来的兴趣转向了“天才儿童”等更“温和”的课题，很快离开耶鲁大学去了塔夫茨大学[②]，在一个儿童研究项目中找到了一份更稳定的工作。

就像人们所说的那样，我们现在来玩一下“假如”或“反转历史”的游戏。如果我去了安多弗中学而不是怀俄明高级中学，或者去了哈弗福德学院[③]而不是哈佛学院，或者去了耶鲁大学当助理教授，而不是去波士顿退役军人管理局

---

① 大卫·亨利·费尔德曼（David Henry Feldman，1942—　）：美国塔夫茨大学教授，曾与加德纳及其“零点项目”在该校幼儿园实践多元智能理论的过程中合作多年。——译者注

② 塔夫茨大学（Tufts University）：美国著名研究型私立大学，波士顿五大名校之一。——译者注

③ 哈弗福德学院（Haverford College）：成立于 1833 年的美国私立学府，位于费城近郊。——译者注

医院做博士后，将会发生什么事？我只能说，我很庆幸以上的事没有发生，我为没有得到耶鲁大学的工作深感欣慰。因为在很多方面，格施温德和波士顿退役军人管理局医院的联系更加紧密。我在那所医院做了 20 年的神经心理学研究，从根本上永久地影响了我对人类大脑和其他问题的思考。我不认为自己会接受一个心理学系终身教授的标准职位，我太特立独行，甚至古怪得有点不合群。

回想起来，为什么格施温德对大脑的研究如此深深地吸引我？原因与我从高中阶段开始（如果不是从小学二年级开始）的阅读、观察、闲聊、写作和改编文章的兴趣有关，也与我在高中时期编辑《观点报》、参加高年级研讨班、在本科时代和研究生院的不同追求中所做的事情有关。与经济学家约翰·肯尼思·加尔布雷思一样，正常的英语让我可以用自己的方式来表达想说的话，在学术语境中，我倾向于将心理学和社会学思维方式综合起来表达。

然而，现在我已经清楚地看出，当时的我正在努力寻找“地基”，为自己的主张和结论打造更坚实、更合理的基础。我喜欢皮亚杰在貌似平淡的散文中，对儿童直截了当的描述，也喜欢列维－斯特劳斯在作品中对其他文化引人入胜的描写。但同时，我也被逻辑公式所吸引，其代数结构及机理被认为是人类行为的基础。

皮亚杰借鉴了形式逻辑的方法，却采用了大多数逻辑学家不喜欢的方式去解释那些不那么严格但仍然显得形式化的推理。他认为这些推理是孩子们言行的基础。列维－斯特劳斯引用逻辑模式，尤其是语言学研究采用的逻辑模式，但也借鉴了其他数学模式和符号的系统。他特别采用并转换了以上视角，解释了亲属关系结构的来源、组织与居住的模式，以及最能唤起人们共鸣的人物、行为和自然现象——这些现象在全球许多部落社会的神话中出现。

直到今天我还不能确定，我是被以上形式主义诱惑了，还是因为它们为我自己的思考和结论打下了更坚实的基础，才使我心向往之。如今，我对将数学上的形式主义看作是这两位伟大学者的贡献的观点依然持怀疑态度。皮亚杰和列维－斯特劳斯的方法当然是非常笛卡儿[①]式和地道法国式（理性）的，但可能也是非常自负的。不过，无论出于什么原因，我仍然在继续寻找这些学说的可靠依据。另一个语境下的回忆可能更有趣：一次激烈的讨论后，布鲁纳竟然问我是否主修过物理学！虽然在这方面我的头脑和能力都难以胜任，但想到如果我成为一名物理学的学生，而不是生物学或社会科学的学生，我将会感到很荣幸。

推理链很清楚：如果你想研究人的思维，还有什么比研究人的大脑更可靠的呢？只有神秘主义者，才将认知能力和其他心理能力置于神经系统之外。因此，如果一个人仔细研究人的大脑，并且在直接观察后得到大脑受损时会发生什么的第一手资料，那么他有关人类行为机理的结论，可能会更加令人信服，甚至难以质疑。

不过，以上推理也不一定可靠。我们现在知道，如果一篇科学论文中有几张大脑的照片，即使其内容与另一篇没有插图的论文完全相同，许多人也会更相信有插图的论文。此外，我认为不应该仅仅因为新获得了有关大脑运作的信息，教育工作者就采取截然不同的教育方法。

儿童与脑伤患者

某种程度上说，只要我们牢记一些注意事项，了解大脑的结构和功能无疑是有价值的，甚至是无价的。尽管我已经忘记很久了，但我不后悔花费了那么

---

① 勒内·笛卡儿（René Descartes，1596—1650）：法国数学家、哲学家、物理学家，解析几何创始人。其著名思想“我思故我在”认为，除了机械世界以外，还有一个精神世界存在，此二元论观点对后来的欧洲哲学界和科学界产生了深远影响。——译者注

多时间来掌握理查德·西德曼（Richard Sidman）所画的大脑结构和连接图解中描绘的各种脑叶和裂隙。有一段时间，我热切期盼着医院病房的例行巡查，尤其喜欢跟随格施温德带领的查房队伍。在波士顿退役军人管理局医院每周的例行巡诊过程中，所有查房者都会注意失语症或神经学疾病患者（作为退役军人，他们几乎都是男性），同时会见他们的主治医生，听取不同专家，如语言病理学家、心理学家、语言学家的汇报。然后，我们所有人都会据此猜测大脑损伤可能位于何处，损伤部位的大小、形状和脑叶连接中断的情况。可以说，在场的每个人，包括格施温德在内，对以上问题的答案都下了赌注，然后神经放射科的医生公布脑部扫描或 CT 扫描的结果（尽管这些方法现在看起来是如此原始）。聚集在一起的临床医生和研究人员在随后讨论中的发言，增强了我们对大脑结构和功能的认识，让我们知道了它们与同时发生的心理学行为和表现有什么关联。简而言之，整个过程开始有点类似游戏科学猜谜，然后是讨论，至少在某些情况下，对我们很有启发作用。

不管怎么说，我的申请获得批准，三年博士后的奖学金资助确定了我后来 20 年的职业生涯。此后的每天上午，我都在波士顿退役军人管理局医院（现在是一个医疗中心）花费几个小时的时间，观察那些大脑受过损伤的病人，并通过对他们进行神经解剖学、神经生理学和神经电子学测量等各种各样的定量实验研究，验证我们的结论。

每天下午，我从波士顿市中心开车到郁郁葱葱的坎布里奇（在那里找一个方便的停车位真不容易），走进至今依然存在、有时还让人感到欣欣向荣的“零点项目”办公室。1972 年，当我成为“零点项目”的两名负责人之一后，就要同时从事行政管理工作了。但我留在“零点项目”的主要原因是，有机会对不同年龄的儿童进行认知发展的研究。这项研究的基础被广泛理解为各种不同艺术形式的融合。那时，我和越来越多的才华横溢的同事们一起，花很多时间在坎布里奇附近的贝尔蒙特、布鲁克莱恩、阿灵顿或牛顿等地学校的“测试室”里，研究从幼儿园到高中的儿童和少年。

当时，对这两类处于完全不同境地的人群，我和我的研究团队到底想做什么？其中一类是学校的学生，代表着未来的希望；另一类是神经科病房的病人，他们中的一些人的健康前景堪忧[①]。

现在，我可以很清楚地回答这个问题了。我们当时所做的，是努力将皮亚杰、布鲁纳和其他发展心理学家在逻辑和科学思维方面所研究的内容，照搬到艺术思维的研究上来。一方面，我们以儿童为对象，研究他们顺利成长为艺术活动参与者所需的技能和理解力的发展过程。另一方面，对于大脑受伤的患者，格施温德和我们研究当大脑的不同部位受到不同程度的损伤时，参与艺术活动的重要能力是如何同时受损，或者得以保存的。当然，热衷于阅读和综述的我，一直在努力把这两方面的研究成果综合在一起，建立一个艺术能力的模式。其中包括艺术能力的组成部分，正常情况下这些组成部分整合后的功能，还有无法令人高兴的这些组成部分在大脑不同形式地受损后的消失情况。虽然我们研究的儿童和退伍军人都不是拉威尔或科林斯那样的艺术家，但我们试图找出艺术能力的基本组成部分，然后在儿童和退伍军人身上研究这些部分的发展和分解。

请再回忆一下第4章提到的一个例子，即使用隐喻造句和对隐喻的理解。隐喻是诗歌、故事、小说和戏剧等语言艺术的重要组成部分。我要求接受测试者解释隐喻的含义，或者让失语症患者将隐喻与一个恰当词组搭配。儿童在过了大量使用隐喻的早期发展阶段后，会变得非常注重文字表面的意思。因此，如果你谈论某人的心脏动脉硬化，这些死抠字眼的儿童，很可能会选择“心脏是石头做的”来做比喻。我们研究团队把这个发展阶段称为“字面上的阶段”，有些人即使成年后也没有渡过这个阶段。

---

① 值得一提的是，我和波士顿退役军人管理局医院的同事们一起，设计了两种有一定效果的疗法，名字很有趣，分别是“旋律发音疗法”（Melodic Intonation Therapy，简称MIT）和“视觉交流疗法”（Visual Communication Therapy，简称VCT）。

大脑受损的病人会怎样？显而易见，情况是可以预测的。病人患上失语症后，通常就像大脑左半球受损之后的情况一样，他们无法理解隐喻。但如果他们是大脑右半球受到了损伤，则能正常理解隐喻，因为右脑并不主管语言功能。

然而，我们的调查结果与一般人的直觉相悖。尽管失语症患者出现语言障碍，但大多数病人都能选择出正确的图案。例如，一个病人看到一个人拖着一颗石头做的心脏的图案时，他会选择“这个人看起来很沮丧”的答案。相反，大脑右半球受损的患者，尽管他们的语言能力被认为是完整的，却往往会选择人的心脏是石头做的答案，他们很像处于“字面上的阶段”的儿童。

这一发现对我们理解语言和大脑的功能有着深远的影响。句法、音韵学和字面上的语义对惯用右手的人来说，似乎受大脑左半球的影响，因此，主管这方面功能的神经系统会因大脑左半球受伤而受损。但“理解超越字面语义”的能力，即拥有理解语言内涵和外延的能力，似乎属于大脑右半球，即所谓的非语言半球。大脑右半球受伤的患者，对隐喻、讽刺、反讽等唤起性言语行为的敏感性会降低。

当然，为解答这个难题，当时所有研究人员都在努力贡献自己那一小部分研究成果，为这座庞大而神秘的科学大厦再添一砖一瓦。这就是在文字语言和非文字语言的研究中，埃伦·温纳、海勒姆·布劳内尔（Hiram Brownel）和我所做的事。我研究过许多儿童和脑损伤病人的思维过程，和同事们共同发表的、引起同行关注和评议的论文，总数也超过了100篇。我认为，对非文字语言和大脑功能之间联系的研究，是我自己对实验科学做出的最重要的、也是唯一重要的贡献。我很高兴地说，这些年来，包括埃伦和海勒姆在内的很多研究人员，已经完成了我的后续工作。

是的，我当时已经能为进一步考察和实验筹集资金，运用当时最简单的技术继续研究，把成果和结论写下来，在合适的学术期刊上发表。我的导师罗杰·布朗此前劝慰我的事没有再次发生，我和同事们对儿童、脑损伤患者以及这两类人群所做的每一项研究成果，几乎都找到了合适的学术期刊发表。[①]

但即使在那个遥远的年代，我也越来越清楚，许多人都能像我一样设计并进行经验心理学的研究，而且有更多年轻的研究人员在技术应用上或技巧上，比我当时希望达到的高度要高得多。我有时会调侃说，随着时光的流逝，我离开了耗时费力的神经心理学研究领域，是因为神经活动的精密测量越来越复杂，如磁共振成像和 PET 扫描[②]，而且这些精密测量技术已经为聪明的科研人员广泛应用。

我的竞争优势在别的地方。我有强烈的好奇心，能快速而广泛地阅读任何资料，喜欢反复综合不同学科的视角和思维方式。我写作速度很快，而且写出来的文字浅显易懂。面对包括聪明的普通读者在内的不同类型的听众发表演说，也是我的长项。因此，可以毫不谦虚地说，几十年来我在继续为同行评议的实证文献做出适当贡献，并对我的学生进行科学和艺术方面的培训的同时，我也追随着自己崇拜的埃德蒙·威尔逊和理查德·霍夫施塔特两人的脚步，从一个受过有限心理学训练的人，逐渐变得更像一名作家，并且努力成为一名公共知识分子（后来我在这方面终于取得了有限但不容忽视的成功）。

20 世纪 70 年代，我就成了《今日心理学》（*Psychology Today*）杂志的专栏作家（如果允许我这么说的话，我认为这是当时一份非常严肃的学术刊物）。我还在《纽约时报》上定期发表文章，偶尔也写写书评。除此之外，我还为其他报纸和期刊撰稿。我开始在媒体上，特别是在公共广播电台的节目中现身，主要是在广播电台对学者们开放的早间电视谈话节目中担任嘉宾、发表自己的

---

① 那时候发表文章比较容易，当主流期刊拒绝我们研究报告的时候，我都有办法找到其他的发表渠道。

② PET 扫描：正电子发射计算机断层扫描显像。——译者注

观点。20 年前，我参加音乐节目“少年评委”的经历这时候起了作用。

我还继续写书。在脑损伤病人领域的经验使我确信，在神经学家奥利弗·萨克斯[①]的著作得到应有的重视之前，失语症、失读症、失认症以及其他大脑皮层的疾病，是一个公众几乎一无所知的领域。因此，我再次为阿尔弗雷德·A. 克诺夫出版公司写了一本书：《思维和推理能力受损：大脑受过伤的人》（*The Shattered Mind: The Person after Brain Damage*）。我的孩子们都是艺术家苗子，不仅和我一样爱好艺术，而且更“视觉化”，在视觉艺术的欣赏和创作能力上远强于我。研究了他们幼年时的艺术涂鸦和其他孩子的类似“作品”，我写成了《巧妙的涂鸦：儿童绘画的意义》（*Artful Scribbles:The Significance of Children's Drawings*）一书，后在阿尔弗雷德·A. 克诺夫出版公司编辑的鼓励下，我在更看重学术性书籍的基础读物（Basic Books）出版公司出版了这本书。我还把自己为《今日心理学》专栏写的大部分文章编辑成一本文集，取了一个合适的书名——“艺术·心理·创造力”，后来也交由基础读物出版公司出版。[②]

前文提到我曾写过一本关于发展心理学的教科书，虽然这本书被当时该领域最畅销的书的作者认为离经叛道，但它也卖得很好。如前所述，如果仅仅做一名教科书的作者，我可能会度过成功的、甚至是有利可图的人生，但那样的话，我将只是一个其他学者作品的熟练综述者。理智告诉我不能那样做，我很庆幸自己最终没有沿着那条路走下去。

当时，在我为各种期刊撰稿、对儿童和脑伤患者进行研究的同时，“零点

---

① 奥利弗·萨克斯（Oliver Sacks，1933—2015）：英国神经病学家、作家，他以纪实文学的形式将脑神经病人的案例写成感人的故事，被誉为难得的“神经文学家”和“医学桂冠诗人”。——译者注

② 《艺术·心理·创造力》（*Art, Mind, and Brain*）：沈致隆主编，齐东海等人译，中国人民大学出版社 2008 年出版。——编者注

项目”也在不断成长壮大。在我和戴维·珀金斯的共同主持下，“零点项目”很快就根据艺术认知本身和与之相关的外部因素，确定了几条不同的研究路线。借用现在的一句话说，我们当年主持的是“不断扩大的网状项目”。事实证明，几十年来一直关注自己头脑中事物的、内向的霍华德，那时不但已经成为一名优秀的管理者，还是一个十分熟练的资金筹集人（虽然我们通常在工作中起互补作用，但同样的说法也可以用在珀金斯身上）。我同样幸运地同时属于两所“无形学院”（invisible college），学院内的学者们适时地在专业会议和其他聚会上共同讨论感兴趣的问题，而这些议题在更广的学术领域中并不为人们所关注。

其中一所无形学院以古德曼为首，其成员有心理学家、语言学家、传媒专家和艺术家，他们对不同符号系统的性质和运作感兴趣，自称为“符号系统组”。另一所无形学院的学者们资历大多比我老，他们给艺术研究带来了社会科学的视角，其中有心理学家鲁道夫·阿恩海姆①、视觉艺术教育家埃略特·艾斯纳（Elliot Eisner）和音乐教育家贝内特·雷默②。此外，我还加入了两个神经心理学研究者的团队，并积极参与其中的工作。一个是美国国内的，名为“失语症学会”（Academy of Aphasia），另一个主要在欧洲，名为“国际神经心理学专题研讨会”（International Neuropsychology Symposium）。因为当时我并不专属于某个固定的学术部门，所以这两个研究团队都是我的学术家园。因此，尽管我没有固定的教学任务，而且与几乎所有同龄人或同事有所不同，继续靠赞助和捐赠款维持生计，但我在经济上支持一个不断壮大的家庭同时，成功地生存了下来，而且“茁壮成长”。

---

① 鲁道夫·阿恩海姆（Rudolf Arnheim，1904—2007）：德裔美籍作家、美术和电影理论家、知觉心理学家，格式塔心理学美学的代表人物，曾任美国美学协会主席。——译者注

② 贝内特·雷默（Bennett Reimer，1932—2013）：美国著名音乐教育家，1986 年曾访问中国三个月，其名著《音乐教育的哲学》（*A Philosophy of Music Education*）对中国的音乐教育产生了重要影响。——译者注

当然，在“零点项目”中，并非每一次努力都是成功的，一个关于幼儿符号能力发展的重大研究项目[①]就未能完成。这很遗憾，但正如我后来研究伟大的经济学家和欧洲主义者让·莫内[②]时所学到的：“人应该把每一次失败都视为一次机会。”而矛盾的事实是，雄心勃勃的“儿童早期符号表达”项目遭受的重大挫折，很可能催生了我最广为人知的成果——多元智能理论。

---

① 即“儿童早期符号表达”项目（Early Symbolization Project）。作者在回复译者咨询时对此的解释是“一项大规模的活动，每周跟踪波士顿地区 9 名儿童的认知发展，用皮亚杰风格的方法来观察孩子们如何通过语言（故事、隐喻）、绘画、积木、身体运动（舞蹈）、音乐和数字来认识世界”。加德纳还对译者说：“我们写了各种各样的发现，但从来没有把所有的工作综合在一起，我对此非常失望，因为这可能是我们理解儿童早期发展的一个真正的贡献，与皮亚杰专注于科学思维截然不同。但由于我和同事之间的个人关系紧张，这本书一直没能写出来发表。”——译者注

② 让·莫内（Jean Monnet，1888—1979）：法国经济学家、外交家，《莫内计划》制定者。加德纳 1999 年出版的《领导智慧》一书中曾专门介绍此人。——译者注

加德纳的外祖父
马丁·魏尔海默

加德纳和他的妹妹玛丽昂
（1954 年）

加德纳的叔叔弗雷德·加德纳和父亲鲁道夫·加德纳

加德纳为 1956 年美国总统候选人阿德莱·史蒂文森（Adlai Stevenson）所摄照片

'ONE MORE, PLEASE:' Democratic presidential candidate Adlai Stevensen smiles obligingly today as youthful home movie fan "shoots" film footage. The scene took place at Courthouse Square as the former Illinois governor was seated in an open car awaiting start of the trip to Wilkes-Barre. Hundreds of amateur photographers were in the huge crowd which greeted Stevenson as he appeared in this city. Every one of the camera fans wanted a closeup of the candidate. 10-3-56

Future Student of Leadership

加德纳 1959 年在为他举办的
坚振礼（confirmation）仪式上

GROUCHO MARX
1083 Hillcrest Road
Beverly Hills, California

October 16, 1968

Mr. Howard Gardner
Quincy House #8
Harvard University
Cambridge 38, Massachusetts

Dear Mr. Gardner:

I'm flattered that you want me to speak to the inmates of Quincy House, however, I am still working - it's called "making a living". Kind of an old fashioned phrase, but it keeps your family from starving. Anyway, what little energy I have left is directed toward performing in various shows and when I do have to travel East for one of these performances, I hustle back home to the hills of Beverly just as soon as I'm finished.

What I'm trying to say is, thanks a lot for asking me but I'll have to pass.

Regards,

Groucho

GM:jn

格劳乔·马克斯给加德纳的回信

UNIVERSITÉ DE GENÈVE

SCHOLA GENEVENSIS MDLIX

FACULTÉ DES SCIENCES

Genève, le 1o avril 197o

Monsieur Howard GARDNER
Harvard University
Department of Social Relations
William James Hall 1257
CAMBRIDGE , Mass. o2138

Cher Docteur Gardner,

J'ai bien reçu et j'ai lu avec grand plaisir vos deux belles études sur Levi Strauss et sur moi. Elles sont remarquables de finesse et de pénétration et je vous en félicite. C'est un plaisir de lire des gens qui vous comprennent et cela n'arrive pas tous les jours.

J'aimerais seulement vous signaler à propos de l'article de Parsons sur mon utilisation de la logique formelle, que Parsons m'a très mal compris. Le mathématicien et logicien Seymour Papert, qui enseigne au M.I.T. et que vous connaissez sans doute, avait fait une réponse pour montrer que ma logique était bien sûr différente du calcul des propositions classiques, mais qu'elle était consistante et répondait bien aux besoins psychologiques voulus. Malheureusement le British Journal of Psychology a refusé de publier cette étude de Papert, pour éviter une polémique. J'ai trouvé cela malhonnête, mais surtout regrettable, parce que Papert disait des choses nouvelles et importantes.

D'autre part, le logicien belge Apostel a fait un article dans le même sens, mais qui n'a pas non plus paru. Par contre d'autres logiciens, et en particulier Jean-Blaise Grize, ont décidé de rééditer mon Traité de logiq en fournissant aux lecteurs des informations suffisantes pour qu'ils comprennent les points de vue nouveaux qu'il contient. Je vous signale tout cela pour que vous puissiez renseigner éventuellement vos lecteurs sur ces points où il y a eu malentendu complet avec les logiciens.

En vous remerciant encore très vivement, je vous prie, cher Docteur Gardner, de croire à mes sentiment: les meilleurs.

J. Piaget

J. PIAGET

让·皮亚杰给加德纳的回信

LABORATOIRE D'ANTHROPOLOGIE SOCIALE

DU COLLÈGE DE FRANCE ET DE L'ÉCOLE PRATIQUE DES HAUTES ÉTUDES

TÉL. 633-78-10 OU
033-61-60 ET 326-26-53 (POSTE 211)

11 PLACE MARCELIN-BERTHELOT
PARIS 5

Paris, April 10, 1970

Dr. Howard Gardner
Harvard University
Department of Social Relations
William James Hall 1257
Cambridge, Massachusetts 02138
U.S.A.

Dear Mr. Gardner,

Many thanks for sending me your two papers which I read with great interest. I fully agree with the parallel you draw between Piaget and I, except that it seems to me that you have overlooked two points. In the first place, Piaget is substantially older than I am and since he started publishing very early he was already read and lectured upon when I was still a student at the University. In the second place, there are in fact two Piagets, the early one with whom I am not in great sympathy and the later one whom, on the contrary, I admire greatly

Concerning your other paper, to be quite frank, the kind of criticism you level at me makes me shrug. I look at myself as a rustic explorer equipped with a woodman's axe to open a path in an unknown land and you reproach me for not having yet drawn a complete map, calculated accurate my bearings and for not having yet landscaped the country ! Forgive me f saying so but it looks as if Lewis and Clark were taken to task for not having designed the plans of General Motors while on their way to Oregon Science is not the work of one man. I may have broken new ground but it will take a great many years and the labour of many individuals to till and make the harvest.

With best regards.

Sincerely yours,

Claude Lévi-Strauss

CLS:eg

克劳德·列维－斯特劳斯给加德纳的回信

纳尔逊·古德曼

诺曼·格施温德与
加德纳在一次聚会上

杰罗姆·布鲁纳（左）95 岁生日时与加德纳在一起

《一个人和一群人》一书的封面

A SYNTHESIZING

MIND

第二部分

多元智能：
重构人类对话

第 6 章

多元智能理论的孕育和诞生

多元智能理论的前身

1979 年 3 月，哈佛大学教育研究生院的院长保罗・伊尔维萨克（Paul Ylvisaker）打来电话，要我去他的办公室一趟，想和我讨论一个大项目。这位院长曾是新泽西州政府办公厅主任、福特基金会（Ford Foundation）的拨款官员，还是伯纳德・范・里尔基金会（Bernard van Leer Foundation）董事会的成员——这个基金会来自荷兰，当时在美国鲜为人知。企业家伯纳德的儿子奥斯卡委托哈佛大学教育研究生院进行一项名为“人类潜能的本质和认识”（the nature and realization of human potential）的研究。伊尔维萨克院长问我和同事哈里・拉斯克（Harry Lasker）是否愿意主持这项研究。

我以前没有听说过这个基金会，与拉斯克也不熟。我和伊尔维萨克院长最多也只有礼尚往来的工作关系，谈不上有什么私交。事实上，在 1972 年“零点项目”起步不久的关键时刻，伊尔维萨克院长还曾试图撤销它。而我当时正在那里开展研究，并通过它与哈佛大学保持联系，因为这个联系对筹集项目资金至关重要。“零点项目”之所以“幸免于难”，是以下两个人起了作用：一位是院长的妹妹芭芭拉・纽瑟姆（Barbara Newsome），她在纽约市一家声誉卓著的基金会工作；另一位是哈佛大学极受尊敬的教授伊斯雷尔·谢弗勒[①]，几十年前他是纳尔逊·古德曼的学生，后为成为其同事。今天，“零点项目”已经有半个多世纪的历史，我的职业生涯永远与这个被人认为名称“奇怪”的机构交织在一起。我对纽瑟姆和谢弗勒始终怀有诚挚的感恩之心，对伊尔维萨克也一样。

尽管如此，借用导师埃里克·埃里克森的话说，我当时是“一个年轻的学者，有相当的天赋，但没有地方可去”，因为那时我还不是哈佛大学教授、波士顿退役军人管理局医院的科研人员，也不是众人眼中的公共知识分子。我当然不想仅仅被人认为是一个心理学教科书的作者，所以我毫不犹豫地接受了伊尔维萨克院长给予的任务和机会。在接下来的 5 年时间里，我是哈佛“人类潜能的本质和认识”项目的领导者和首席研究员。这个项目给了我足够的资源和空间，最终使我提出了多元智能理论。

接受任务后不久，我做了一个决定：作为该项目的重要科研人员，我给自己分配的任务是综合所有已知的人类认知潜能的理论。此前，我已经为此项研究写过两本书，分别是《思维方式的探索》和《思维和推理能力受损》。在此领域内，我的第三本书《艺术·心理·创造力》即将出版，由此可以看出，我的目标是探索人类大脑的潜能。“人类潜能的本质和认识”项目的慷慨资助，让我有机会为自己的两项调查建立此前由于多种原因一直未能建成的研究平台。

在完成了《思维和推理能力受损》一书（1975 年出版）后不久，我又用综述的手法写了一本书，名为《思维和推理能力的类型》（*Kinds of Minds*）。几年来，在研究思维的发展及其遭遇障碍的过程中，我一直在思考，人类个体

① 伊斯雷尔·谢弗勒（Israel Scheffler，1923—2014）：美国哲学家、教育家，哈佛大学哲学系教授，美国分析教育哲学的倡导者和代表人物之一。——译者注

是否有一系列不同的思想，正如我们心理学家强调的人的感官、个性和个人抱负均有不同一样？有关此议题的写作计划后来被束之高阁了，直到几年前，我才在一些旧资料中发现了该书的写作提纲。正如导师罗杰·布朗安慰我时所说的，他和同事也有很多没有发表的研究论文，我代表大多数有抱负的作者说，我们都有成箱的、为撰写专著而做的笔记，但最终都没能出版，甚至可能已经被遗忘。

第二个雄心勃勃的研究项目，是几年前我和一位年轻同事丹尼·沃尔夫（Dennie Wolf）一起进行的，这项研究有意模仿皮亚杰的开创性研究，目标是探索儿童应用符号能力的发展。多年来，皮亚杰对他自己的三个孩子劳伦特（Laurent）、卢西恩（Lucienne）和杰奎琳（Jacqueline）进行了简单而巧妙的临床试验。他追溯了所谓康德哲学范畴的起源和发展，即儿童最初是如何意识到时间、空间、数字、因果关系和其他基本心理构成的。根据康德的说法，所有体验都必须被理解、加工、运用，也许还需要转化。举一个众所周知的例子，皮亚杰曾指出：婴儿一岁之前，在寻找一个物体时都会专注于他最初看到物体的地方，而不会把注意力转移到这个物体后来被放置的地方——即使转移是当着他的面进行的。

我们选择了波士顿地区的 9 名儿童作为研究对象。这个样本虽小，但比皮亚杰自己三个孩子的“数据库”大了三倍。通过每周观察和许多非正式的测试或测量，我和研究同事考察了这些儿童的语言发展（特别是在运用语言进行比喻和讲故事方面能力的发展）、音乐表达、二维空间的描述（绘画）、三维空间的表达（构筑黏土建筑和砖块建筑）、身体表现（舞蹈）等方面的能力。请注意，以上能力中的每一种都具有艺术性，这与“零点项目”早期的研究重点相一致。任何熟悉多元智能或多元智能理论的人（当时我的脑海中还没有浮现出这个理论，到目前为止也还没有在这本回忆录中进行介绍）都会意识到，以上符号的使用能力，与我最终提出的智能种类之间，虽然存在差异，但亲缘关系也很明显。同时，我们还考察了“控制”符号系统的数字推理能力的发展情况。这种形式符号的使用，是科学思维的核心。它虽然与大多数艺术种类没有太多的关系，但在当时，它让我们的工作与皮亚杰和其他主流发展心理学家的研究联系在了一起。

有一段时间，我和沃尔夫合作得很好，我们对获得的大量数据进行了分析，并发表了一些与我们早期发现相关的论文。我们研究的 9 个孩子的游戏方式各不相同，其间的对比也很有趣。拿到玩具后，其中说话不多，但因为在玩的过程中排列出有趣的、相当复杂的空间图形的孩子，被我们称为“图形师”；另外几个孩子则更健谈，更喜欢讲故事或扮演戏剧中的角色，被我们称为“戏剧家”。

但遗憾的是，几乎所有终身从事科研工作的人都承认，并不是所有研究项目最后都能成功，其中的困难在于如何获取所需的资料和数据、如何分析它们、怎样写成论文或专著。也许最重要的是，我们以什么形式、通过什么渠道讲述和发表研究成果。直到几十年后，我才最终把这个项目的研究材料交给了沃尔夫。此时，再责怪任何人都是没有意义的。虽然当年的研究对象如今已经 40 多岁了，但我们这项研究成果从来没有在合适的期刊上发表过。皮亚杰对认知发展的观点，至今也没有得到可信的质疑或补充。作为实证研究者，“儿童早期符号表达”项目的虎头蛇尾，也许是我今生最大的遗憾。

无论如何，“思维和推理能力的类型”和“儿童早期符号表达”项目始终在我的脑海里徘徊，再加上伯纳德·范·里尔基金会长期慷慨的资助，后来我组织了一个小规模团队，开始研究人类本性和认识潜能，并以“人类认知的扩展”作为关注重点。

这是一项重要的，甚至可能是意义深远的课题，使我至少能在以下三个方面超越自己之前的思考和实证研究。

- 第一，我的课题明显已经超出了艺术这种公认重要但仍然有限的认知形式的范畴，而试图全面考察人的思想和内心。
- 第二，课题超出了我自己所属的发展心理学这一心理学的分支，而接触到心理学的其他多个分支，以及从人类学到遗传学等更广范围内的其他学科。因此，有人可能会说，这是社会关系学的扩展或新版本。
- 第三，我将有一个意想不到的、非常难得的机会，前往美国以外的地方进行研究。

大约正是那个时候，我和斯宾塞基金会（Spencer Foundation）的董事长托马斯·詹姆斯（Thomas James）谈过话。斯宾塞基金会是一家令人尊敬的慈善机构，总部位于芝加哥，自从我获得博士学位以来，它一直支持我们的研究工作。该基金会的初始目标是支持教育研究，但实际上，当时它投入了大部分资金到更广范围内的社会科学和生物学研究中，包括我和同事们专注的研究领域。我和汤姆 (托马斯的昵称) 曾共同主持过“零点项目”一段时间，当我确定不了下一步该做什么时，便去问汤姆。他毫不迟疑地说：“让它‘国际化’，否则就像模像样地解散掉。”我看中了前一个选项，“零点项目”最终也作出了同样的选择。

伯纳德·范·里尔基金会 5 年（最终变成了 6 年）的资助，给了我和同事们一个“国际化”的机会。我们不仅广泛地阅读，以便从不同历史阶段和不同文化来源中，发现和发展各种人类的潜能。我们也因此有了机会，邀请世界各地的同行前来合作，以及自己单独或组团远赴世界各国访问。我此前曾去过欧洲好几次，但没有去过别的地方。承担伯纳德·范·里尔基金的项目后，由于基金会给予的慷慨预算，我访问了欧洲许多需要研究的地点，其中至少去了海牙的基金总部 6 次。此外，我还访问了亚洲（中国和日本）、拉丁美洲（墨西哥）和非洲北部的多个国家（埃及、塞内加尔和冈比亚），以及在不同地区出席国际研讨会。

我注意到，与大多数人相比，我更相信自己的亲身体验。也就是说，我亲身证实了，没有什么可以替代在其他国家和文化中度过的那些时光。在那些地方，我结识了不同社会文化中的学者、企业家和普通人，并有机会与美国以外地区的各种各样的人交流、合作。我还提高了与人交往的技巧，学会了提出一些问题——它们可以很容易地、忠实地被翻译成我不会的当地语言。不能说我们对每一个访问的国家都进行了系统的研究，但了解到的思想和思维方式，都是我们过去不熟悉的。在这些国家进行访问和考察，对于我们事先希望实现的宏伟目标，即考察其他国家和地区的人的心理和思维方式，都弥足珍贵。毫无疑问，这些机会使我们的研究具有世界性意义，不但超越了国界和语言的局限性，也不是崇拜所谓“高等文化”的社会学的内涵所能包含的。

在很大程度上，我要感谢“人类潜能的本质和认识”项目，感谢汤姆的建议，因为我现在思考的大多数问题，都是全球性的，而不仅仅局限于美国。就其本身而言，这样做既不是好事也不是坏事，但在我写完这本回忆录的时候，全世界正处于民族主义和排外心理上升的时期，现在比以往任何时候都更需要强调：无论我们来自哪里，我们都属于同一个生物物种，都生活在同一个星球上。尽管我这一主张可能引起争议，但人的潜能，或者更准确地说，是人类的潜能，在全球任何地方都是一样的。这是《世界人权宣言》（*Universal Declaration of Human Rights*）所强调的，到现在已经有 70 多年的历史了。但遗憾的是，目前违反《世界人权宣言》的人比遵守此宣言的人更受“推崇”。我这里所说的“全球”，不应该局限于每年参加达沃斯世界经济论坛的国家，而应该包括签署《世界人权宣言》的国家中的所有人。

确立最初的 7 种智能

作为一个研究团队，我们每天都在做什么？我在这 40 个月的时间里都做了哪些工作？我的研究小组最初有两名科研人员，后来增加到 5 名，他们帮我深入挖掘出不同来源的许多信息。我们不仅收集了有关大脑研究的资料，还调查了遗传学的研究信息，包括哪些特征是可以遗传的，在什么程度、什么情况下可以遗传等问题。我们深入搜集心理测量学的发现，如智力测验，以及对气质、动机、情感和性格的测试。我们还调查了人类学的发现，包括对能力、行为、工作和休闲娱乐意愿的研究。这些研究遍及全球各种不同的文化背景，包括文字基本上还未出现的社会（例如南海加罗林群岛普鲁瓦特部落），以及比西方国家历史更久远、更复杂的其他国家（例如中国）。

我们研究了人类愿望的历史及其出现之前的情况，如对发展和机遇的渴望、对世间万物周期性轮回的信仰、对生物投胎和转世的意愿，以及更多从"从天堂坠落"① 开始的反乌托邦观点。我们甚至对进步、潜能和人类本性等概念都进行了哲学分析。

对我这样一个以阅读、质疑、讨论、综合与写作为学术特长的人来说，这是一个梦寐以求的任务。每周，有时甚至是每天，我都要和研究团队面谈。我很喜欢在哈佛大学教育研究生院与资深同事，以及来自世界各地的同行讨论问题，其中有社会心理学家杰拉德·莱塞（Gerald Lesser）、人类学家罗伯特·莱文（Robert LeVine）、哲学家伊斯雷尔·谢弗勒、社会学家梅里·怀特②、同事哈里·拉斯克。我们定期讨论，但后来，尤其是到了最后阶段，这在很大程度上是一项孤独的事业。

无论是周末在家里，还是在长途旅行中，我都用纸和笔（当时还没有电脑）设置多种分类法。有些分类法采用相关学科中各种学术分析的模式和手段，有些则来自对人物、职业及有关专业特长的观察和描述；有些分类法与人类具体的能力和天赋有关，有些则涉及对大脑不同部位的研究或对世界不同区

---

① "从天堂坠落"（the Fall from Paradise）：加德纳在回复译者咨询时说明，此句转引自英国诗人约翰·弥尔顿（John Milton，1608—1674）的长篇史诗《失乐园》。——译者注

② 梅里·怀特（Merry White，1941—　）：美国社会学家，波士顿大学教授。——译者注

域的调查。我和其他人都不愿重新审视这些笔记，虽然人们有礼貌地倾听我诉说自己的想法，有时也会阅读和评论我的图表和草稿，但可以说，这都是我自己的东西，是我堂吉诃德式的探索。

最后，我总结出十几种人类可能存在的认知能力。其中，有些来自我和同事的研究成果，有些来自我们阅读的资料，还有些产生于我们之间的讨论和辩论。其中的一个难题是，这些能力与人类的视觉、听觉、触觉之间有何关系；另一个难题是，这些能力覆盖的规模和范围如何，例如：语言是一种能力，还是捆绑在一起的一组能力，如发音、句法、文字水平、隐喻、口语、写作等多种能力；还有一个难题关于这些能力应用的广度，它们仅仅用于问题的解决（传统心理学家的认知），还是更广泛地扩展到了创造、发明和想象力的提高上？

同时，我还在纠结一个问题：究竟是人类的哪一种能力，最终有资格进入我所期待的神奇的智能名单？应该用何种判断标准来确定它们？我借鉴了不同学科和不同知识体系的理论和实践，最终确定了以下 8 项判据。

- 判据 1：某种能力因大脑受损而表现出单独存在的可能性。
- 判据 2：超常儿童、学者症候群等特定群体的存在。这类人往往某种能力很强，其他方面的能力却很弱。
- 判据 3：一种核心操作或者可识别的一组操作。在这里，我明显借鉴了计算机的模式，也就是人们能够识别出与假定能力不同的操作系统吗？我使用了“基本信息处理操作”（basic information-processing operations）这个词。
- 判据 4：独特的发展历史和可定义的一组高水平的“最终状态”[①]。我依

① 最终状态（end state）：某种智能发展到极致的状态。——译者注

靠自己受过发展心理学的训练确定了这个判据。对于任何重要的能力，我们都应该能够列出一个初始条件和一系列步骤或阶段。一个人可以通过这些步骤或阶段获得成熟、专业的能力。毫无疑问，尽管有人将这个观点扩大到包括艺术、社会以及科学的认知方式，但归根结底还是在通过皮亚杰的视角看问题。与皮亚杰不同的是，我不认为各种能力是在大致相同的年龄段出现的；在任何特定的个体中，一种认知形式很可能比其他假设的认知形式更复杂或更简单。

- 判据 5：进化的历史及其合理性。虽然现在被称为“进化心理学”的领域基本上还没有建立，但我找到的证据表明，某些候选的能力能满足人类生存的某种需要。并且我们有理由证明，现在这些能力仍然像过去一样持续存在并不断进化。
- 判据 6：实验心理学研究的证据。许多候选能力都在心理学的研究中被探讨过。我所感兴趣的是，一种能力与另一种能力相关或不相关的程度。例如，音乐信息的处理是否会干扰或有助于语言或数字信息的处理？或者说，我想知道的是，记忆力（或注意力、感知能力）对某种信息（如空间信息）的敏感程度是否和记忆力对其他种类信息（如语言的、人际认知的信息）的敏感程度相关？再或者，注意力或感知能力，是仅仅局限于本身，还是能够普遍适用？
- 判据 7：心理测量结果的支持。虽然我的大部分研究工作最终都会对衡量学术能力的标准化考试（如智力测验）提出批评，但我当然也希望能考虑我们已经建立的、关于不同能力的衡量标准，以及它们相互关联或无法关联的程度。这一标准被证明是最具争议的，因为如此众多的心理学测试表明，人类的多种能力是相互关联的。用行话来说，在许多心理学测试中，都有一个“正面的相关性”。
- 判据 8：在符号系统中对编码的敏感性。在这方面，我的哲学导师纳尔逊·古德曼的贡献，以及我此前在阅读中发现的哲学家苏珊·朗格的贡献就凸显出来了。以原始计算为依据（判据 3）和以进化为基础（判据 5）取得的能力，可以在符号系统中获得。这似乎很重要，因为这种以符号化为特征的潜能，体现在人类保持、珍惜、添枝加叶、偶尔转化并传递给下一代的能力上。正如我曾在《智能的结构》一书中说过的：

> “尽管可能某一种智能在产生的时候，还没有自己独特的符号系统……但人类智能的一个基本特征，可能就是对符号系统的‘自然的’吸引力。”

因此，我心中有了候选能力和判据。我按照图 6-1 中的思路在许多图表中对此给予了图解。

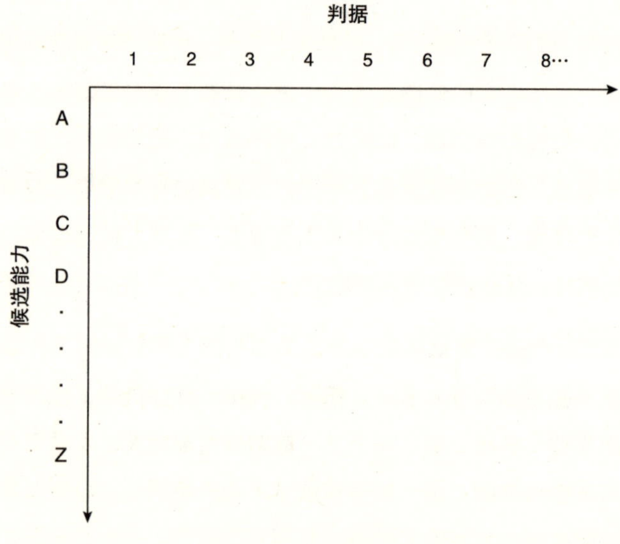

图 6-1 智能判据表

到此为止，我还剩下两项任务。首先，我需要将候选能力的名单尽量精简，只挑选最符合前述 8 项标准判据者。然后，我需要给每个候选能力取一个合适的名字，最终将它们归纳为一组能力。

到目前为止，我在第一项任务上花费的时间最多，最后选中了 7 种能力。以下是这 7 种特殊能力，以及在现代社会和更传统的社会中需要运用这些能力的从业者和业余爱好者。

- 语言的（linguistic）能力：律师、诗人、记者、节目主持人需要或拥有的能力。
- 逻辑—数学的（logical-mathematical）能力：科学家、会计、计算机专家、商人、计时员需要或拥有的能力。

请注意：以上两组能力就是在西方学校里被评估的能力，也是通常在智力测验中要考察的能力。尤其是 20 世纪的西方学校，越重视学生未来职业或爱好，运用智力测验的分数预测一个人未来在职业上或业余爱好上的表现，就会越准确。

- 音乐的（musical）能力：作曲家、歌唱家、乐器演奏家、唱诗班成员、即兴演奏者、忠实的歌迷或音乐评论家需要或拥有的能力。
- 空间的（spatial）能力：在大范围的空间里执行任务的航海家、飞行员，在局部空间里活动的棋手、地图制作者或雕刻家需要或拥有的能力。
- 身体 – 动觉的（bodily kinesthetic，有时缩写为 b-k）能力：如果考虑的重点是整个身体，就是运动员、舞蹈演员或猎人需要或拥有的能力；如果只考虑身体的局部，就是纺织工人、弓箭手、实验室技术员或外科医生需要或拥有的能力。

最后是有关人的认知的两种能力。

- 人际认知的（interpersonal）能力：认识他人并与之打交道的技巧。请想想政治领袖、商品推销员、宗教领袖、我们认为“聪明”的男人或女人、巫师需要或拥有的能力。

- 自我认知的（intrapersonal）能力：请想象这样一个人，他能够清楚地认识自己，并能在此基础上有效地安排自己的一切能力。我经常调侃说，只有具备深刻洞察力的心理治疗师，才有资格评判一个人是否有自知之明。但我们都会想到那些经常检讨自己的人，他们从经验中学习，并能据此规划自己将要做什么，以及预测这样做之后的感受。相反，我们也可以想到另一类人，不管他们的智商如何，他们似乎对自己的反应视而不见，结果就是一次又一次犯同样的错误。

你可能会联想到，后两种能力通常被称为社会能力和情感能力，后来与名词“智能”（intelligence）相连接，变成“社会智能”（social intelligence）和“情感智能”（emotional intelligence）。

在公布确定的能力名单之前，我必须为它们命名，或者说，考虑怎样称呼这些不同类的思维和推理能力。我希望自己（或其他人）能记得我作出将这些能力命名为“智能”的决定时的确切情境，因为这个决定被证明是关键的、决定命运的、可能改变人生的。我确实这样做了，记住了那个关键性时刻。虽然我多年来一直在努力寻找潜在的能力、制定评判标准，然后挑选出 7 项关键能力，但最终证明，正是这个简单的、4 个音节单词的复数形式[①]，“使一切变得不同”。

虽然我们不能回过头去做实验，但如果我选择其他术语，如 7 种能力、7 种技能、7 种思维方式，或者几年前我以综述形式出版的那本书所选择的术语——7 种才能或 7 种天赋，甚至用我不喜欢的术语，我确信自己都不会引起

① 估计作者此处所指 4 个音节的单词是“criterion”（判据），原著所用为其复数形式“criteria”。——译者注

关注，今天也就写不出这本回忆录。毫无疑问，正是由于我决定捕捉、借鉴、引入或挪用“智能”这个词，我的书才引起了那么多读者的注意，包括当时具有较大社会影响的知识分子阶层。

从法国伟大的心理学家阿尔弗雷德·比内[①]开始，“智能”一词和被称为“智力测验”或“IQ 测试”的方法，在许多西方国家都有着特殊甚至神圣的意义。因为我们希望自己变得聪明、想认识聪明的人并与之成为朋友，最重要的是，我们希望自己的孩子变得聪明。

如何更好地向外界表明一个人是否聪明？参加简单的问答测验，从多项选择式的问答中找出正确或错误的答案，然后将你的表现与同龄人比较就行了。如果你的成绩和同龄人一样好，你就会被归为一般水平；如果根据标准差[②]来判断，你的成绩更好，你就会被认为是聪明人；如果你在测试中的表现不如同龄人，你会被认为是迟钝、愚笨的人，或者更准确地说，你跟不上自己班级的水平、“还凑合”；如果你与同龄人的平均数相差 2 ～ 3 个标准差，你要么被赞为“天才”，处于钟形曲线[③]的一端，要么被斥为“低能儿”或“白痴”，处于钟形曲线的另一端——这绝对让你高兴不起来。智力测验的设计和管理，是心理测量学的一项显著成就，但也是一项容易带来伤害的工作。

作为一名学者，在研究了“智能”这个术语之后，我还需要给出其定义。多年来，我一直在修改对这个定义的措辞。在 1983 年首次出版的《智能的结

---

① 阿尔弗雷德·比内（Alfred Binet，1857—1911）：法国心理学家、智力测验创始人，1905 年和西蒙（Théodore Simon，1873—1961）合编的“比内－西蒙智力量表”被世界许多国家广泛采用。——译者注

② 标准差（Standard Deviation）：统计学术语，描述各数据偏离平均数的距离（离均差）的平均数。——译者注

③ 钟形曲线（bell curve）：详见作者 1999 年由基础读物出版公司出版的专著 *Intelligence Reframed: Multiple Intelligences for the 21st Century*（中文版译名《重构多元智能》，沈致隆译）一书第 7 页的解释。——译者注

构》一书中，我以非正式术语提出了自己的观点：

> 一种人类智能必定伴随着一组解决问题的能力，使人能够解决自己所遇到的实际问题或困难；如果需要的话，还使人能创造出有效的产品，并必定能调动人的潜能以发现或提出问题，从而为掌握新的知识打下基础。

回首近40年来走过的路，我很轻松，因为我所主张的智能定义和判断标准，是相当谨慎的，引用《智能的结构》中的话来说：

> 最后，对于智能的选择，我们当然希望有一个规则系统。这样，任何一位受过训练的研究人员，就都能确定某个候选智能是否符合智能的判据。但现在，我们必须承认，对于候选智能的选择或否决，不像一个科学评估的过程，而更像一个艺术判断的过程。若从统计学中借用一个概念，可以把这个过程看成是一种“主观”的因素分析。说我的分析过程是真正的科学，就在于把判断的依据公之于众，因此其他研究者也能考察这些证据，并得出自己的结论。

至此，面对无处不在的智力测验所探索的单一智能观，我已经无须再迎接挑战了，我可以说再见了。我所面对的，是多元智能理论受到的欢迎，还有需要确定的评估模式。我很快就看到了，世界对我提出的新颖的、也许是大胆的言论和主张，会做出什么样的反应。

人生的中途

现在，请允许我回溯一下。正如我在本书开始提到的，这本回忆录与众不同，不是一本真正的个人回忆录，也不是一本完整的自传。它专注于我自己的思想，特别是多元智能理论，以及对我自己综合性的思维和推理方式的分析。到此为止，本书基本上按时间顺序介绍了从我的童年到多元智能理论出现的全过程，也就是：从出生地斯克兰顿到怀俄明高级中学，再到哈佛；从历史学到社会关系学，再到发展心理学和神经心理学；从年轻时出名的笔杆子，再到各种题材都能得心应手的成熟作家。

在后文中，我将继续介绍自己的想法和经历，并适当地给出事件发生的日期。但随着我关注焦点的转移，也就是从多元智能理论的发展转移到介绍学术界和公众对这个理论的接受情况，从对综合思维的分析，再到这种方式的工作原理和成果的分析，我将以主题而不是时间的顺序，来讲述自己的后半生。

尽管本书没有刻意展示我的私生活，我也不想多谈自己的爱情生活或政治观点，但讲述我发生在但丁所说的“人生的中途”[①] 的故事，还是很重要的。

1981 年 11 月，我接到了芝加哥麦克阿瑟基金会（MacArthur Foundation）最近发起的一个项目的负责人杰拉德·弗罗因德（Gerald Freund）的电话。和许多其他学者一样，我听说过这家基金会颁发的“天才奖”（genius award）计划，甚至有兴趣研究那些获奖者。杰拉德在电话中告诉我，由于印第安纳大学的语言学家托马斯·西比奥克（Thomas Sebeok）的推荐，我获得了这个奖。因为我对任何事情都很少抱持乐观主义的态度，所以根本没料到自己会获奖。当时奖金的数额是 19.6 万美元，免税，分 5 年发放，还负责在此期间的所有医疗费用。[②]

这份奖金改变了我的人生。接到那个电话时我当场热泪盈眶，因为生活的重担一下子减轻了。此前的十多年里，我一直在为自己工资的增长而操心。家

① 但丁（Dante Alighieri，1265—1321）：意大利诗人，欧洲文艺复兴的开拓者，其代表作《神曲》开篇为：“在人生的中途，我发现我已迷失了正路，走进了一座幽暗的森林。”——译者注

② 如今，此奖的奖金是 62.5 万美元，但不包括其他具有吸引力的费用。

人也和我一样，厌倦了这种不稳定的生活方式。凭借这笔意外的收入及其影响力，我去见了哈佛大学教育研究生院院长帕特里西娅·格雷厄姆（Patricia Graham），那时她已经接替了保罗·伊尔维萨克的院长职务。我告诉格雷厄姆院长，如果 5 年内不能晋升为教授，我就离开哈佛。这绝对不是威胁，在备受尊崇的哈佛大学，威胁除了带来负面影响，起不到任何作用。但格雷厄姆院长看到了，5 年内我确实成了一名教授，并获得了一个新的、永久的头衔。

下面也该介绍我自己生活中最私人的部分了。我大学本科毕业后认识并爱上了朱迪，不到一年我们就结婚了，后来生下了三个孩子，分别是克里斯、杰伊和安德鲁。朱迪是个很好的人，广受同事和朋友称赞。不管我们之间有什么不和，在最终离婚的事情上，我和她都有错。20 世纪 70 年代初，我遇到了埃伦·温纳，后来我们相爱了。深思熟虑之后，我决定与朱迪离婚。毋庸置疑，这是我一生最痛苦的经历，给我、我的小家庭，以及整个家族都带来了痛苦。直到现在，每想到这件事时我仍会不寒而栗，几十年来，我都不能看有关离婚情节的电影或电视节目。

1982 年，我和埃伦结婚，4 年后我们从中国台湾收养了当时还是婴儿的本杰明（Benjamin）。朱迪和我共同抚养其他的孩子，埃伦则成了一个出色的继母。1994 年，朱迪不幸死于脑动脉瘤，这个家庭不得不重新组合。我相信我们的努力是成功的。和我其他孩子一样，本杰明现在已经长大并结婚了，与吉妮（Genie）生下了女儿奥利维亚（Olivia）。此外，杰伊（Jay）和珍妮（Jeanne）有了奥斯卡（Oscar）和阿姬（Aggie）两个孩子，安德鲁（Andrew）也和瓦妮萨（Vanessa）生下了费伊·玛格丽特（Faye Marguerite）和奥古斯特·皮埃尔（August Pierre）。家庭一直是我生命中最重要的部分，也许正是因为这个原因，我不想在这本学术性的回忆录中混杂太多私人性的东西。

第 7 章

多元智能理论的影响力

对多元智能理论的争议

本书“序言”的开篇谈到了我在美国国家私立学校联合会年会上的演讲，这件事发生在《智能的结构》一书出版之后不久。在那之前，我还是发展心理学和神经心理学领域一名颇有前途的青年科研人员。当时，我虽然没有固定的工作，但能依靠哈佛大学“零点项目”提供的经济资助，以及哈佛大学教育研究生院和波士顿大学医学院附属的退役军人管理局医院提供的住所生活。我是一个称职的综述者，同时还出版教科书和大众读物、发表同行评议文章，偶尔也在大众媒体上发表随笔和评论。有时我也在哈佛大学及其附近的克拉克大学任教，或者在夏天去加拿大的多伦多大学授课。但从 1984 年开始，不知是好事还是坏事，可能既是好事也是坏事，我成了“多元智能理论”的代言人。

当你在美国出版一本书时，你首先会注意是否有人关注它。因为美国每年都有数以万计的书籍出版，所以能够获得公众的关注，是非同凡响的成就。毫无疑问，《智能的结构》成功地引起了广泛的讨论，而且大部分是正面评价。评论家们意识到，采用单一标准测试来衡量单一智能的想法是有缺陷的。公共知识分子沃尔特·李普曼早在 60 年前就提出了这一观点，但此前一直没有心理学家提出其他不同的智能理论。同样可以肯定的是，此前也没有人对多元智能定义、命名，并提供其判据及实证证据。尤其对于为普通读者写作的非专业评论者来说，要对一本长达 400 多页、附有数百个注释，而且出自一位与著名学府有关系的学者之手的书提出异议并不容易，尽管当时我在哈佛的地位还不够稳固。

我经常听人说，多元智能理论的优点可以用一句话来概括："加德纳这个家伙说我们有 7 种不同的智能，叫作多元智能。"当然，这也是此理论的缺点，因为用简单的一句话概括《智能的结构》这本大部头作品，很容易得出许多错误的结论。正如我在这本回忆录中所说的，并非不能对多元智能理论进行非常简短的概述，但这很容易产生误导。事实上，浏览心理学和教育学领域的教科书，我们可以发现许多不充分的综述以及对多元智能理论的误解。

除了在出版物上收获了大量正面评价之外，多元智能理论也引起了广播电视媒体的兴趣，这让人感到振奋。现今，像《智能的结构》这样的书要引起广播电视媒体的注意，需要在美国国家公共广播电台或英国广播公司这样的外国媒体上展开讨论。但几十年前的情况有所不同，那时的媒体资源更集中，而且在我看来，其思想性也更强。我经常出现在包括像美国全国广播公司的"今日"[①] 那样的理想的早间访谈节目中。对于一本学术性大部头著作的作者来说，拥有如此高的知名度在今天是不太可能的。

《智能的结构》出版不到一年，英国广播公司就联系我。纪录片制作人马丁 · 弗里斯（Martin Freeth）想要制作一个 7 集的系列节目，每集专注于一个单独的智能。在这个名为"生命线"（Lifelines）的项目上，我做了很多工作，包括安排不同的学者、名人和活动场所为节目增色（见本书 160 页后的插图）。

---

① "今日"（Today）：也被称为"今日秀"（The Today Show），是美国全国广播公司的一档晨间新闻和脱口秀节目。——译者注

有一段时间，我幻想着自己有一天可能会像天文学家卡尔·萨根[①]那样，成为一个学者型电视名人。或者没那么受欢迎，也能像我的哈佛大学老同事、经济学家加尔布雷思那样有一定影响力。

但最终，这个项目流产了。取代弗里斯的新制片人不但想改变智能选项的名单，还想将我的角色改成一个评论员，而不是主持人或多元智能理论的创建者。而且最具戏剧性、也最让人不快的是，他不但想修复我的牙齿，还想为我目光发散的眼睛做手术！因为这些不愉快，我决定退出这个项目。英国广播公司的工作人员十分震惊，为了让我改变主意，他们不惜乘飞机横跨大西洋、往返于伦敦和美国之间，多次与我面谈。但我很坚决且从未后悔过。我开始意识到，我被多元智能理论“捕获”后意味着什么，这是我个人无法控制的。因此，从某种程度上说，我成了名人，或者说至少成为人们闲谈中喜欢议论的人物。

在此后几年里，对多元智能理论的评论和批评开始出现在学术刊物上。相当多的人看法一致，认为我在心理学的认知、智力等方面提出了一种新的思维方式，但这种共识仅止于此。

对传统心理学有关智力和心理测量学的研究持怀疑态度的学者们，普遍支持我的研究，我想用“值得尊敬”一词来形容他们。与此相反，那些专门研究智力概念的心理学领域的学者们，则对多元智能理论持批评态度，有的批评甚至毫无善意。从他们的角度看，比内关于智力测验的最初想法，以及心理测量学专家们在长达一个世纪的时间内努力编纂和规范化后的比内的思想，是 20 世纪心理学研究和应用的一项重要成就。他们认为，智力测验有很多种，它们之间有相当强的关联性。重要的是，如果某人在一项智力专长的测试中表现出色，他很可能会在另一项测试中同样表现出色，也就是说，

---

① 卡尔·萨根（Carl Sagan，1934 — 1996）：美国天文学家、天体物理学家、宇宙学家和非常成功的天文学、天体物理学等自然科学方面的科普作家。——译者注

在上述认知测试中存在着“正相关性”。而且心理测量学家们相信，智商基本上是固定不变的，通过分析你 4 岁时的智商，至少可以大致预测你 40 岁及以后的智商水平。

但是到了当代，突然间一个外来者——似乎不是这个俱乐部的成员，对心理测量学并无深入的研究，更不是任何一所大学的终身教授，却主张否定数十位研究者几十年来的共识。加德纳这个家伙竟然要摧毁他们花费几十年时间精心建造的智力大厦（智商之家）！他并未使用一套新的测试方法——要么经过验证，要么至少可以被验证，而只是从不同文化、不同职业、不同历史时期（包括史前时代），甚至是从大脑的不同部位搜集证据，就用这些庞杂零碎的信息建立了一个理论！而最后，这个理论已经被轻蔑地贴上了“新颅相学”的标签。

对多元智能理论的批评

这些年来，类似的批评一直出现，反而证明了多元智能理论的生命力和影响力，也显现了它使主流心理学家不快的倾向。除了许多持批评态度的文章和讨论以外，还有一本《炙火上的霍华德·加德纳》（*Howard Gardner Under Fire：The Rebel Psychologist Faces his Critics*）。在这本长达 400 页的书中，几位心理学家对多元智能理论进行了各种批评，甚至彻底否定。我也尽自己所能，在提出有力证据的基础上，以尊重的态度对他们的批评做出回应。

以下列出我认为对多元智能理论有一定影响的（如果不是最有价值的）批评，并说明我是如何回应的。

多元智能理论没有经过验证

这些批评家混淆了经验主义和实验主义的区别。事实上，我并没有设计多元智能相关的测试，也没有用实验来确定某种智能的表现在多大程度上与另一种智能相关、无关或互相干扰。就多元智能理论而言，我不是一个实验主义者。

多元智能理论几乎完全建立在经验发现的基础上。有些发现来自一系列领域，如人类学、遗传学、神经学、社会学等学科领域，还有一些来自神童、怪才、生活在无文字社会的人等一系列人群。因此，这是一项广泛的、横跨多个学科的研究工作。如果此理论发生变化，就像我后来添加博物学家智能，或者考虑其他候选智能时所做的，也是在新的经验证据基础上发生的变化，而不是一时兴起、随心所欲提出的。

多元智能理论是“老生常谈”

早期的心理学界泰斗，如路易斯·列昂·瑟斯顿①和大卫·韦克斯勒②，也曾描述过其他多种智能，或者将智商分解成不同的组成部分。这种说法是正确的，我并不是第一个提出可能存在“社会智能”的人。但是，除我之外没有人将多种智能分组，并详细描述每一种智能的起源和功能。有一些心理学家曾提出智能的分类，在他们之中，有些人的分类更广泛，而另一些人的分类更专业化或更有针对性。因此，我要向我的先行者约翰·卡罗尔（John Carroll）

① 路易斯·列昂·瑟斯顿（Louis Leon Thurstone, 1887—1955）：美国心理学家，心理测量学创始人之一。——译者注

② 大卫·韦克斯勒（David Wechsler，1896—1981）：美籍罗马尼亚心理学家，继比内之后对智力测验研究贡献最大的人，其“韦克斯勒智力量表”是当今世界最权威的智力测验。——译者注

和吉尔福特[1]致敬。但他们的分类法要么完全基于现有的智力测验（如卡罗尔的分类法），要么在很大程度上是推测性的（如吉尔福特的分类法）。而我提出的一组智能，则来自多个领域的信息综合，既不是众多心理测试的产物，也不是著名心理学家臆想出来的产物。

对人生最重要的是智商，其他一切都无足轻重

毫无疑问，总的来说，高智商比低智商好，就像健康比不健康好、身高和体重都在标准偏差范围内最好一样。但是，对个体而言，只有工作和生活中必须完成的任务，与普通智力测验中需要完成的任务相似，智商才尤其重要（这也是多元智能理论的一个重要方面）。具体地说，如果你在教育界工作，如做老师和科研人员，那么智商就能很好地预测出你的能力和将要达到的水平。一旦你进入管理层，其他技能和承担责任的能力就会发挥作用，或许更显示出其重要性。但是如果一个人想在非学术领域，或学术程度较低的行业取得成功，比如艺术、体育、政治、心理治疗、销售等行业，那么仅凭智商的高低预测其成功与否，可靠性就会大幅度降低。

除此而外，这类坚持“智商高于一切”观点的人可能会自食其果。首先，我们可以确定，随着时间的推移，智力测验的题目会发生变化，不再要求对那些上层社会人士才熟悉的词汇给予定义，也不再要求接受测试者回答在某些特殊的情况下应该

① 乔伊·保罗·吉尔福特（Joy Paul Guilford，1897—1987）：美国心理学家，主要从事心理测量方法、人格和智力等方面的研究。——译者注

做什么。测试项目的种类也会改变，例如瑞文推理测验[①]，完全建立在一系列有序视觉模式的基础上，没有文字而只有几何图形。

更重要且更为关键的是，人类的整体智商在变化。近几十年来，许多地方人的平均智商已经上升了整整一个标准差，也就是所谓的“弗林效应”[②]。与其说这些人的智商增长了，不如说是平均智商与较低和较高智商之间的差异变小了。因此，无论智力测验所要衡量的东西是什么，以及人们在智力测验中的表现如何，它们都会随时代的进步而变化，这证明了“一切唯智商论”是有局限性的。

值得一提的是，我的多元智能理论常常使心理学界感到困惑。心理学学者特别看重的，是语言和逻辑的能力，或者是二者独特的混合体，这标志着能力主体适合从事学术研究。但是，碰巧某个学者的孩子在某种学习上感到困难时，这种情况就会突然改变，他会转为认可多元智能理论：“我的孩子可能学习成绩不好，但他是个很棒的露营者”，“她善解人意”，或“她在音乐方面很棒”。

加德纳所说的智能其实就是天赋

你喜欢怎么称呼都可以，但如果擅长音乐思维或空间思维是一种天赋，那么擅长数学思维或语言思维也是一种天赋。称之为天赋，或者称之为智能，没有什么本质上的区别。

---

① 瑞文推理测验（Raven’s Progressive Matrices test）：英国心理学家约翰·卡莱尔·瑞文（John Carlyle Raven，1902—1970）编制的一种非文字智力测验，用于测验一个人的观察力及清晰思维的能力。——译者注

② 弗林效应（Flynn Effect）：1983 年，詹姆斯·罗伯特·弗林（James Robert Flynn，1934—2020）声称，在过去半个世纪中所有发达国家年轻人的 IQ 指数（智力测验分数）都出现了持续增长。——译者注

但如前所述，如果我的书名不是“智能的结构：多元智能理论”，而是“多元天赋理论”，今天我很可能不会写这本回忆录，你也不会读到它。在当今盎格鲁一系的社会里，人才数量迅速增长的同时，智能会被视为单一的和放之四海皆准的衡量标准。正是通过与此前的术语和传统概念的博弈，我改变了甚至可以说是戏剧性地改变了人们长期以来的认识。将来人们在谈论社会智能、情感智能或身体智能的时候，可能就会毫不犹豫地说到我提出的表达方式，也就无须使用引号或注释了。

还有别的多元智能理论，但与加德纳描述的不一样

另一个当代标准智商理论的重要批评家，可能是罗伯特·斯滕伯格，他是我们这个时代受到广泛认可且多产的心理学家。因为他当年的智力测验成绩很差，也许是为了报复，他在七年级时就设计了自己的智力测验（详见本书第 2 章）。与我提出多元智能理论差不多的时间，斯滕伯格也提出了他的“智力三元论”（triarchic theory of intellect）。

斯滕伯格使用明确的学术用语，将智能分为三种成分：第一种是获取知识的成分，负责接收新信息的编码与存储，是信息处理的前提；第二种是元成分（metacomponent），用于计划、控制和监控信息的处理。第三种是操作成分（performance component），是在执行任务过程中实际负责信息处理的成分。斯滕伯格还在著作中提出“成功智能”（successful intelligence）的概念，即确定人生目标，评估自己的长处和短处，然后实现自己期望目标的能力。除了分析能力，成功智能还需要创造力、实践能力和相关的智慧。

斯滕伯格是我的同事和朋友，为了编写教科书和发表普及性文章，我经常与他合作。但事实上，我们两人的工作方式完全不同。

斯滕伯格智力三元论的基础，是智力测验中的标准试题，它确定并剖析（或排除）了此类测试体现的信息处理能力，并未与智力测验划清界限。他的成功智能概念，将智能与我所研究的能力（如创造力和伦理道德的定力）混为一谈，但这些能力是我特意从智能中分离出来的。

另一个不同之处在于，斯滕伯格的构想与具体的信息之间无法对应。也就是说，成分和元成分对信息进行操作时，无论是数字、音乐、空间还是个人信息，都没有区别。但对我来说，具体的信息才是问题的关键。按照我的分析，我们处理音乐信息的方法，应该与处理数字的、空间的、人际认知的信息不一样。对某一方面信息的记忆，不能可靠地预测其他类型或方面的信息记忆。就像你是否能记住我这本书的某一段落，并不能预测你对音乐的主题或地理路线的记忆有多好，也不能预测你是否一定记得住在去年的感恩节聚会上，有人如何不礼貌地对待你，以及你在此后一段时间的相应的感受。

此外，我们的理论还有另一点不同，可能在外人看来并不那么明显。斯滕伯格认为自己是一个心理学家，交流对象是其他心理学家，他的价值随着他在心理学学科中的地位而变化（也许这是他自己的想法，而非旁观者的）。我所接受的训练，也许还有我的思维模式，说明我也是一名心理学家。但我认为，自己作为心理学家不够称职，作为系统的社会思想家（systematic social thinker）可能更合适。最重要的，正如我在本书最后几章中所说的，我是一个有关人与人的思维和理解能力的知识的集大成者。但在世界上大多数人看来，我是一个教育家，或者教育理论家，无论是好还是不好，我都很可能一直顶着这个头衔。

到此为止，我已经介绍了多元智能理论在最初是如何被广大读者接受，后来又如何受到其他心理学家批评的。但是，在 20 世纪 80 年代初，多元智能理论问世的时候，学术界及其相关的更广领域发生了以下事件。

当时，人们对语言学家和认知科学家诺姆·乔姆斯基的研究工作，以及那些深受他思想影响的人（我也是其中之一）的兴趣达到了顶峰。事实上，在 1981 年我出版《思维方式的探索》一书的第二版时，就在 1973 年对皮亚杰和列维－斯特劳斯研究的结论中添加了乔姆斯基的结构主义内容，也得到了赞同。我从那时开始着手研究认知科学史，也就是乔姆斯基发挥了重要奠基作用的领域。对我来说最重要的是，乔姆斯基对“心理计算机”（mental computers）的理念持相当开放的态度。1983 年，也就是《智能的结构》出版的那一年，乔姆斯基的亲密同事杰瑞·福多[①]出版了《心理的模块化》（*The Modularity of Mind*）。尽管仅仅从语言学、哲学和计算机科学出发，而不是从心理学和社会科学出发，福多也对思维的不同模块采取了多元化的视角。可以说，当时的学术界流传着一种“思维多面观”（multifaceted view of mind）的理念，我也受益于这种时代精神。

无论是在美国还是其他地方，人们对年轻人的教育质量的兴趣日渐浓厚，我也因此受惠。1983 年，也就是《智能的结构》出版的那一年，美国总统里根授权发布了一份报告，其标题是“处于危险中的国家”（A Nation at Risk），很有煽动性。这份报告称美国从学前教育到高中教育的状况非常糟糕，其中一句话非常令人难忘：这种糟糕状况好像一个敌对国家以破坏我们的学校的手段来实施恐怖主义的行为一样。与里根本人的期望和愿望相反的是（他实际上是想利用这份报告来诋毁美国联邦政府教育部），报告的作者得出结论，在提高学生学习积极性和成绩方面，美国联邦政府应该发挥更积极的作用。

我还在哈佛大学教育研究生院的时候，一直没有深度介入基础教育的研究。但到 20 世纪 80 年代中期，我开始更多地关注美国课堂上发生的事情，也对各种政策和举措提出建议。很快，因为尝试各种与多元智能理论相关的教育理念，我的工作内容丰富了，工作范围也扩展了。

---

① 杰瑞·福多（Jerry Fodor，1935—2017）：美国哲学家、认知科学家，新泽西州罗格斯大学教授。——译者注

第 8 章

多元智能理论在全球

第一所多元智能示范学校

虽然我在宾夕法尼亚州东部长大，却从未听说过那里有个库兹敦（Kutztown）小镇。1985 年，我接到一个有关艺术教育的会议邀请，地点在该镇的州立大学的一个分校[①]。我欣然接受了印第安纳波利斯（Indianapolis）市的艺术教师帕特里西娅·博拉尼奥斯（Patricia Bolaños）的邀请。由于我父母的住所离那里比较近，我决定从马萨诸塞州开车前往。

见到博拉尼奥斯女士之后，我才惊讶地得知，她和她的 6 位同事为了来库兹敦镇见我，竟然从印第安纳波利斯开车前来，经历了 14 个小时的旅途！第二件让我感到惊讶的事是，她计划和同事们开办一所小学，自己当校长。那将是一所具有前瞻性的学校，以艺术教育和多元智能理论为办学理念。他们还计划将学校命名为“示范学校”（Key School）。当他们问我是否同意开办这样一所学校时，我明确表示这是他们自己的决定，我无异议。正如我当时所说的：“我认为这是一个令人兴奋的想法，我会尽力帮助你们，但你们是学前到初中

① 应该是指宾夕法尼亚州的库兹敦大学（Kutztown University of Pennsylvania）。——译者注

阶段的教育工作者，这是你们的学校，请自己决定吧。”

在接下来的十年左右时间里，我经常去印第安纳波利斯参观这所学校，观察发生的事情，有时还提出建议。尽管我努力克服了自己在辨识人脸方面的缺陷，但对我来说，结识新朋友并非易事。然而，我喜欢去这所学校，对那里发生的事情也非常有兴趣，我经常会说，感觉自己成了“示范学校”大家庭的一员。毫不夸张地说，我对这所学校的教师、课程、一些学生和他们的家庭，比对自己孩子们就读学校的教师和课程更了解。

如果你问我，或者问其他熟悉多元智能理论的人，一所多元智能学校应该是什么样的，你会得到各种各样的答案。从我那本长达 400 页的《智能的结构》，到一个教育机构之间，并没有一条明显的通道。我怀疑，任何局外人都能给出与博拉尼奥斯校长相同的答案，或者说，和她一样毫不犹豫地坚持“以 8 种智能为纲”（开始是 7 种，后来在办学的过程中又增加了一位开发学生第 8 种智能的老师）。有了合适的老师以后，学生们根据不同种类的智能上课，甚至有些课程的名称就叫“身体 – 动觉智能”“语言智能”。在“音乐智能”课上，每个学生都学会了拉小提琴。此外，每天都有名为“豆荚”（Pods）的第二课堂，即课外兴趣小组，包括烹饪、园艺、建筑设计和理财等主题。在第二课堂上，学生们可以以自己喜欢的方式，充分运用和发挥自己的智能强项，也被要求自己启动、开发和公开展示个性化的项目，以反映他们的热情和各自的智能结构。所有活动都由全职摄像师桑迪・希茨（Sandy Sheets）录制。他在学校工作了 20 年，记录的大量成绩单证明了学生在智能开发方面的进步。

在相当长的一段时间里，这所学校办得都很好：许多家长和孩子蜂拥而至，并对他们在这所学校的所见所闻表示满意；礼来基金会（Lilly Endowment）为学校提供了重要的资助；美国的电视节目、国内外的刊物，都介绍了这所学校，《新闻周刊》还将这所学校评为世界十佳学校之一。即使我们承认这些标签有些夸张，但这些评论并非空穴来风，在一段时间内，这所示范学校显然是教育改革的一个里程碑。

考虑到人们对这所学校的兴趣越来越浓，我和“零点项目”的同事们决定在现场进行一些研究。我们特别感兴趣的是，如何创建、实施和评估那些被认为是运用了学龄儿童多元智能的项目。因此，我们与教职员工以及学生合作，用教育界的行话来说，我们创建了一套“评估准则”。通过仔细运用这些评估准则，我们可以系统地评价学生的项目。我开始感兴趣的，是评估学生创作和表演的能力，而不是仅仅看重他们在常规的标准化考试中的成绩。因此，我花了相当大的力气来创建学生档案，收集他们完成的项目和作品。我还创造了术语“过程作品集”，提醒他们注意项目实施过程中规划和修订工作的重要性。与此前一样，这一过程的大部分内容都是由才华横溢、似乎无处不在的希茨记录下来的。

很明显，这所示范学校引起了成年人、教师、学校管理者、不定期来访者和记者的兴趣。但是，学生们自己的感觉如何？据我所知，他们中的大多数人都喜欢在这种更随意、更多样化、更具针对性的环境中成长。有一件事令我感动：一天早上，在没有任何事先通知的情况下，国际知名小提琴家迪拉娜·简森[①]访问了这所学校。幼儿园以及小学一二年级的学生，被召集到礼堂去听她演奏。其中一些乐曲美国人耳熟能详，另一些则不太能为儿童所接受。

我惊奇地看到，这些年幼的学生全神贯注地聆听着，沉醉其中，演出结束后，还提出了很多好问题。我曾经在许多地方看过儿童观看艺术表演，除了在中国的少年宫，我还从未见过如此专心致志的观众，要知道，他们仅仅是六七岁的孩子！在那个特别的时刻，我意识到这所学校正在完成一件少见但重要的事情，就是让儿童一入学就投身于重要的艺术体验，实际上也是重要的学习体

---

① 迪拉娜·简森（Dylana Jenson，1961— ）：美国女小提琴家，曾被认为是继海菲兹之后无人可超越的音乐天才。——译者注

验之中。我敢打赌，那些在这所学校上过几年这类课程的孩子，将来会成为“终身音乐迷”（music aficionados for life）。

这所学校也为其成长和伴随而来的名誉付出了代价。无论是印第安纳波利斯教育董事会、邻近社区，及其竞争对手学校，都对这所实验性的、特立独行的学校进行的宣传表示过各自的不满。事实上，与哈佛大学和我的“理论”进行联系，对于这所学校很可能是一把双刃剑。

嫉妒是人类很多行为的重要动力。为了庆祝示范学校成立 15 周年，我和一些朋友，以及学校的支持者，参加了在州政府礼堂举办的盛大的活动。对示范学校取得的教育成就，许多政界和教育界的领导人都表达了敬意。晚上纪念活动结束时，博拉尼奥斯校长起身向众人致辞，她的结语中带有讽刺：“最重要的是，感谢与我们共事多年的印第安纳波利斯教育董事会的 5 位领导，没有你们的坚决反对，我们永远不会取得现在的成就。”

这句话虽然有开玩笑的意味，但也很有道理。这次庆祝活动很可能代表着这所学校的鼎盛时期。后来，当地的教育形势发生了变化，公立学校获得的资金减少了（当然，公立实验学校的资金同样也减少了），当地居民间的阶层差距也越来越大。全国的形势也在发生变化，如在标准化考试、核心课程和整齐划一的课堂秩序等方面，都和过去不一样了。

更加不幸的是，博拉尼奥斯校长后来患上了脑癌。在与病魔奋力抗争的一年时间里，她不但继续努力地工作，而且应邀前往外地发表演讲。但遗憾的是，她最终还是离开了我们。在帕特里西娅去世后的 10 年时间里，这所学校依然继续实施她的办学理念。而且事实正如她希望的那样，社区还增加了一所高中。其间我和这所学校一直保持着联系，该校创建初期的 8 位元老中的几位，也会定期来坎布里奇访问，我们一起喝酒，畅谈并共同怀念过去的时光。几年前示范学校正式关闭，这在所有人的意料之中，因为事实上它处于半死不活的状态已经有相当一段时间了。

很少有人会对一个教育机构的消亡感到高兴，尤其是在相当长的时期内对很多人产生了积极影响的示范学校。但我的看法有些不同，借用托克维尔[①]的名言，大多数机构的寿命都是有限的，特别在美国这个“结社自愿”的国度里。在某些情况下，它们的消亡是合情合理的，甚至早该如此。无论如何，示范学校自有其历史意义。它是由一位杰出的领导者带领的、在美国尤为保守的印第安纳州也鼓励教育实验的短暂期间，将自己的理念付诸实践并取得成功的教育机构。

在这件事上，最终应该关注的重点，不是一所教育机构寿命的长短，而是在它存在的过程中，学生、家长、教师、来访者或其他人员中，受到正面影响的有多少。可能更加重要的是，人们在这家教育机构逗留一段时间后，去了什么地方、思考过什么，然后又做了什么。这段时间对来访者来说，是一个星期，对在其中任教的音乐老师或五年级教师来说是 5 年，对于在其中就学的学生来说则是从初进幼儿园一直到八年级毕业。我怀疑，就像我有幸与之相关的其他强大教育机构一样（我脑海中涌现了杰罗姆·布鲁纳开设的“人的研究”课程），示范学校的精神和实践经验，仍然留存在许多地方的许多人心中，并且影响深远。这所学校的经验和原则，甚至有助于新概念的提出和新构想的实现，如在多元智能理论的应用中发挥作用。相关的模因[②]也会循环遗传，它们的最初来源和明确的术语会逐渐被遗忘，被新的认知概念所吸收。

示范学校开办还不到一年，密苏里州的圣路易斯市的一所小学的校长、年

---

① 亚历西斯·德·托克维尔（Alexis de Tocqueville, 1805—1859）：法国政治学家、历史学家，最知名的著作是《论美国的民主》和《旧制度与大革命》。——译者注

② 模因（meme）：《牛津英语词典》定义为“文化的基本单位，通过非生物遗传的方式，特别是模仿而得到传递”。——译者注

轻的教育家托马斯・霍尔[①]再次与我取得了联系。他是另一位想应用多元智能理论办学的创新型教育家，想邀请我去参观他的学校并提供指导和咨询。就像与示范学校结缘一样，我对他的想法很感兴趣，非常愿意去拜访他和他的同事。虽然我没有像访问印第安纳波利斯那样定期访问圣路易斯，但我对于霍尔担任校长的这所学校的主要成员及理念也非常了解。

新城学校在许多方面与博拉尼奥斯校长的示范学校不同。首先，它是一所学生的年龄跨度集中在幼儿园到五年级的私立学校，它的运作经费依赖于学费和捐赠，也没有获得如礼来基金会那样的定期赞助。此外，私立学校对教师的吸引力与公立学校不同，例如：私立学校的教师在教师培训机构学习的机会很少，他们更愿意牺牲工资来换取其他福利；私立学校里也没有教师工会。

在我这样一个科研工作者和教育从业者看来，新城学校与印第安纳波利斯的示范学校相比，还有其他更显著的差异。霍尔并不是创办了一所新的学校，而是引导一所已经存在的学校朝着新的方向发展。在长达几个月的时间里，新城学校的老师们反复阅读我的书，并且经常聚在一起座谈多元智能理论的有关问题。他们偶尔也会和我交流，考虑如何将其中一些理念重新设计后融入学校的办学环节。他们的目标不是改变课程的名称或排列顺序，而是将多元智能的理念引入教学的思考过程、日常生活的礼仪和社区的“遗传基因”中。尤为重要的是，他们认识到了每个幼儿或成年人都是不同的，每个人都有自己的爱好以及喜欢的互动方式、认知方式。与众不同也最重要的是，你如何认识自己、认识他人，以及如何用恰当的、考虑周到的、合乎伦理道德的方式与他人互动。事实上，尽管新城学校当时正朝着成为多元智能学校的方向发展，但将其视为“发展和培养人的认知智能的学校”，也同样是恰当的。

---

① 托马斯・霍尔（Thomas Hoerr, 1945—　）：美国新城学校（New City School）校长，其名著《成为一所多元智能学校》（*Becoming a Multiple Intelligence School*）中文版 2003 年由教育科学出版社出版，郅庭瑾译。——译者注

因此，新城学校在当地和美国全国都有很高的知名度。它和印第安纳波利斯的示范学校一样，吸引了来自美国乃至世界各地的无数参观者，并在其他方面引起了人们的兴趣。但霍尔和他的同事与印第安纳波利斯示范学校的领导层不同，他们还是作家，出版过书籍和一些小册子，以详细说明他们在做什么、为什么要这么做，以及这么做的效果如何。与其自身艺术背景相一致，印第安纳波利斯示范学校的主要教育工作者强调视觉交流，如通过视频工具交流，而新城学校的教育工作者与自身更传统的教育背景相一致，更喜欢采用书面文字交流。似乎是为了突出这一特点，他们在 2006 年创建了世界上第一个“多元智能”图书馆，我有幸在其开馆仪式上剪彩。霍尔也成了教育界的国家级专家，在许多大型活动场合露面，并为教育组织特别是美国督导与课程开发协会[①]定期撰写专栏和书籍。在我写这本书的时候，他编辑的《多元智能通讯》（*MI newsletter*）已经持续出版了 27 年！尽管在 2016 年，霍尔卸任了新城学校校长一职，但到目前为止，这所学校仍然生机勃勃。比起坐落在中西部另一座大都市印第安纳波利斯的示范学校，新城学校要幸运得多。

实践中的多元智能

至少在 10 年的时间里，使我对多元智能理论保持浓烈兴趣甚至沉迷的，是各级各类学校的教育工作者对该理论的热情。我收到了很多邀请，他们都希望我去谈谈多元智能理论及其在教育和教学中的应用。一开始，这些邀请来自美国各地，随着时间的推移，来自世界各地的邀请也越来越多。感谢帕特里西娅·格雷厄姆院长，让我有了一份稳定工作，在哈佛大学教育研究生院讲授认知心理学和发展心理学（我也教过创造性和艺术类的选修课）。但是，如果没有这份固定工作，回应世界各地的邀请对我来说会更容易一些，如果我愿意的

---

① 督导与课程开发协会（Association for Supervision and Course Development）：国际大型教育专业协会之一，旨在提升学习、教学和领导能力的全球共同体，以“培养学生的核心素养，支持每位儿童的长期发展与成功”为教育使命。——译者注

话，也可以很容易地将多元智能理论商品化。

我毫不犹豫地作出了不创建多元智能课程、学校和商品的决定。我的性格不太合适商业化，借用约翰·亚当斯（John Adams）总统的一句名言："我父亲是个商人，所以我不必成为商人。"我的决定相当慎重，因为如果我挡不住金钱的诱惑，渴望取得商业上成功，就会耗费大量的时间，又无法保证这些时间得到充分的利用和足够的补偿。更重要的是，无论我对赚钱是否有兴趣，以及是否相信这种刻意设计的手段的价值，我都必须创建和保护自己的品牌，坚持这类在商业领域"有效"的运作：定期推出新产品，制造新的噱头和口号。无论是出于自身的意愿，还是由于我在20世纪60年代所受的学术训练，这种商业追求对我来说都是可憎的。事实上，我非常强烈地认为，对学者们学术观点的应用，应该是免费的，而不应被货币化和商业化。有时候，我的孩子取笑我说："爸爸，你本来可以很有钱的！"我的家庭很温馨，与许多我无法想象其富裕程度的富翁相比，我拥有的东西是无价的，这就足够了。

因此，尽管我没有走"盈利"的路线，或者说没有走多元智能理论"鼓吹者"的路线，但我仍然在多元智能理论的健康发展和追根溯源方面，投入了大量的精力。从学术角度看，我先后启动了一些研究项目，比如前面提到的在印第安纳波利斯示范学校进行的对学生档案的研究。

我还想再举以下几个例子来说明多元智能理论在实践中应用的特色。

艺术认知

与美国教育考试服务中心（Educational Testing Service）合作，我和同事们开发了新的艺术评估形式，衡量了艺术的创作、感知和反思的方式。也许是因为过于喜欢缩写，我们称之为“艺术推进”[①]项目。这个横跨绘画、音乐和戏剧等多个艺术门类的项目，在评估学生过程作品集方面被证明是有益的。随着时间的推移，美国和其他国家的教育工作者，目前已经把注意力集中在学生的学习过程上，而不仅仅关注测试分数和期末考试的成绩。这一趋势的依据和基础，可能就是上述的我们 20 世纪 80 年代晚期的研究。

实用智能和创新智能

我和老同事斯滕伯格一起，在中学实施了两个项目，分别为“学校实用智能”（Practical Intelligence for School，缩写 PIFS）和“学校创新智能”（Creative Intelligence for School，缩写 CIFS）。这两个项目的努力是值得的——我们将两种影响智能的途径结合起来，与研究对象合作，创造出可供他人应用的现成资料和经验。这次合作也使我们双方撰写了更多与教育相关的著作和文章，但从我个人的角度来看，合作并不是特别成功。虽然与来自哈佛大学和耶鲁大学的研究团队都相处融洽，还在不同的地方进行了愉快的会面和聚餐，然而，我们的知识取向和工作风格却并不协调，甚至完全不同，因为人与人的合作与智能的综合是两回事。

在轻松愉快的情境下评估幼儿的智能

如果有人问我，应用多元智能理论最重要的研究成果是什么，毫无疑问，我会举“多彩光谱项目”[②]这个例子。在开发多元智能理论期间，与我最亲近的同事是大卫·亨利·费尔德曼。大卫当时还是很年轻的学者，我在第 5 章提

① 艺术推进（Arts propel）：多元智能理论在高中的实践项目，《多元智能新视野》（沈致隆译，浙江教育出版社 2021 年 11 月版）一书第 9 章“高中学科的探索：‘艺术推进’评估法”对此有介绍。——译者注

② 多彩光谱项目（Project Spectrum）：详见《多元智能新视野》一书第 6 章“幼儿智能的早期培育”。——译者注

到过他。20 世纪 70 年代初，他得到了我申请过却没能得到的耶鲁大学的那份工作。他是第一个预言多元智能理论会动摇智商至高无上这一观念的人。经过几次讨论后，大卫和我得出了同样的结论：如果希望多元智能理论令学术界信服，最好提出一些方法来识别和评估儿童的智能。

我们决定启动一个评估儿童智能的项目。选择这个“目标”至少有三个原因：首先，当时我指导的一名博士研究生正在研究从幼儿园到小学二年级的儿童教育；其次，那时多元智能理论已经广为人知，我们两人正好都有三个孩子；再次，在大卫任教的塔夫茨大学附属的埃利奥特·皮尔逊（Eliot Pearson）儿童学校，有一个国家认可的幼儿园。

我们将自己的研究命名为“多彩光谱项目”。我们不是简单地为 7 种智能创造 7 种测试方法（这让人想起古老的音乐剧《七新娘巧配七兄弟》[①]），而是努力提供一个拥有多元智能情境的教室。我们希望学生们每天都有机会接触项目提供的、具有“功能可供性”[②]的材料，进而被激发出各种各样的智能。相应地，多彩光谱教室配备了大量乐器、积木、能够进行体操和舞蹈练习的大空间、搭建舞台布景的玩具与立体模型、表演情节简单的故事的道具、能在教室中制作或修理材料的工具等。

从某种意义上说，这样的教室并不具有代表性，因为采取循序渐进方案的学前教育机构，无论是玛利亚·蒙台梭利[③]式的，还是瑞吉欧·艾米利亚[④]

---

① 《七新娘巧配七兄弟》（*Seven Brides for Seven Brothers*）：1955 年上映的美国喜剧电影。——译者注

② 功能可供性（affordances）：美国心理学家詹姆斯·杰罗姆·吉布森（James Jerome Gibson，1904—1979）1977 年提出的概念，简单地说，就是环境为人或动物行为提供的可能性。——译者注

③ 玛利亚·蒙台梭利（Maria Montessori，1870—1952）：意大利教育家，创立了蒙台梭利教育法，重视儿童早期教育。——译者注

④ 瑞吉欧·艾米利亚（Reggio Emilia）：意大利北部小镇，有许多独特的幼儿园，哈佛大学“零点项目”和加德纳本人多年来一直与之有联系，详见《多元智能新视野》第 5 章和第 9 章。——译者注

式的，可能都很像一个多彩光谱教室，但我们的教室却另有独特之处。

第一，我们为研究人员提供了一个不会被注意到的位置，他们可以在那里不动声色地默默观察游戏中的孩子。

第二，我们有意使用了一些有针对性的测试设备作为游戏材料，通过它们，我们可以更直接地观察儿童身上显现出来的单一智能或智能组合，比如：其中的棋盘游戏，可以让我们觉察并了解儿童的数学智能和认知智能；儿童可以在较大的积木角设计并重新创建一个微型空间，展现自己的空间智能；儿童也可以陈述自己在一天中都做了什么事进而发现自我认知智能，还可以与他人合作，展现人际认知智能。

第三，我们从两方面评估每个学生的智能。首先，我们在相当长的一段时间里，观察了他们各自在自愿选择的游戏中的表现，看他们各自喜欢哪种智能或相关材料、以什么样的方式操作这些材料，特别是，他们的操作方式是否随着时间的推移变得更加复杂。这些都是“观察到的智能”。我们还创造了一些工具，可以用来以更集中而非分散的方式考察他们的智能。这些都是“测量出来的智能”。我们及时记录下每个孩子在某个特定时刻的“智能光谱”（spectrum of intelligences），一年后重新检查，看他们的“智能光谱”是否有明显的改变。

如前所述，在我亲自参与的所有和多元智能理论有关的项目中，“多彩光谱项目”是最能说明问题的。我们通过这个项目，证明了在自然情境中和相对结构化的环境里，对智能的评估是可以实现的。我们能够写下每个孩子的“光谱报告”，这对老师、家长和（我们希望）成长中的孩子都很有意义。我与敬业的同事玛拉·克瑞克维斯基（Mara Krechevsky）、陈杰琦和朱莉·维恩斯①

---

① 朱莉·维恩斯（Julie Viens）：“零点项目”重要成员，加德纳的得力助手。——译者注

一起，写了三本有关“多彩光谱项目”的书[①]，已经被翻译成数种语言，目前仍然在加印。

不过，我想说，“多彩光谱项目”的存在是一个重要的证据，说明一个假设的心理学实体是真实存在的，并非富有想象力的学者的胡乱猜想。我们证明了不但智能是可以操作的，而且多元智能在儿童个体之间的分布信息，也可以整理出来与其他人共享。在没有我们“多彩光谱中心”参与，或未经过“多彩光谱项目”认可的情况下，这些材料是否有用，只能由他人自行确认。如果觉得有用，是否需要调整以及如何调整，也只能由他们自己决定。但我怀疑，与其他进入市场的教育理念一样，一些自称开办“多元智能”网站的学校，难以符合我的标准。而其他一些给我留下深刻印象的网站，却既没有听说过多元智能理论，又不知道我是谁。

其他多元智能的测评

如果我在此不提到其他人已经创造了他们自己的多元智能测试方法，我就失职了。如果你在网上搜索多元智能的测试方法，会发现有很多。长期以来，我一直被要求认可这些测试方法，但没有这样做。到目前为止，最广为人知的是布兰顿·希勒（Branton Shearer）的“多元智能测评系统”（Multiple Intelligences Developmental Assessment Scales）。这个测试在很多方面都很巧妙，并且出于不同目的已经应用在了很多地方。然而，这是一个自我测试，被测试者受到对自身智能认识的局限，判断不一定准确，因此测试的可靠性存疑。这个测试方法更像是用来测试被测试者自我认知智能的水平，或者判断在不太愉快的情况下，自我认知智能缺失的情况。

---

① 北京师范大学出版社 2002—2005 年出版了《多元智能理论与学前儿童能力评价》（*Project Spectrum: Preschool Assessment Handbook*）等书的中译本，辑为“多彩光谱丛书”，李季湄等译。——译者注

在自然环境中评估所有年龄段人士的智能

我曾经放弃了寻找真实可信的、不同年龄段多元智能测试的方法。但大约在2005年前后，我听说了一个有趣的消息：丹麦西南部一个叫诺德堡（Nordborg）的小镇上，一家名叫丹佛斯（Danfoss）的生产取暖和制冷设备的公司建了一个主题公园，其中有处探索馆（Explorama）。因为这个公园和探索馆是依据多元智能的概念建造的，我曾被邀请参加探索馆的开幕式，但因故未能按时前往。大约一年之后，我去了丹麦，见到了资助探索馆的克劳森（Clausen）家族，然后我花了大半天时间，游览了这个名为“丹佛斯世界”的主题公园。

游览过程中，我受到了震撼。我终于找到了一个可以用“智能展示”的方式评估从5岁到50岁，甚至更多年龄段人群的智力的地方。这个探索馆由几十个具有挑战性的游戏组成，每个游客都可以用自己的方式迎接这些挑战。有的游戏给出音乐和语言的信号，游客可以通过特定的方式聆听、复述和改编。有些空间可以用全身或者仅仅用手去探索，如果超越了空间的限制，无意中撞到偏离指定轨道的部分或区域，设备就会自动发出难听的噪声。还有一些桌面游戏，需要运用数字的、逻辑的和人的认知等能力。

也许最精巧的，莫过于需要两名游客分别旋转各自的刻度盘，以便在游戏提供的空间中移动方块，从而击中目标的游戏，这需要利用各自的身体智能和空间智能。为了有效地完成这项任务，同组的两个人需要协调他们各自独立的旋转动作，这就要求较强的人际认知智能。

感谢东道主，他们实际上实现了我的梦想，也就是，在没有任何我直接参与的情况下对多元智能进行了生态学上的有效评估。但我随后听到了东道主的感叹：“我们还不知道怎样测试人的自我认知智能，真遗憾。”我想了一会儿，出了一个主意：“在一名游客进入探测馆之前，可以给他一份描述清晰的、需要参与的游戏清单，然后让他预测自己在每一个游戏中的表现。如果他的预测是准确的，表明他的自我认知智能没有问题；如果他的表现与自己的预测差距太大，你就提出一些建议供他今后加强对自己的认知的参考。”

无论我的这个想法是否被正式或非正式地接受，我都很高兴自己至少可以提出一个相关的建议，供此探索馆今后在建设和改进时参考。

在多元智能的问题上与个人或组织合作

我在工作和生活上有个特点，就是“不浪费时间”。或者再次引用欧洲经济学家让·莫内的话：“把每一次失败都看作是一次机会。”虽然我喜欢与“零点项目”里长期合作的同事一起工作，但我发现，与圈子之外的人合作，往往更具有挑战性。

因此，几年前，为了理解为什么像“学校实用智能”和“学校创新智能”这样的合作如此艰难，或者是想知道为什么“儿童早期符号表达”项目未能完成，温迪·菲施曼（Wendy Fischman）、林恩·巴伦森（Lynn Barendsen）和我发起了一个名为“良好合作”（good collaboration）的项目，并最终确定了“良好合作”的 8 个要素。为了便于记忆，以下展示的是简化后的 8 个要素：

- 出色的执行力。
- 领导力的引领。
- 参与者的投入。
- 相同的使命感。
- 以伦理道德为导向。
- 核心的形成与维护。

- 充分利用时间。
- 解决方案来自灵感。

无论这 8 个要素对其他人是否有帮助，对我们自己而言，它的确有助于决定是否开展合作，以及何时终止合作。可以说，这 8 个要素表明了我们试图在团队或组织内部运用各自的人际认知智能。

很明显，多元智能理论引发了许多想法和众多研究项目。“多元智能测评系统”的发明者布兰顿·希勒有一个想法：召集在实践中运用多元智能理论的人进行交流。因此，在 2006 年，我们十几个人在纽约的美国教育研究协会[①]举办了一次研讨会。此后不久，我和陈杰琦、西娜·莫兰（Seana Moran）合编了《多元智能在全球》。在这本厚重的著作中，来自世界 5 大洲 15 个国家的 42 位学者，告诉我们遍布世界各地不同场所（如教室、学校、博物馆、主题公园等地方）的不同人群（如中小学生、大学生、天才儿童、存在学习障碍的学生、求职者以及有闲有钱的中产阶级）是如何应用多元智能理论的。因此，每当学者和实践者问我怎样实践多元智能理论更好时，我会回答：最方便的办法，就是参考这本书中的有关内容。

此时多元智能理论已经“走在自己的路上”了，甚至可以编入词典。有一些我本人曾经工作过的学校的正面案例，也有许多分散在世界各地的学校、公园、博物馆和其他机构的成功例证。我本可以躺在多元智能理论带来的荣誉上睡大觉，但当我知道并非所有对这个理论的理解和应用都正确的时候，我感到很遗憾——一旦你为这个广阔的世界添加了一个“模因”却不加以追踪，别人就能很容易地随意描述，而你却无法控制它此后的轨迹。

---

① 美国教育研究协会（American Educational Research Association，简称 AERA）：成立于 1916 年，致力于通过鼓励与教育相关的学术研究，促进教育研究成果的传播和实际应用。——译者注

第 9 章

被曲解的多元智能理论

多元智能理论的错误应用

1993 年，一位澳大利亚同事给我发来了一个消息：“澳大利亚正在应用你的理论，但你不会喜欢他们应用的方式。”

我对此很感兴趣。当时是电子邮件开始盛行的时代，在邮件里添加附件已经很常见，但我那时还不知道如何下载它们，所以让这位同事把令他感到震惊的材料邮寄给我，他照办了。

我记得自己是在办公室里，也就是在升级改造后的朗费罗楼里阅读了这份材料。我的澳大利亚同事说对了，我不喜欢自己的理论在那里被应用的方式。确凿证据就是，我在这份材料里，看到了澳大利亚不同民族和种族群体智能高低的图表，上面评价了他们各自的智能强项和弱项。最重要的是，图表还就如何对待和教育存在智能差异的不同民族和种族的学生提出了建议。

我惊呆了。如果有可信的测试方法，我们可能会发现不同群体的平均智能水平存在一些差异：可能是男性与女性之间的差异，也可能是亚洲人与欧洲人之间的差异，还可能是性格内向者与性格外向者之间的差异。但可以肯定的是，同一群体内部存在的智能差异，并不等同于群体之间存在的智能差异[①]。即使发现了这些群体之间的智能差异，我们也不知道其产生的原因是什么，以及什么样的干预措施能减少、消灭、转化这些差异。

以上来自澳大利亚的观点显然是伪科学的。更糟糕的是，这些毫无根据的主张，被用来说明哪些教育干预措施是适当的，哪些是不适当的。很明显，我的理论成为澳大利亚整个国家，甚至整个洲采取无理教育干预措施的依据。

我该怎么办？这无须费时思考。当我接到澳大利亚广播公司的邀请，要我在“星期日节目”（The Sunday Program）中发表对这些在当地被推荐的干预措施的看法时，我立即表示同意。这个节目与美国的“60 分钟”（Sixty Minutes）类似，都在当地广受关注和讨论。在节目中，我拒绝以任何方式评论制定教育规划者的动机，因为我不知道他们是谁，也不知道他们来自哪里，但我的观点很明确，没有任何证据表明他们声称的群体智能差异是真实存在的，因此我不能支持他们的任何教育建议。节目中还有一些其他专家，他们仍然坚持自己的原有意见。但令我大为宽慰的是，以上教育干预措施已经受到质疑，不再应用于实践。虽然我没有坚持谴责那种教育干预的决定，但我意识到，我必须更加关注自己理论的被应用、错用或滥用，并在需要或适当的时候加以必要的干预。

作为一名学者，我的第一反应是应该写下这段经历。两年后，我在一本发行量很大的教育杂志上，发表了《多元智能：曲解与信息》[②]，这是我被引用得最多的一篇文章。在文章中，我列出了我注意到的对多元智能理论的一系列曲

① 加德纳应询对此的解释是“非裔美国人群体内部的差异远大于非裔美国人与西班牙裔或土著美国人之间的差异”。——译者注

② 文章原名为“Reflections on Multiple Intelligences: Myths and Messages”，发表于 *Phi Delta Kappan* 77, no. 3（Nov. 1995）：200–209。——译者注

解，并试图澄清真相。

其中一些曲解我已经提到过了，例如：许多观察者认为，如果有 7 种智能，那么就应该有 7 种测试方法，就像智力测验一样（商界营销人员会因此兴奋地举双手赞成）。可以肯定的是，我并不反对智能评估本身，“多彩光谱项目”和丹麦的“丹佛斯世界主题公园”的评估就是有益的，这两个项目我都在上一章中介绍过。但我认为纸笔测验的方法，完全不适合测评大多数智能。另外，在再次回答一些心理学家的批评时，我尽可能耐心地解释说，虽然这个理论不是从实验结果得出来的，但它的确是有经验可以证明的。事实上，来自经验的进一步的证据，可能会导致我增加当时提出的智能种类——我最终做了这件事。或者，我还能重新修订智能的种类，但我没有这样做，至少迄今为止还没有做。

其他纠错是在技术层面的。我试图解释“智能”（大脑的计算能力）与“领域”或“学科”（一种文化或社会中的一系列实践）之间的关系。具体地说，从容不迫以熟练的技巧移动整个身体或身体的某一部分的能力，包含着一种智能，也就是身体 - 动觉智能。但是一个人所处的文化背景，决定了他是否表现，以及如何表现这种智能，如：通过体育运动（如拳击、击剑或回力球运动），或是通过舞蹈（如芭蕾舞、波尔卡舞或霍拉舞），或是通过精细的活动（如缝纫、打字、织毛衣或演奏竖琴）。令人不大高兴的事实是，有些人心中有身体智能的概念，而有些人心中则根本没有。

我纠正的另外一个错例是，我指出多元智能理论并不质疑“通用智能”[①] 的存在，而是质疑其起源和解释。也就是说，在所有的纸笔测试中，一个共同的因素很可能在统计分析中出现。但是，这个共同因素的大小，即所谓的正流

---

① 通用智能（general intelligence）：能解决所有方面问题的能力，学术上以通用智力因子 g 表示。——译者注

形[①]，取决于许多变量，包括我们采用的是哪种测试、如何评分或加权、使用哪种统计分析方法。更有趣的是，还取决于我们提供的测试人群的构成。

我曾在现已简称为《卡潘》[②]的杂志上发表了《路线修正》（*Course Correction*）一文，主要读者对象是教育工作者。因此，我在纠正教育界对多元智能理论的曲解上花费了大量时间和精力，也就不足为奇了。我在这里仅仅综述文中的两个主要观点。

没有单一的多元智能教育方法

许多教育工作者的动机是很好的，他们认为应该存在以多元智能理论为基础的单一教育方法。有时（事实上是大多数时候），这些教育工作者相信他们知道这种教育方法是什么。例如，上一章提到的印第安纳波利斯示范学校的教师认为，每一种智能都应该有一个专门的课程来学习。与此相反，新城学校的工作人员则认为，教育应该侧重于人的认知智能的教育。有人认为，我作为多元智能理论的创建者，已经指出了如何在课堂上更好地运用多元智能理论，我是“多元智能理论认可图章”的唯一拥有者和授予者。

但正如我多次指出的那样，多元智能理论是一整套学术主张，建立在综合了众多来源的大量数据和概念的基础上。这个理论可能是对的，也可能是错的，可能被修改，也可能无法修改。在任何情况下，一个人永远不能（我再重复一次，是永远不能）直接从某个学术理论推导出一整套教育实践。因为教育像其他人类活动一样，需要价值判断，在借鉴任何经验主义的主张之前，你必须想清楚要达到什么样的教育目的，以及为什么要达到这些目的。

---

① 流形（manifold）：来源于19世纪德国数学家黎曼（Riemann，1826—1866），德语原意是“多样性”。——译者注

② 《卡潘》（*Kappan*）：美国颇具影响力的教育类期刊，全名为 *Phi Delta Kappan*。——译者注

举个例子来说明，作为多元智能理论的“权威”，我经常被人问及，在教育教学中应该重点关注学生现有的强项智能，还是应该改善或增强他们的弱项智能。我的回答是两者皆可，但选择走哪条路，主要的依据应该是一个人或一个群体自身希望实现的目标。我个人认为，对于年幼的孩子，激发其弱项智能为好；而对于青少年或成年人，关注的重点则应放在其明显的强项智能上。我也想提醒大家，你的决定很可能取决于自身家庭的社会经济地位和对孩子的期望。如果一个家庭的各方面条件都很好，孩子有条件广泛涉猎，或者说，家长想培养一个全面发展的孩子，也许这个孩子最后真的能集所有智能于一身，并能完成多种多样的任务。相比之下，如果原生家庭颇为贫穷，未来需要孩子的经济支持，那么对于这个家庭的儿童或年轻人来说，尽可能有效和高效地发展强项智能更有意义。

或者像我有时说的那样，请告诉我你的教育目标，是在有效的考试中取得高分，还是争取拥有一个民主社会，抑或是培养领导者拥有的能力？然后，我们可以一起努力，确定如何适当地应用多元智能理论使之实现。但是，如果你想实现以上所有这些目标，恐怕只能是“纸上谈兵”。希望所有的愿望都成为现实，你很可能会失败。

多元智能不是一种学习风格

“多元智能就是学习风格”这个论断和我十分讨厌的一种做法有关。除了我的理论之外，还有一些学者谈到并写到了工作风格或学习风格（working styles or learning styles）。我不反对这些术语本身，因为我不认为自己是一个“术语警察”，而且人们使用那些术语可能是有原因的。

可是，对许多教育工作者自信满满地认为“智能”和“风格”这两个术语是相同的或可以相互替代的这一观点，我不能苟同。一方面，我认为给人贴上某种标签——说某人有“视觉的”或“听觉的”学习风格，没有科学依据，概念也很混乱。阅读有困难的人通常被称为“通过视觉学习的人”，因为他们倾向于通过图片或图像，而不是文字来学习。当然，阅读也需要视觉，但这些人被挑选出来作为例证，正是因为他们无法通过视觉阅读，另外一些阅读有困难的人则被称为“通过听觉学习的人”。当然，语言和音乐都是通过听觉感知的，但人们在提出这类观点时，很少同时审查这两种信息的来源。

另一方面，更糟糕的是，那些将多元智能看成“学习风格”的人常常会认为，如果一个人以某种方式看待某次经历，那么他必然会以同样的方式看待其他经历。但我从观察和研究中得知，如果一个人对某种活动（如语言活动）胸有成竹或乐在其中，对另一种活动（如空间的或身体的活动）的感觉则可能完全相反。或者说得更生动一些，以我自己为例：我的书和资料都整理得井井有条，而书桌和书房的地板上却是一片混乱。

有时我试图坚持区分术语之间的差异，但我必须承认，这种努力并不是特别成功。无论是教育界人士还是外行，总是将智能和风格混为一谈，但我仍然强调它们之间的区别。就像我的“多元智能人生”或“后多元智能人生”[①]的其他方面一样，我很难让自己完全放弃。

后多元智能人生

所以，请允许我回首往事，谈谈曾经发生过什么：在多年研究的基础上，我雄心勃勃地对人类的智能进行了一次综合。有些人，尤其是教育工作者，可

① “多元智能人生”（MI life）或“后多元智能人生”（life after MI）：作者应询对译者的解释是“从 1980 年到 1990 年，我将绝大多数时间花费在多元智能理论的研究上，但在此后的 30 年时间里，我则投身于其他有趣的研究，并未受到多元智能有关问题的束缚”。(From 1980—1990 I spent most of my research time on “multiple intelligences” issues. But in the thirty years, I have pursued other interests, and have not been dominated just by questions about intelligences.）——译者注

能阅读过我对多元智能理论最初的综合报告或简短摘要，或者只是通过某种渠道听说过它。根据对我作品的理解（或误解），这些可能出于好意的人们，试图从他们自身、他们的工作中，或者更常见的是，从其他人的教育过程中吸取教训。

多元智能理论已经变得像罗夏测验[①]中的一个项目——人们在多元智能的"墨迹"中看到了他们想看到的东西。虽然我总是看不到相同的东西，但我也只有有限的权力来纠正他们的看法，并建议他们对墨迹进行另一种更忠实的解读。我经常想起著名人类学家玛格丽特·米德[②]的一句话："在教育领域，美国公众每 10 年或 15 年就需要一个新名堂，至于是什么并不重要！"

我曾在和一名学生交谈中提到自己创建多元智能理论的过程，以及这个理论如何影响了我的生活。她敏锐地提出了一个问题："对提出多元智能理论这件事，你感到高兴还是遗憾？如果二者皆有，你希望在人生中更早些时候，还是更晚些时候提出？"

事实上，写这本回忆录的一个主要动机，就是说明多元智能理论在我的学术生涯中起到了什么作用，说明在迄今为止的将近 40 年里，多学科思维方式的综合是如何影响了我和其他许多人的，从教授到学者，再到我的父母，甚至是路人，他们碰巧读过或听过这个理论。

现在，我已经不再研究多元智能理论，而是有了更广泛的兴趣和机会，从事许多其他项目的研究。但多元智能理论仍然是我最出名的思想，每周，有时

① 罗夏测验（Rorschach test）：瑞士精神病学家赫曼·罗夏（Hermann Rorschach，1884—1922）创立，也称"罗夏墨迹测验"。通过向被试者呈现由墨渍偶然形成的图版，让被试者看后说出联想到的东西，进而分析其人格特征。——译者注

② 玛格丽特·米德（Margaret Mead，1901—1978）：美国人类学家，专注于儿童养育和家庭问题研究，被誉为"人类学之母"。——译者注

是每天，我都会收到几封关于这个理论的来信。其中大约一半来信请求我提供帮助，在一所学校或教育机构建立多元智能的项目或课程。在少数情况下，我可能会在回信中提出具体建议。如果你对幼儿教育感兴趣，可以阅读本书第 8 章提到的关于“多彩光谱项目”的著作；或者，如果你在菲律宾工作，可以了解一下马尼拉的国际多元智能学校。有时候，我将采访者介绍给我的同事或学生，他们都对多元智能理论很感兴趣。如果有时间，我可能会多说几句感谢或鼓励的话，或者提供其他帮助。

第二类信件更多，往往直接提出很多具体的问题。我在文章、著作和自己的多元智能网站上，给出了几十个常见问题的答案。如果通过查询仍然不能得到答案，并且我有时间的话，我会试图给出一个答案，或者至少说明我将如何尽力回答这个问题。

除了以上两种信件外，我还经常收到演讲邀请。即使到了今天，在我提出自己的理论、发表文章和出版著作几十年后，我仍然主要因多元智能理论而闻名，并被反复邀请去演讲。说实话，我几乎不想再发表关于多元智能理论的演讲，因为对于这个话题，我已经讲过太多次、写过无数的文字了。现在，除非是帮朋友的忙，我都会婉拒邀请①，并在合适的情况下，把机会介绍给少数愿意且有能力就这个话题发表演讲的同事。

尽管多元智能理论已经不是我关心的中心问题，但说我对这个理论的理解还停留在几十年前、一直未有新的发展，却是不对的。

首先，在最初提出的 7 种智能基础上，我增加了第 8 种智能，即博物学家智能（naturalist intelligence）。简言之，这是人类（也许还有其他物种）在自

① 2020 年 9 月 20 日，加德纳在美国波士顿的家中，通过网络视频向在上海参加“2020 金茂未来教育论坛”的中国中小学校长们介绍了多元智能理论及其进展，充分表明了他对中国人民的友好情谊。——译者注

然界中区分某种动物（也许是捕食类）和另一种动物（可能是捕食者的猎物）的能力，或者是区分植物、云彩、岩石的能力。很明显，博物学家智能在史前时期很重要，因为那时人类长寿或突然死亡，取决于他们每天所吃、所种或所丢弃的食物。而今天，在任何一个发达国家，我们大多数人都是通过在市场上购买食物来获取营养的，无论在小型商店还是在超级市场。但是，每当我们选择这双鞋而不是另一双鞋，选择这辆越野车而不是另一辆越野车，以及选择这类生菜头或莴笋而不是其他蔬菜，我们都需要运用博物学家智能做计划。这种智能让我们能够在一个类别内做出细微的区分。

我还考虑过另外两种候选智能。第一种是存在智能（existential intelligence），它使人类（而不是任何其他有生命的物种）能够提出并思考生命、死亡、爱情、战争，甚至是存在本身。第二种是教育智能（pedagogical intelligence），是人类（而不是任何其他有生命的物种）具有的向他人传授技能、传递信息的能力。他们的教授对象，既包括知识渊博的人，也包括缺少学问的人。

我之所以不愿意增加智能，是因为 1980 年前后我最初确定 7 种智能的方法十分严格。当年我查阅了大量文献，系统地整理了观察和发现所得，最后才对这些发现是否符合确定一种智能的 8 项明确标准得出结论。在 1994—1995 年的休假期间，我有足够的时间对博物学家智能进行认真研究，才使它在我最后的智能名单上占了一席之地。

但是我没有时间，或者说实话，没有考虑过增加更多的智能。因此，虽然我允许别人谈论存在智能和教育智能，但它们最终并没有成为我的智能综合事业的一部分。迄今为止，它们都还没有得到我的认可，也可以说，这两个智能的术语仍然在 8 种智能名单外围徘徊。

在最初确认智能种类的过程中，我利用了当时大脑组织研究和遗传学已有的信息。我相信，而且现在仍然相信，每种智能都有坚实的生物学基础。

但近几十年来，我一直没有专门监测和综合这方面的新资讯。令我感到遗憾的是，多元智能理论本身并没有引起生物科学研究人员的持续关注。我的同事布兰顿·希勒在多元智能的神经科学方面，花费了相当大的精力，他赞同这个理论的研究成果现在已经正式发表。我将继续关注埃维莉娜·费多伦科（Evelina Fedorenko）、奥利维尔·霍德（Olivier Houdé）和戴维·萨默斯（David Somers）等神经科学家的工作，他们研究的是不同认知和感知能力之间的关系，以及可能存在的独立性。

所以，我们可以说，虽然我最近几年维持着一家“多元智能商店”，但它没有任何新的“产品”，也没有潜在的、有兴趣的“买家”。许多人提供机会让我将多元智能理论编纂成册并以之牟利，但正如我前面提到的，我拒绝了所有这些请求。

然而，多元智能理论本身却催生了世界各地的多种商业活动。在中国澳门，商家建议孩子的母亲购买他们的巴氏杀菌牛奶，以提高孩子的 7 种智能。拉丁美洲的一家连锁酒店，为投宿者提供激发多元智能的游戏。一则德国时尚汽车的广告，以 7 种智能描述该产品的特征：汽车是博物学家智能的证据，自动驾驶功能是数学智能的表现。全球有数十家教育公司宣传自己产品的特色是，强化一种或多种智能。南亚和东亚的一些国家声称，能够通过检查指纹来判断儿童的智能强项，也就是给被称为“皮纹学”（dermatoglyphics）的伪科学贴上多元智能理论的标签，以此牟利。（写信告诉我有关皮纹测试多元智能商业运作的人，一半人对这个做法感到震惊，另一半人则认为此种胡说八道有其道理，但无论如何，这是发生过的千真万确的事实。）有一段时间，我试图阻止这种将多元智能理论商业化的行为——在一个案件中，哈佛大学实际上已经起诉过多个侵权者，但生命是短暂的，对此我能做的很有限。

多元智能理论改变对话方式

1995 年，当丹尼尔·戈尔曼[①]出版了《情商》(*Emotional Intelligence*)[②]一书时，仍在隆隆前行中的多元智能火车突然意外地来了一次急转弯。戈尔曼在书中表示，除了智商之外，另一种智能也对世界的成功至关重要，挑战已经在该书的副书名上显示出来了：为什么它比智商更重要？

据我所知，这本书最初销量还不错，但并未引起广泛关注。直到备受推崇、极具影响力的《新闻周刊》刊登了这本书的封面，并加上了简练的缩写 EQ，从那时开始，情感智能这项事业，就像无人不知的火箭一样，由此冲天，直上云端，在这四分之一个世纪里几乎毫无减速的迹象。

戈尔曼在我到威廉·詹姆斯教学楼不久后，就在哈佛大学攻读心理学的研究生，后来他成了《纽约时报》一名优秀的科学记者。当时科学新闻相对还比较新颖，他的报道涵盖了几门学科，还曾慷慨地介绍了我所做的工作，特别提及我对两种人的认知智能的兴趣。我不知道，如果没有我之前的工作，或者心理学家彼得·萨洛维[③]和约翰·梅耶（John Mayer）此前的研究，情感智能是否可能被发现、在多大程度上会被错误命名为所谓的“情商”(EQ)。至今我仍不知道这个问题的答案，我怀疑戈尔曼本人也不知道。但这并不重要，因为我对他的工作受到关注由衷地感到高兴。

---

① 丹尼尔·戈尔曼（Daniel Goleman，1946—　）：哈佛大学心理学博士，《时代周刊》杂志专栏作家。——译者注

② 实际上，IQ 为 intelligence quotient 的缩写，是心理年龄除以生理年龄的商再乘以 100 后的纯数，quotient 是数学上的商数，故译为“智商”。而戈尔曼的定义并无 quotient 一词，Emotional Intelligence 只定性，与两数相除之商毫不相干，缩写应为“EI”，缩写并翻译成“情商”（EQ）不符合本意，明显是想蹭智商概念的热度。——译者注

③ 彼得·萨洛维（Peter Salovey，1958—　）：美国心理学家，耶鲁大学第 23 任校长。1990 年，在和约翰·梅耶共同发表的“Emotional Intelligence, Imagination, Cognition and Personality”一文中首先提出了“情感智能”的理论。——译者注

这让我想起了另一个故事。20 世纪 80 年代和 90 年代，我曾被邀请去南美发表演讲，但一直未能成行。到了 1997 年夏天，我决定在儿子安德鲁的陪同下，到南美洲的几个国家去讲学，因为他会说西班牙语而我不会。在南美洲，我经常被要求在自己的书上签名，在巴西（当然，那里的主要语言是葡萄牙语），我遇到要求签名的场面更多，有好几次，我甚至被要求在戈尔曼的书上签名。这让我很不高兴，因为我不是戈尔曼，我有自己的想法、有自己关于智能的书。虽然我从来没有公开说过，但会经常这样想："你不能让一个画睡莲的画家，在另一个画睡莲的画家的作品上签名。"但当我回家时，竟发现巴西出版商将我关于智能的下一本书的预付款增加了两倍，这样一来，我任何难受的情绪都很快被抚平了。

经常有人问我是否相信情感智能，我基本上都给了肯定的回答。但我不怎么使用这个词，因为就我而言，情感伴随着任何一种甚至所有种类的智能。从认知的角度来说，情感也不是一个独立的领域。戈尔曼阐述的很多观点，都被我的人的认知智能，即人际认知智能和自我认知智能二者覆盖。从一开始我就坚持认为，这两种智能比其他任何种类的智能更能紧密地联系在一起。为了强调这一点，在《智能的结构》一书中，对于人际认知智能和自我认知智能这两个概念，我在标题为"人的认知智能"这一章中合在一起表述。

但还有另外一个区别，直接来自"良好合作"项目以及与之相伴的感悟。戈尔曼谈论和描述情感智能的时候，举了一个正面的例子。在他第一本关于这个主题的书的开头几页，他形象地写到了一位有个性的纽约市公共汽车司机，以及在那个闷热的夏日里司机与乘客之间的温暖情谊。

我完全赞成有关情感智能的说法，但我坚持以非道德的方式来思考它——实际上也如此思考所有的智能。因为运用同样的亲和力，司机能够让乘客感觉良好，也可利用甚至折磨他们。因此，情感智能的用途，也同样取决于出发点是善意的还是恶意的。

我至今和戈尔曼保持着联系。他和我一样，出版了更多不同主题的著作，包括更接近伦理领域的内容。但戈尔曼远比我做得更多的是，继续与那些信服他关于情感智能想法的人合作。他还接受聘任，指导以他的开创性构想为特色的机构和事业单位，或者担任它们的顾问。可以说，与多元智能对我的影响相比，情感智能对戈尔曼影响更深，甚至已经成了他的日常意识。

另外，戈尔曼能够获得比我更多的荣誉。在他出版的有关情感智能的书取得巨大成功之后，一个由不同类型智能组成的完整产业已经建立、扩展和商业化了。读者在书店里、机场候机楼里看到的，是有关性智能、领导智能、道德智能、合作智能、商业智能等内容的书籍。当我做关于多元智能理论的演讲时，偶尔会放映各种书籍封面的幻灯片，上面分别印着不同“智能”的名称。最后我用一张“财经智能”的幻灯片做结尾，然后调侃道：“这是你们真正需要的唯一智能。一旦你有了财经智能，就可以买下其他所有的智能。”

公平地说，我认为戈尔曼在改变心理测量学或心理测量导向方面所取得的成就，不见得比我更高。大多数研究智能的心理学家，对情感智能和社会（以及道德和精神）智能的怀疑程度，与他们对多元智能理论的怀疑程度是一样的。事实上，由于戈尔曼的成功与我比起来，受到了更广泛的公众关注，心理学家对他的责难可能比对我更严厉。心理学家梅耶和萨洛维提出情感智能测试方法这一事实，似乎对他也没有多大帮助。正如《智能的结构》的一位早期评论者所指出的，试图改变心理学家对什么是智能以及如何衡量智能的看法，就像在墓地里移动墓碑一样困难。

心理测量学家所生活的世界，与教育工作者、商人，甚至其他像我们这样的人生活的世界完全不同。虽然多元智能理论和情感智能的概念，都不可能在大学教科书中受到尊崇，但它们在公共文化中的突出地位却是不容忽视的事实。用我的话说，它们是“改变对话方式”的学术综合体。

虽然这种类比很不准确，甚至可能会被认为有点自吹自擂，但我还是忍不住提到精神分析学说。弗洛伊德和他的追随者们，包括我尊敬的导师埃里克·埃里克森所提出的这一思想，从未被心理学界接受。在某些情况下，他们的拒绝是有道理的。像俄狄浦斯情结[①]或死亡本能这样的概念，以及肛欲期和生殖期[②]这样的心理发展阶段分类，都经不起推敲，更不用说进行系统的实验了。他们可能会说，这更多反映的是1900年的维也纳人或弗洛伊德个人的心理，而不是从史前时期开始就存在于全球各地不同文化中的“人性”。

但是，弗洛伊德对无意识机理的过程、梦的重要性的发现，以及埃里克森关于生命阶段和身份认同危机的概念，捕捉到了一些关于人性（或者至少是我们在现代观察、剖析和概念化的人性）的重要的东西。在本书中，我称之为“改变对话的方式”，或建议称其为“令人信服的综合”。正如诗人奥登[③]在弗洛伊德去世时所歌颂的：“他现在不再是一个人，而是所有话题的中心。”

可以肯定的是，人们永远不会完全或永久地改变谈话的内容。无论理由是否充分，很多人都愿意继续采用传统的对话方式，其表现就是仍旧相信单一智能的观点，或者头脑中缺少无意识思维的概念。但就像朋友或邻居之间的闲聊一样，学术性的对话方式也在不断变化。有时人们会回到过去，但在令人更愉快的环境中，可能会产生新的想法、概念、方向和见解。这当然是我所希望发生的事，特别是它还与我的理论和想法有关。

---

① 俄狄浦斯情结（Oedipus complex）：一般指恋母情结，是心理学中精神分析学派用语，源于希腊神话人物俄狄浦斯（Oedipus）无意中杀父娶母的神话故事。——译者注

② 弗洛伊德将人的心理发展分为5个阶段：口欲期、肛欲期、性蕾期（俄狄浦斯期）、潜伏期、生殖期，也被称为“性心理发展阶段论”。——译者注

③ 威斯坦·休·奥登（Wystan Hugh Auden，1907—1973）：英国诗人，重要作品有《短诗集》和《长诗集》等。——译者注

加德纳的导师埃里克・埃里克森

哈佛大学教育研究生院院长
帕特里西娅·格雷厄姆

苏珊·朗格
（照片已得到其继承人授权）

EDMUND WILSON REGRETS THAT IT IS IMPOSSIBLE FOR HIM TO:

READ MANUSCRIPTS,
WRITE ARTICLES OR BOOKS TO ORDER,
WRITE FOREWORDS OR INTRODUCTIONS,
MAKE STATEMENTS FOR PUBLICITY PURPOSES,
DO ANY KIND OF EDITORIAL WORK,
JUDGE LITERARY CONTESTS,
GIVE INTERVIEWS,
CONDUCT EDUCATIONAL COURSES,
DELIVER LECTURES,
√ GIVE TALKS OR MAKE SPEECHES,
BROADCAST OR APPEAR ON TELEVISION,
TAKE PART IN WRITERS' CONGRESSES,
ANSWER QUESTIONNAIRES,
CONTRIBUTE TO OR TAKE PART IN SYMPOSIUMS OR "PANELS" OF ANY KIND,
CONTRIBUTE MANUSCRIPTS FOR SALES,
DONATE COPIES OF HIS BOOKS TO LIBRARIES,
AUTOGRAPH BOOKS FOR STRANGERS,
ALLOW HIS NAME TO BE USED ON LETTERHEADS,
SUPPLY PERSONAL INFORMATION ABOUT HIMSELF,
SUPPLY PHOTOGRAPHS OF HIMSELF,
SUPPLY OPINIONS ON LITERARY OR OTHER SUBJECTS.

埃德蒙·威尔逊给加德纳的信

《智能的结构》第一版的封面

英国广播公司系列电视节目“生命线”的宣传图

教授、导师
大卫·理斯曼

“优善工作”项目研究团队合影
（大约摄于 2000 年）

加德纳（左）与“优善工作”项目的合作伙伴威廉·戴蒙（中）和米哈里·希斯赞特米哈伊（右）

《哈佛杂志》封面，罗杰·布朗与加德纳养子本杰明

August 8, 2017

To: Arlie Hochschild
From: Howard Gardner

Dear Arlie,

I don't believe that we have met, though I have known about your work for many years and heard that you made a very successful visit to the school where I teach, some months ago.

Like thousands of others, I found STRANGERS IN THEIR OWN LAND a very powerful work. I've recommended it to many others, and have compared it (to those who have some sociological memory, including Nathan Glazer) to THE LONELY CROWD.

Recently I have started a blog in education. A friend and colleague, Susan Engel, wrote an interesting blog in response to the recently reported Pew finding that Republicans believe that higher education is bad for the nation. Having been immersed in your book, I decided to respond, taking on the voice of a Trump supporter from the deep South. I include a link to the blog post for your possible interest.

https://howardgardner.com/2017/08/08/republicans-are-right-college-matters/

In appreciation and with best wishes.

Howard

August 9, 2017

To: Howard Gardner
From: Arlie Hochschild

Dear Howard,

I remember sitting as a sophomore on the front lawn of the Swarthmore campus, talking to my boyfriend, -- now husband of 42 years—saying, what I'd really love to do is write a book like The Lonely Crowd. So thank you for saying that. And I've long appreciated your illuminating work on multiple intelligences. I'm a fan back. And thanks for your thoughtful blog—we have much work to do.

All the best,

Arlie

阿莉·拉塞尔·霍赫希尔德给加德纳的回信

《霍华德纪念文集》的封面（由杰伊 · 加德纳拍摄）

加德纳与母亲希尔达·加德纳

加德纳全家福（摄于 2019 年 5 月）

加德纳在演奏手风琴（大约摄于 2000 年）

A SYNTHESIZING

MIND

第三部分

怎样运用和培养综合思维

第 10 章

面向教育和“优善工作”

“优善工作”项目

在“维护”多元智能理论的精髓及其科学性的同时，我也一直在努力地从事其他方面的研究工作。参与多元智能理论之外的活动，让我越来越深刻地认识到自己是谁、认识到自己生命的意义。而且，正如我在下文中直接探讨的那样，它们让我对自己的思维方式有了新的认识。

作为学者，意外收获之一是有机会利用暑假或者公休假，到一个有吸引力的地方旅游，或开展一个甚至多个研究项目。1994—1995 年，当我起草《多元智能：曲解与信息》时，我有机会在行为科学高等研究中心（Center for Advanced Study in the Behavioral Sciences）待了一年。那个研究中心在加利福尼亚州北部的斯坦福大学附近，面积很大。按照计划，我和当时在布朗大学任教的威廉·戴蒙（我总是称呼他比尔）、在芝加哥大学任教的米哈里·希斯赞特米哈伊（我有时称呼他迈克）一起度过了这个假期。迈克和比尔两位都是久负盛名的心理学家，我们三人早已是朋友，虽然互相尊重对方的学术成就，但从未在研究课题上合作过。在斯坦福大学的行为科学高等研究中心，我们有机会将各自的学术背景、优势和兴趣集中于一个计划施行的研究项目中。

比尔当时已经是世界上最受推崇的道德发展理论家之一，他特别关注在家长、教师和儿童本人的参与下，儿童和青少年的道德是如何发展的。而米哈里作为一名社会心理学家，不但是研究创造性的专家，还发明了对研究对象的经历进行巧妙取样的方法。此前不久，他设计了附着在衣服上的电子寻呼机。此设备会周期性地放电，并允许心理学家（通过自我报告）监测某人在一天中不同时间的感受、感知和体验。米哈里还被广泛认为是“沉浸理论”[①]的先驱研究者，“沉浸”是一种珍贵、愉悦、包罗万象的心理状态，会让人全神贯注于自己正在做的事情。

当时，我是一名发展心理学家和神经心理学家，专注于研究人的认知。正如在本书第二部分详述过的，我那时已经因提出多元智能理论而声名鹊起，正因此理论频繁地被曲解和误用感到困惑甚至心烦意乱。

我们三个人带着共同的关切来到斯坦福大学的研究中心。简单地说，我们都感兴趣的问题是，一个人能否既拥有创造力和生产力，又在伦理和道德方面表现良好，还是可能会与此相反？如果想成为一个拥有创造力的人，也许就必须抛开所有伦理和道德的约束，一心追求自己内心的激情。如果真的如此，那实在是太遗憾了。或许创造力和道德可以兼而有之，似乎也确实有一些这样的例子，如科学界的达尔文、政治界的甘地和艺术界的帕布罗・卡萨尔斯[②]。

然后是时机的作用：在创造的时刻，一切都应该是允许的，甚至是应该受到鼓励的。但在一项发明“公开”之前，其他方面的压力和判断标准也是需要考虑的。毫无疑问，原子能的利用就是如此，也许还有其他类似的情况，如炸

---

① 沉浸理论（Flow Theory）：也称沉浸体验（Flow Experience），指人在活动时完全投入情境中，专注注意力，过滤掉所有不相关的知觉，进入沉浸状态。这是一种积极的心理体验，参与者会获得很强的愉悦感。——译者注

② 帕布罗・卡萨尔斯（Pablo Casals，1876—1973）：西班牙大提琴演奏家、指挥家、作曲家，1958 年曾被提名诺贝尔和平奖。——译者注

药的发明、DNA 和基因编辑技术的发现、互联网和万维网的推出。再向前看，量子计算机和深度学习技术，以及人工智能、区块链技术，都是如此。

在考虑这个问题时，我们三个人都有各自不同的主张。米哈里运用寻呼机方法（beeper method）取得的测试结果，作为他提出“沉浸”理论的依据常被人们认为是可信的，应该尽可能加以推广。但正如米哈里经常指出的那样，一个撬开保险箱的劫匪可能也会激动得乐不可支，但他并不是一个值得鼓励或效仿的人。

比尔提出了“青年章程”（youth charter）的概念，旨在帮助年轻人及其父母在社区内为建设性的目标共同努力。它的实现是一个耗时的过程，不仅需要大量投资，还需各方成员具备适应性。但是，一些社区及一些不同的利益相关者们，不愿意投入时间尽职尽责地执行并在必要的时候调整方向。因此，可以说，提出一项使命要比完成它容易得多。

至于我自己，正如前文说过的，对于澳大利亚有关方面错误的教育干预措施，起初我一无所知，后来才发现，我记录人类的大脑具有多种智能的努力，在那里被严重曲解后用来描述不同文化群体之间的差异。而且，他们还暗示这些差异是固定的，甚至据此制定了具体的教育干预措施。这让我感到非常震惊。

在包括两个暑假在内的一个学年里，我们三位中年心理学家摆脱了教学和行政管理工作，有大量时间在一个舒适并且具有启发性的环境中思考很多问题，而且无须写具体的论文或著作。（其实，对我们来说，这样做并不难，因为我们都喜欢写作，那是我们思考和反思的方式。如果幸运的话，在几篇草稿之后，我们就能推导出自己的想法，或者催生出其他人的想法。）最后，在无数次研讨、专题座谈和互相留言后，我们创建了一个研究项目，被人恰当地戏称为（或者如我们所想的那样）“人性的创造”（humane creativity）。接下来要做的，就是为此项目寻求资金支持。

最初，我们分别向 6 家科研基金会发送了赞助提案，只有其中一家，碰巧也是唯一我们之前没有联系过的一家，表现出了些微的兴趣。我认为，这是我们的想法和调查方法还不够完善的缘故。此外，坦率地说，“人性的创造”这个词的意思也不够明晰，甚至有些人令人不快，想要借此说服基金会支持一项新的课题研究，它并不是最佳的描述用语。

经过反复推敲，我们调整了研究路线，制定了完整的数据收集和分析方案，最终吸引了将近 25 家基金会的赞助。这个项目需要持续投入 10 年的努力，涉及 5 个不同校区的数十名科研人员。米哈里很快就从芝加哥迁居到加利福尼亚州南部的克莱蒙特，比尔也从同样寒冷的新英格兰地区[①]搬到了斯坦福大学，我则待在哈佛原地不动（我安慰自己，只要头脑能保持活跃，在新英格兰地区恶劣的天气里，我也能思考）。甚至在网络电话 Skype 出现之前，我们就频繁通过电话、电子邮件和留言保持联系。我们在三个校区开会，或者当我们的旅行日程重合的时候，就设法调整到有交集的地点召开临时会议。

很快，这个项目就以“优善工作”而闻名，这是一个更精练、更好听的名称。虽然放弃了“人性的创造”这个名称，但我们仍然关注着创造力与人性之间的关系，并以一种更严谨的方式来面对这个问题，具体而言，我们决定研究职场中的个人。这些人可能在法律界或医院工作，受人尊敬；也可能从事新闻报道或从幼儿园至高中阶段的教学工作，心怀抱负；或者从事商业、慈善和艺术工作，灵活自由。虽然在评估某一特定职业或行业是否具有专业地位的时候，我们并不想运用单一或多种理由为我们的判断标准辩护。但我们对什么是职业、什么不是职业的分类，来自社会学的标准。

---

① 新英格兰地区（New England）：美国东北部地区包括哈佛大学所在地马萨诸塞州在内的 6 个州的统称，因最初的移民来自英格兰而得名。——译者注

在每一个案例中，我们都对相当数量的职场人士进行了深入的半结构化访谈[①]，最终的数据来自 9 个不同职业的 1200 多个访谈对象。我们阅读了笔录，对数据进行了编码和分析，也对所掌握的信息进行过深入和全面的反思，然后为适当的对象写出我们的发现和研究成果。收集的这些成果最终汇集成了十本书、几十篇文章和各种更实际的干预措施。根据回忆，当时我并未有意识地使用“综合性的大规模集体事业”（massive,collective enterprise in synthesizing）一词来形容“优善工作”项目，但很明显它正是如此。此项目的情况与“人类潜能的本质和认识”项目（见本书第 6 章）不同，在那里我主持工作并主要靠自己完成最终的综合。但“优善工作”项目的合作涉及三位处于职业生涯中期的知名中年学者，以及其他近 12 位有才华的研究人员——其中一些人拥有博士学位。最终对研究成果的整理工作并非易事，我们经历了几轮提议和修改，直到想出了对所掌握的内容最全面和最令人满意的描述，以及用来介绍它的最合适的术语和框架，这项工作才算结束。

你可能想知道，在这 10 年里，我们这三位经验丰富的学者的合作是什么样的。我认为，这次合作是我职业生涯中的亮点之一，在收获、享受和学习等各方面，都与我在“零点项目”（我在那里工作的时间已经超过了 50 年）和在波士顿退役军人管理局医疗中心（我在那里工作过 20 多年）的长期合作不相上下。虽然在人口统计学上，我们可能属于社会科学划分的中年白人男性教授，但我们的背景和人生经历却各不相同[②]，然而我们彼此欣赏、尊重，并愿意讨论和解决我们之间学术上的分歧，还一直是亲密的朋友。至于实际写作，我常常调侃说，比尔提供修辞和灵感，我写出了可行的草稿，米哈里提供语境、展现出了优雅风度和智慧，因此我们手中泛泛而谈记录下来的草稿，都成

---

① 半结构化访谈（semistructured interviews）：按照粗线条式的访谈提纲进行的非正式访谈。对访谈对象的条件、所要询问的问题等只有粗略的基本要求，访谈者可以根据访谈时的实际情况灵活地做出必要的调整。——译者注

② 米哈里出生于匈牙利，受过耶稣会教育，在饱受战争蹂躏的欧洲长大；在马萨诸塞州长大的一神论派信徒比尔，从没见过他的父亲；我来自一个移民到宾夕法尼亚州东北部的德国犹太人家庭。

了准备出版的著作。

以上所有这些，都是我们在获得“良好合作”项目有益成果之前所做的工作（参见本书第 8 章中所述“良好合作”的 8 个要素）。

我不能单凭猜测就冒昧地描述我的高级别同事们的想法，更不用说参与这个项目的十几位年轻研究人员和研究助理（这个团体的合影见 160 页后的插图）的思考和研究过程。至于我自己做的工作，则与多元智能理论研究过程中我所做的不同，并不是以处理书面资料为主。更确切地说，我在“优善工作”项目的研究过程中，亲自对备受尊敬的专业人士进行了几百次采访，还阅读了所有其他人的采访资料。此外，我还写了笔记和备忘录，记录了从每个人身上搜集到的信息，阅读并听取了团队中其他人对此的评论。某些访谈的组织原则是由研究方法决定的，显而易见，我们需要了解的是，接受调查者从事哪种职业、他在职场上担任什么角色、他们如何应对各种提问和伦理方面的困境、他们回答了哪些问题又提出了哪些问题、他们回避了哪些问题或被问得张口结舌、他们是否愿意以任何方式继续接受访谈等。

最后，我们有大量数据需要审订和整理。在这里，我的工作更像 15 年前在“人类潜能的本质和认识”项目中所做的事。我创建了目录、清单、图片、矩阵、图表，所有这些都是为了说明我们所搜集到的资料的意义，并以合理的方式传达给其他人——如果我们幸运的话，就能说服他们。总之，我完成了最后的综合工作。与“人类潜能的本质和认识”项目组内分工不同的是，“优善工作”项目的资料综合工作是由我的同事们来做的。最后，经过几个月的交流、接受了不少善意的批评，我们提出了三个人都认为准确和满意的术语和分析。

接下来我将简单描述一下“优善工作”这一概念的基本要素，以便节省你大量阅读和综合理解的时间。一个从事“优善工作”的人会表现出三个特点：

- 能出色（excellent）地完成自己的工作。
- 工作上十分敬业且全身心地投入（engaged）。
- 开展工作的方式合乎伦理道德标准（ethical）。

也就是说，一个人必须是优秀的、敬业的、有道德的，才具有成为优善工作者的资格。很容易理解（至少在英语中），这三个形容词中的每一个，都以字母 E 开头。我们甚至设计了一个视觉或图形的合成，其中有三条相互缠绕的线，表现形式就是下面的 ENA 三重螺旋，从而在视觉上与 DNA 的构图相似。

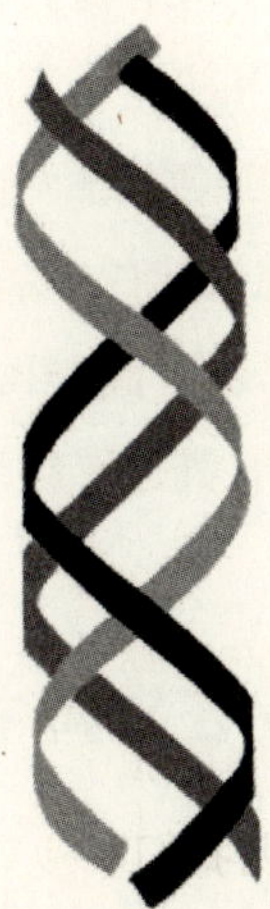

图 10-1　ENA 三重螺旋图形

你可能想知道这一切与我的“多元智能理论”、米哈里的“沉浸理论”和比尔的“青年章程”有什么关系。一方面，我们三人各有专长：比尔擅长伦理或道德教育，米哈里是体验或沉浸方面的专家，而我渴望在智能研究领域（包括艺术认知）有深厚的专业知识或卓越的表现。可以说，我们已经把各自的专长交织在一起了。但是这项工作也帮助我们应对个人的挑战，这些挑战涉及对我们以前学术工作的各种解释，以及经常发生的误解和偶尔出现的误用。

简而言之，从那时起，每当我撰写多元智能理论的著作或发表相关演讲时，我都会指出这些智能本身都与道德无关。注意，不是不道德，是与道德无关，它们都可以被道德或不道德地使用。诗人歌德和宣传煽动家戈培尔都是精通德语的大师级人物，从神经心理学的角度来看，他们都运用了自己相同的智能。歌德用自己的德语语言智能，写出了很多感人肺腑的文学作品；戈培尔则用同样的智能，煽动对犹太人和某些群体的仇恨。

在过去的25年里，“优善工作”项目及其子课题的研究和思考，占据了我大量的时间和精力。比尔、米哈里和我们亲密的同事们也是如此。事实上，当衍生出若干相关的子项目时，我们将名称缩短为“优善项目”（Good Project）。而现在，当我们力图更新自己的想法，并将有关研究工作扩展到全球其他地区时，则称其为“优善项目2.0版”。不过，我很幸运，在进行此项目的同时，还能从事其他领域的研究工作，并就其他更广泛的议题撰写了专著。

对多元智能理论在教育中应用的思考

第一次提出多元智能的概念时，我认为这项工作完全属于我主攻的心理学，特别是认知心理学和发展心理学的学科范畴，还有少量的神经心理学的内容。多元智能理论与教育有关的话题，实际上是提出此理论后的思考。在《智能的结构》一书的末尾，有一章勉强触及了这方面的思考。但是，正如这本回忆录第二部分所指出的那样，对这一理论主要、直接和持久的兴趣，都来自广泛意义上的教育部门。

因此，当意识到自己的理念在教育界受到广泛关注之后，我开始认真思考和撰写这方面的著作。最初，毫不奇怪，我借鉴了自己发展心理学的知识，所以首次尝试的是描述“未受学科训练的心智”，并且将其作为我一本书的书名[①]。在这本书中，我讲述了幼儿进入正规学校之前表现出的能力和倾向，以及当他们入学后，置身于一个由称职的（希望如此）老师主管的班级里，必须学会一门课程或需要掌握自身所处文化背景下所重视的技能时，他们将会遇到什么样的挑战和机遇。

起初，我的教育理念深受哲学家约翰·杜威[②]和我的老师兼导师杰罗姆·布鲁纳的影响，而后者其实也是杜威主义者。但很快，我就发现自己和他们分道扬镳了。一方面，正如经验主义传统中的哲学家和心理学家所坚持的那样，五六岁的孩子并不是一张白纸；另一方面，也不是乐观的权威人士所说的，这些孩子是小小科学家或哲学家。让我感到吃惊的是，五六岁的孩子已经发展出许多与完成学校教学任务相抵触的思维和推理方式。阅读和写作并不是听和说的简单转录，而是复杂的代码，有自己的规则、程序和难点。作为生物学上的一个物种，人类在阅读和写作方面并没有经历几千年的进化过程。它们不过是不久前的文化发明，代表着艰巨的学习挑战，对相当一部分少年儿童来说，尤其如此。

按照这一论证思路，我认为，如果你愿意的话，学习数学思维、科学思维和艺术思维，可以削弱、克服或摆脱直观感觉的思维方式。这种根深蒂固的思维方式，很可能在人类漫长的进化过程中有其用处，但对形成“受过学科训练的心智”（schooled mind）构成了明显的障碍。相应地，“未受学科训练的心智”充满了模式化的观念和错误的概念，使“学科训练”（school learning）变得困难。我们可以将这些错误概念称为幼儿“仅凭直觉的综合”（intuitive

---

① 《未受学科训练的心智》（*The Unschooled Mind*）：由基础读物出版公司 1991 年出版，中译本于 2008 年由学苑出版社出版，张开冰译。——译者注

② 约翰·杜威（John Dewey，1859—1952）：美国哲学家、社会学家、教育学家，实用主义芝加哥学派创始人。——译者注

syntheses)。也就是说，学科训练之前的思维方式，是根据一定范围内可获得的经验，以及可能是某些先天的偏好，将有关信息组合在一起形成的（“先天的偏好”通常被称为“先天获得的知识”，认知发展心理专家对其可能性存在着激烈的争论）。举个例子，如果事件 B 发生在事件 A 之后，则认为 A 一定导致了 B 的发生。或者，如果某人的外表和说话方式都像你，你就认为他们就是好人；如果某人的外表或说话方式与你不同，你就认为他们是坏人。即使那些在自然科学或社会科学课程上取得好成绩的大学生，一旦期末上交了试卷、离开了课堂环境也常会回到童年时代错误的概念上去，犯一些常见的错误。这些最初的直觉综合，不管来自何处，影响力都是非常强大的。

出版了《未受学科训练的心智》一书以后，我在后续的两本书中延续了这一思路。在其中的一本《受过学科训练的心智》[①] 中，我讲述了学生在教师、教科书和考试的配合下，为掌握中小学课程的主要学科知识所付出的努力，而这些“学科”是几个世纪以来在不同文化中发展起来的。我特别关注的是自然科学、社会科学或社会学、艺术和人文科学。当我开始阐述这些理念的时候，正规教育所面临的困难是，用严肃的思想家们几个世纪的思考和积累的概念，取代早期由非学校教育产生或编织出来的直观但有根本缺陷的教学内容，如用科学取代了常识（和无稽之谈），用历史学取代了“平庸的故事”，用社会科学取代了民间传说和格言，用经验心理学取代了民间心理学，等等。

在我的教育著作中，我第一次提出了不同课程和多元智能之间明确的关系。我介绍可以通过几个“切入点”[②] 来表达学科中难以理解的概念和复杂的理论。这些切入点分别是逻辑命题、扩展叙事、艺术作品和手工活动等。正如我所说的，重要且必须掌握的有关学科的概念，可以通过讲故事、逻辑分析、

① 《受过学科训练的心智》（*The Disciplined Mind*）：1999 年由西蒙与舒斯特（Simon & Schuster）出版公司出版，中译本于 2008 年由学苑出版社出版，张开冰译。——译者注

② 作者这里所说的“切入点”（entry points），详见《多元智能新视野》一书第 8 章“学科理解的多元切入点”。——译者注

展示艺术作品、手工活动等多元化的方法传授。从个性化的特点出发，这些学科的概念还可以通过特定学习者各自的智能特点，以多种方式加以理解。也就是说，孩子 A 通过某种智能的组合来学习某一概念，而孩子 B、C 和 D 则会运用他们自己喜欢的不同智能组合，做同样的事。这些更实际的应用，对某些教育工作者来说，已经证明是有帮助的，他们会因此感到如释重负。因为在过去，他们往往采用单一方式讲授具有挑战性的内容，而这些单一方式就是当初他们自己接受教育的方式，或者是他们最初理解并持续到今天的方式。

在《受过学科训练的心智》一书中，我列举了应用这种方法非常具体的例子。我概述了一门课程，它只专注于三个话题：达尔文的进化论、莫扎特的音乐作品和第二次世界大战期间的纳粹大屠杀事件。大多数人也都注意到了，我强调这三个话题仅仅是为了说明我的传授方法，即展示每一个主题是如何以多种或多元化的方式呈现给受众的：第一个话题通过达尔文在实验室的实验，或在科隆群岛的旅行纪实呈现；第二个话题通过《费加罗的婚礼》的情节或是莫扎特将文字编入音乐这种颇具挑战性的工作呈现；第三个话题通过反犹主义的兴起或德国在第一次世界大战战败前后的故事呈现。然后，为了补充这种多元性，我举例说明了三个不同的孩子是如何以不同方式来学习这三个话题的，第一个孩子运用逻辑分析，第二个孩子讲故事，第三个孩子参与实践活动或创作艺术作品。

我不久前出版的第三本书《重塑真善美》[①]以教育为导向，也最接近我自己内心世界和思维特点。该书精装本的副标题“21 世纪的美德教育”（*Educating for the Virtues in the 21st Century*）颇具修辞艺术，但事实证明，平装本的副标题“网络真相和推特时代的美德教育”（*Education for the Virtues in the Era of Truthiness and Twitter*），似乎更能唤起人们的共鸣，而且非常及时。

---

① 《重塑真善美》（*Truth, Beauty, and Goodness Reframed*）：沈致隆、杨彦捷译，中国人民大学出版社 2012 年 5 月出版。——译者注

这本书的书名和内容，恰巧和我的母校怀俄明高级中学的座右铭“真、善、美”[①]相同。我认为，在基本文字教育之后，应该以灌输这三种经典美德为主要目标。首先，我在书中简明扼要地为它们作出了定义：“真”是命题的准确性、不准确性或不确定性；“美”是能够吸引人们的注意力、令人难忘、值得重复的体验；“善”是我们与他人之间关系的品质，无论那些人和我们亲近还是疏远。然后，我回顾了在我们教育机构内外普遍存在的、对以上美德的看法和曲解。最后，我讨论了认真培养这些美德的教育所面临的挑战与机遇，甚至是在这些信仰处于危机中的时候。事实上，我前一本书[②]的三个主题，分别是“真”（达尔文的进化论）、“美”（莫扎特的一部音乐作品）和“恶”（也就是“善”的反面），讲的是二战时期德国纳粹的大屠杀。

我写《重塑真善美》这本书的时候，正是21世纪第一个十年的末尾。那时，我已经意识到，某些人本主义分析的形式，如后现代主义思潮，对以真、善、美这三项美德为基础的教育构成了威胁。人们甚至怀疑，在随处可见的、易于操作的互联网、各种网络技术以及社会媒体技术出现以后，谈论这些美德已经毫无意义。事实上，当时我也参与了对这些新技术的研究，其成果在2013年我与凯蒂·戴维斯合著的《APP一代》一书中有所介绍。

然而，几乎没有人，当然也包括我自己在内，知道在网络新闻和社交平台盛行的当下，以及我不得不补充说明的，在美国的特朗普时代和英国的脱欧时代，保持什么是真、什么是善的一致观念，将面临多么严峻的挑战。我虽然一直在就这个主题举办讲座、从事教学工作，也不得不承认，坚持传授并强调尊崇这些美德所面临的挑战越来越大，而寻求真、善、美在当代的牢固基础，也越来越难以实现。但我仍想重申，除了继续探求和珍惜真、善、美之外，我们别无选择。

---

① “真、善、美”（Verum, Pulchrum, Bonum）：此处的三个单词为拉丁文。——译者注

② 作者此处所说的“前一本书”，指的是《受过学科训练的心智》有关真善美的话题，见此书第8章。——译者注

我对教育的最初探索，集中在学前教育直到高中教育的年龄段。然而，后来我的教育重心逐渐上移，从观察青少年及其对数字媒体和社交媒体的迷恋，移到研究青年人对工作的态度等项目上。我发现，无论如何，青年人只有在穷尽一切手段获得名利之后，才渴望从事“优善工作”。鉴于这一令人不安的发现，在另一位共事多年的同事理查德·莱特（Richard Light）的建议下，我与另一位长期合作的同事温迪·菲施曼一起，雄心勃勃地开展了考察美国非职业向高等教育的研究项目。

我们这个项目里的研究团队技术娴熟，在 10 个不同的校园里进行了超过 2000 次半结构化的、长达一小时的访谈。这些访谈资料我全都阅读过。此外，我们还采访了即将入学的大学生、已经毕业的学生、教师、高级管理人员、家长、校友、资产委托人和来校招聘的企事业单位人力资源管理人员。我们的目标是提出一种可行的、以搜集的资料为基础的、不仅仅是职业教育的高等教育形式，以使得人们追求真、善、美，批判不符合这些高尚美德的行为。不用说，这样的研究需要大量的综合性工作。

这项研究可能是我和同事们所承担的最具挑战性的学术任务。运气好的话，当你们读到这本书时，我们的分析已经完成。届时，我们将发表论文，甚至可能出版一本关于这个时代的高等教育的书。

最近，我回首自己的青少年时代，惊讶地发现我从十几岁开始，就对教育问题很感兴趣。事实上，在怀俄明高级中学的报纸上，我就写过一些有关标准化考试、智商、美国的高中教育，甚至是大学文科教育的评论文章。但是，如果我没有提出多元智能理论，没有引起不同年龄段和不同学科教育工作者如此浓厚的兴趣，我可能永远不会在接下来的几十年里，认真思考如何最好地，或者更好地从事教育工作，并转变人们的教育思想。无论如何，这个难题已经成为我每天都在思考的事情，并不断由此产生新的研究项目。这些项目需要反思、研究，以及设计、收集和分析数据，最后是综合、再综合。

对于此类需要搜集大量数据和资料的研究项目，项目组的组织和管理问题也值得关注。开始的时候，对感兴趣的问题和原因，我都会自己或者与亲近的同事们一起，首先做一次试探性的梳理。然后再和同事，特别是与我工作了半个世纪的“零点项目”的同事们一起，讨论完成这一研究课题的可能性。我和“零点项目”内的几位年轻同事（他们在这个项目组几乎度过了大半生）共同组建了一个小团队，承诺将项目组规模保持在合理的小范围（或很少扩大）内，并且在项目成功获得资金赞助的情况下，自行实施其研究工作。

我的主要任务是筹集研究资金。几十年来，资金来源是不同的。这个项目是由美国政府资助的，资金主要来自美国国家科学基金会[①]、美国国家卫生研究院[②]，或者规模较小的教育机构。此外，还有各种大小型的基金会、财力雄厚的个人。有时，也来自我自己公开演讲和著作中获得的报酬。在撰写本书的过程中，我回顾了这些年来与我打过交道的资助者，发现竟然有 100 多个，资助总次数达 300 多次。没有这么多机构和个人的慷慨赞助，我不可能取得任何成就……当然，应该指出，我的成功还有另一个重要因素，就是自己坚韧不拔和锲而不舍的精神。

在过去几十年里，我已经领导实施了几十个项目。当然，我所从事的实际工作因研究项目的不同而有所差异，但在每一个项目中，我至少每周都与研究团队正式会面一次，而且大部分时间都在进行日常对话，即使我们当时身处不同的地方。我们分享各自的想法、印象和直观感觉，坦诚相对，避免不必要的指责。通常情况下，我和同事们在访谈或分析、解释数据资料时都在一起工作，我也尽量与他人联合发表论文或共同编写著作。有时候，我们不仅仅发表论文，而且创造机会直接参与实践。在尽量简短地介绍“零点项目”时，我很

① 美国国家科学基金会（National Science Foundation，United States）：美国独立的联邦机构，主要任务是资助基础科学研究计划。——译者注

② 美国国家卫生研究院（USA National Institutes of Health）：美国最高水平的医学与行为学研究机构，探索生命本质和行为学方面的基础知识。——译者注

喜欢打趣说“我们研究并提出各种理念，努力使它们沿着正确的方向实践”。如果随着时间的推移，我能继续为“零点项目”做出独特的贡献，那便是我在学科综合方面的能力有可能帮助其他人进行这种形式的思考。

我已经在上述行文中详细地描述了自己几十年来在数个项目中的思考和工作模式，那么，我的日常工作又是怎样的呢？

自20世纪80年代中期以来，我一直是哈佛大学教育研究生院的终身教授，并以这个身份参加教师和委员会的会议、完成该院领导和哈佛大学校领导交给我的各种任务。

当然，我的主要工作一直是讲授课程，实际上，从2019年春季学期开始，我才成为一名专门从事研究工作的教授。我主要为哈佛大学教育研究生院的硕士、博士研究生授课，有时也为哈佛大学其他专业学院的学生授课。在过去的几十年里，我先后在哈佛教育研究生院内部的几个研究部门工作，从“人类发展”（human development）到“教育的艺术”（arts in education），再到“心理、大脑和教育”（mind, brain, and education），直到最近的“高等教育”（higher education）。我开设的课程，也相应地面向对以上不同研究方向和专业有兴趣的学生。

无论是讲授听众数量可观的大型课程（包括现场授课或录制视频的讲座），还是召开讨论和辩论形式的人数有限的研讨会，以各种衡量标准来看，我都是一个相当称职的教师和演讲者。我认真对待自己的教学工作，及时并仔细地阅读学生的论文，努力了解学生的特点。有时，在期末考试成绩出来后，我还能与他们保持良好的关系。

但事实上，正是在与若干学生深入合作、完成重大研究项目，尤其是他们自己的项目的时候，我才收获了作为教育工作者的快乐。在过去的几十年里，我有幸与“零点项目”的数十名博士研究生和科研人员一起从事了很多个项目，这些项目涵盖了学院的上述 4 个领域，以及自 20 世纪 60 年代晚期以来在“零点项目”实施的数十项研究。当翻阅自己冗长的出版物清单时，我发现自己有幸指导过 100 多名学生，这让我既欣慰又自豪。借用“优善项目”的一些特征，我期望自己是一个公认的合格导师，或者至少是“碎片化导师”，而不是一个折磨学生的导师或他们的反面教员。

在受聘哈佛大学后，我的职责是授课，并由此获得报酬，但提到“导师”，尤其是“优秀导师”这个词时，更能让我感受到的是满足和自豪。撰写这本回忆录，也是想对自己的优秀导师和优秀学生表达感谢。

第 11 章

穿梭在不同的学术领域

对认知科学领域的探索

1975 年，我收到了另一所大学的同行拉里·格罗斯（Larry Gross）的一封信。拉里知道我在 1973 年写了《艺术与人的发展》，而且在同一年还出版了一本关于皮亚杰、列维－斯特劳斯及其结构主义运动的书。他在信里说："你知道吗，有人写了一本书，名为《思维和推理能力受损》，作者和你同名。"

我不知道该怎么回信，那本书确实是我写的。尽管那本书对于我这样一个非专业作者来说，可能有点不自量力，但我确实曾在波士顿退伍军人管理局医院的失语症病房工作了好几年，因此我觉得自己拥有足够多的知识，介绍大脑损伤对人的认知功能的影响。在这本书中，我遵循苏联心理学先驱鲁利亚[①]的传统，并且如前所述，我也期待着向写出了激动人心的著作的英美神经学家奥利弗·萨克斯学习，但我或多或少还是不太好意思向格罗斯承认，《思维和推理能力受损》就是我本人写的。

---

① 亚历山大·鲁利亚（Алекса́ндр Рома́нович Лу́рия，1902—1977）：苏联心理学家，莫斯科大学教授。第二次世界大战期间，他对脑外科和创伤后恢复大脑功能的研究取得了较大进展。——译者注

不管是什么原因，我一直有很强的好奇心。当环游世界的时候，我往往会对自己听到的、读到的或观察到的东西产生兴趣，我会穷尽办法来进行调查。我还喜欢记录我听到、读到或看到的事，这样做的理由之一是为了弄明白在看到自己写的东西之前，我当时在想什么；理由之二是想把我的想法传达给可能和我一样具有好奇心的人。否则，我怎么会在小学二年级时就创办了一份报纸？我怎么会在高中期间就渴望成为校报《观点报》的编辑？我后来又怎么会每隔一周就发一次博客，并且一直延续到今天？（从 2015 年到 2019 年底，我已经发表了近 300 篇博文。）

尽管格罗斯和其他人可能会感到惊讶，但我对自己这样一个热爱艺术的发展心理学家，决心写一本大脑受伤后病人认知功能受损的书，并不觉得有什么奇怪之处。

《思维和推理能力受损》在 10 年后有了续集，也就是我 1983 年出版的代表作《智能的结构》。两年后，也就是1985年，我又出版了一本相当重要的书，探索了一个当时还比较新兴的领域。

在此前的几年里，我一直听说有一个新的研究领域，叫作认知科学。当时，总部设在纽约的艾尔弗雷德·斯隆基金会①，正投入大量资金支持和扩展这一新兴的研究分支。当问不同的人“什么是认知科学”时，我无法得到一致或令人信服的答案。

这样一来，我在获得斯隆基金会一笔不多的资助后，决定自己寻找答案。按照习惯，我广泛阅读了各种资料，咨询了各方人士。这笔资金让我有机会游遍美国，甚至出国采访这个新兴领域的关键人物。最后，我得出的结论是：6

① 艾尔弗雷德·斯隆基金会（Alfred P. Sloan Foundation）：简称斯隆基金会，1934 年由时任通用汽车公司董事长、总裁阿尔弗雷德·斯隆（1875—1966）创建，资助原创性研究，以及与科学、技术和经济相关的基础教育。——译者注

个过去分开的研究领域，正在整合成新的认知科学。因此，我写成的这本书包含了哲学、心理学、人工智能、语言学、人类学和神经科学 6 个领域的内容，我试图至少在一个初级研究生的水平上掌握它们。这本书的主副标题“思维的新科学：认知革命史”，都很清楚地说明了我的研究成果。

这本书的写作，使我能够很好地将自己的兴趣和才能结合起来。从广义上讲，我对心理学和思维、智能等话题很感兴趣，那时我已经写了 4 本标题中有“Mind”[①] 这个单词的著作，但还想再写几本。我崇尚横跨多个学科的研究成果，因此，当我正为社会关系学的消亡而沮丧时，更加不愿意被归类为某一固定学科的代表人物。作为一名研究发展心理学的心理学家、一个曾经的历史学家或放弃历史学家前景的人，我不可避免地会从历史学的角度来思考人和事。回顾我在高中当记者和在大学从事人种志研究[②] 的短暂生涯，我也喜欢采访知识渊博的人，那时，我已经成为一个相当熟练的采访者，喜欢提出当时广受关注的具体问题。

值得注意的是，《思维的新科学》一书依然还不够完善。虽然认知科学显然是在第二次世界大战期间出现的概念和技术基础上发展起来的，但我在叙述中，会尽量少提这类敏感因素。书中我对历史的回顾，集中于古希腊时代的柏拉图和亚里士多德以及后来的哲学家洛克[③] 和康德提出的问题，而不是雷达、计算机和出现在战场上的间谍鸽子。我的叙述以美国为中心，因此最大限度地减少了英格兰、苏格兰、德国、苏联以及其他研究中心有关认知发展的内容。此外，对于一个变化迅速的学科来说，这本书的时效性也很短。该书平装版问世的时候，新出现了一种被称为“平行分布加工”（parallel distributed

① 根据英美三本权威英语词典和本书作者的观点，“mind”一词共有 10 种含义，虽然都与大脑有关（详见本书“译者后记”），但加德纳著作中书名有“mind”一词的多达 11 本，含义显然不可能都相同，故此处只好保留原文。——译者注

② 人种志研究（ethnography）：对各个民族及其文化习俗的研究。——译者注

③ 约翰·洛克（John Locke，1632—1704）：英国哲学家，继承并发展了弗兰西斯·培根和霍布斯的思想，建立并论证了唯物主义经验论的“知识起源于感觉”的学说。——译者注

processing，简称 PDP）的计算方法，被应用于该领域多个分支的研究中。如果要写一部新的认知科学史或认知革命的专著，以上缩减和遗漏就必须加以弥补。对于我来说，就需要重新调整思路。但是，可能像社会关系学一样，认知科学也只是某个特定时期的跨学科综合，很快就会成为明日黄花。新出现的跨学科研究领域，如人工智能和基因组学，现正处于领先地位，我期待着年轻的综合思维者继续努力。

《思维的新科学》这本书多少也体现了我自己的一些特点。我对撰写权威性的作品，或做最后综述的兴趣，比起第一次或至少在参加写作比赛的早期要小得多。我喜欢将有关想法和报道尽可能恰当地放在一起，尝试最初的综合，然后继续写作，而不是立即下结论。从这个意义上讲，我很像我的导师杰罗姆·布鲁纳。他经常做第一个关键的实验或演示，然后让别人跟着学做，或者用不太好听的话来说，就是去“捡拾碎片”（pick up the pieces）。或者，我也像颇有见地的经济学家阿尔伯特·奥托·赫希曼[①]那样，毫不犹豫地广泛运用自己的综合能力，并把自己描述成一个不同领域的“闯入者”。同时，我也很难想象自己像政治历史学家罗伯特·卡洛（Robert Caro）那样，花几十年时间专门研究美国总统林登·约翰逊[②]；或者像文学历史学家莱昂·埃德尔（Leon Edel）那样，花几十年的时间专门研究小说家亨利·詹姆斯[③]。但也许这些传记作家们会说，约翰逊或詹姆斯都有自成一体的世界，正像我专注并追寻了至少半个世纪的“Mind”一样。

---

① 阿尔伯特·奥托·赫希曼（Albert Otto Hirschman，1915— ）：德国出生的美国经济学家，结构主义的主要代表，发展经济学的先驱者之一，被誉为“当代伟大的知识分子之一”，曾任普林斯顿高级研究院社会学教授。——译者注

② 林登·约翰逊（Lyndon Johnson，1908—1973）：美国总统（1963—1969）。——译者注

③ 亨利·詹姆斯（Henry James，1843—1916）：美国作家，代表作有长篇小说《美国人》（*The American*）等，对 20 世纪的现代派及后现代文学有非常大的影响。——译者注

对创造力和领导力的探索

在研究认知科学之后的 10 年里，我再次“放纵”自己的好奇心（也就是我向自己提出的需要解决的问题），朝着新的、意想不到的方向发展。出版有关智能和多元智能理论的著作后，也就是我因为《艺术与人的发展》（1973 年）、《巧妙的涂鸦》（1980 年）和《艺术 · 心理 · 创造力》（1982 年）在内的多部有关艺术的著作广为人知以后，我经常被人问道：“关于创造力，你有何见解？”因此，我开始了对 7 位具有惊人创造力的重要人物的研究，而且推定他们每个人的成就都归因于自身特有的一种智能强项。在某种程度上，我的选择来自我所知道的并且钦佩的人。因此，我依次写了弗洛伊德（自我认知智能）、爱因斯坦（逻辑 – 数学智能）、毕加索（空间智能）、伊戈尔 · 斯特拉文斯基[①]（音乐智能）、艾略特[②]（语言智能）、玛莎 · 葛兰姆[③]（身体 – 动觉智能）和甘地（人际认知智能）的故事。

经常有人问我最喜欢自己的哪本书，我通常会首选描写以上 7 位人物的《大师的创造力》，原因有两个：其一，我花费了大量时间去探索这些我非常喜欢的人物的工作及作品，因此，这 7 位杰出人物都是“我非常愿意邀请共进晚餐的人”[④]。其二，与其他历史书籍和传记相比，我更愿意利用这个机会查阅原始资料。我研究了艾略特的诗歌手稿、弗洛伊德的书信、毕加索创作《格尔

---

① 伊戈尔 · 菲德洛维奇 · 斯特拉文斯基（Игорь Фёдорович Стравинский,，1882—1971）：美国作曲家、指挥家，西方现代派音乐的重要人物之一，被认为是“音乐界的毕加索”，是加德纳定义音乐智能的标志性人物，原籍俄国。——译者注

② 托马斯 · 斯特尔那斯 · 艾略特（Thomas Stearns Eliot，1888—1965）：英国诗人、文学评论家、剧作家，获 1948 年诺贝尔文学奖，代表作《荒原》。——译者注

③ 玛莎 · 葛兰姆（Martha Graham，1894—1991）：美国舞蹈家，现代舞创始人之一。——译者注

④ “我非常愿意邀请共进晚餐的人”：作者应询对此隐喻的解释是“有教养的美国人戏说：‘如果你能举办一个晚宴，可以邀请任何人，你会邀请谁？’”（a game that cultured Americans play：IF you could have a dinner party and invite anyone, whom would you invite？）——译者注

尼卡》时的原始素描，以及少数保存下来的葛兰姆舞蹈演出的录像。如果能再有一个自由的 10 年，并且我的身体依然健康，我很愿意重复以上做法，探索更多极具吸引力的杰出人物。如果有机会扩大研究范围，我会选择一个在人口统计学上更多样化、跨越不同历史时期的人物。我曾有机会尝试这样做，在一本名为《杰出的头脑》(*Extraordinary Minds*）的书中，我谨慎地对伍尔夫[①]和莫扎特进行了个案研究。

并不是所有我想写的传记作品都能完成。20 世纪 80 年代，我认识了一位有趣的科学家丹尼尔·卡尔顿·盖杜谢克[②]。卡尔顿不但因发现缓慢生长的病毒获得了诺贝尔生理学或医学奖，而且作为一名杰出的医生、医学知识集大成者、人类学家，他还有独特的"思维生命"[③]：他收集、归纳了南太平洋几十个部落中人们所患的怪病信息，并采取了相应的医疗措施。我决定写一本关于卡尔顿非凡思想的书，不但得到了他的许可，同时也获得了出版商的出版承诺。

有一天，当我在哈佛大学医学院图书馆埋头阅读有关卡尔顿的医学杂志时，一名工作人员走过来，脸上带着一丝意味深长的笑对我说："加德纳博士，我想你应该看看这个。"他给我看了一份报告，上面说卡尔顿因为恋童癖被捕，其中涉及他从新几内亚收养的一个儿子。卡尔顿最终被判犯有性行为不端罪，入狱服刑 18 个月，并通过认罪协议获准离开美国度过余生。

我曾纠结于是否完成并出版这本传记，但最终还是放弃了[④]。因此，虽然

① 弗吉尼亚·伍尔夫（Virginia Woolf，1882—1941）：英国女作家、文学批评家、意识流文学代表人物。——译者注

② 丹尼尔·卡尔顿·盖杜谢克（Daniel Carleton Gajdusek，1923—2008）：美国科学家，曾获哈佛大学医学院博士学位，由于在库鲁病（Kuru disease）研究上的贡献，获 1976 年诺贝尔生理学或医学奖。——译者注

③ "思维生命"（lives of the mind）：加德纳应询对此的解释是"盖杜谢克拥有多方面的知识和解决不同领域问题的能力"。（Gajkusek had much knowledge and many different problem solving abilities.）——译者注

④ 正如一位编辑对我说的："霍华德，你需要太多烘托气氛的音乐（too much mood music）。"

卡尔顿已经成为我小说和传记的主题，但我还是否定了这个项目，也可能永远不会再做。我再一次认识到，并不是全部有希望的项目都能完成。此外，我也不得不面对这样一个事实：我可能会被极具魅力的人和思想吸引，但这种倾向会使我看不到缺点，包括非常严重的缺点[①]。

我对其他领域的兴趣虽然飘忽不定，但是却经常有一些出人意料的成果。尽管像许多朋友一样，我长期以来都对政治很关注，但我对领导力本身并没有过认真的思考。因此，当杰出的政治学家詹姆斯·麦格雷戈·伯恩斯[②]邀请我写一本关于领导力的书时，我虽然很感激，但很快就婉拒了。

尽管如此，伯恩斯却在我心中埋下了一颗种子，我开始思考领导力的问题，并意识到我在这个话题上的确有话想说。所以，同《大师的创造力》这本书的写作一样，我再次排列了一组人物，他们都是高效的领导者，虽然不一定是我熟知的，也不一定是我毫不掩饰地表达过钦佩的人。我对他们的智能有一些兴趣，其中有代表性的是语言智能和人际认知智能，但我选择用他们各自独创的叙事来介绍他们，并说明这些叙事在他们的人生中实际起到的作用，也就是我称为的“他们故事的具体价值”。事实上，正如我所说的，领导者是能够理解他人的思想、情感和行为的人。最有效率的领导者，会讲述他们的听众希望和需要听到的故事，并通过他们自己的传记、人生，举例说明这些故事。

猛然一看，这份包含了 11 位领导人的名单似乎有些混杂，但我的“胆大妄为”是有原因的。这种奇怪的组合既有缺陷，也有优点。人类学家玛格

---

① 为了充分披露这方面的信息，我应该在此说明，我曾一度得到了杰弗里·爱泼斯坦（Jeffrey Epstein）的支持，他是一位极富个性的投资者，资助过哈佛大学和其他地方自然和社会科学领域的许多研究人员，但最后却被揭露是臭名昭著的性侵犯者。当我得知这个严重指控后，断然拒绝了他进一步的资金支持。

② 詹姆斯·麦格雷戈·伯恩斯（James MacGregor Burns，1918—2014）：美国政治学家，普利策奖及国家图书奖获得者，曾任美国政治学会会长、国际政治心理学会会长。——译者注

丽特·米德和物理学家奥本海默是学术界人士，却处于领导者的地位。罗伯特·梅纳德·哈钦斯[①]领导了有影响力的教育机构芝加哥大学，乔治·马歇尔则统率着美国军队。埃莉诺·罗斯福[②]和马丁·路德·金并无官职，却对几个选区产生了极大的影响。教皇约翰二十三世利用自己的职位，在令人惊讶的短时间内，对天主教会进行了重大的改革。撒切尔夫人将英国推向了一个意想不到的方向，其影响是长期的，但也是颇具争议的。让·莫内则推动了欧洲共同市场和欧盟的创建。最后，还有我崇拜的甘地，他在20世纪上半叶以前所未有的方式改变了世界。通过像纳尔逊·曼德拉和马丁·路德·金这样的追随者，以及甘地这样的杰出榜样的影响，人们很自然地希望，能继续以深思熟虑、宽容、和平的方式改变世界。

虽然当时我并没有特别意识到这一点，但以上两项关于领导力和创造力的研究，却使我重新燃起了长久以来对这两个话题的兴趣。回想起来，当我还是个孩子的时候，在我的卧室里，就有优素福·卡什拍摄的爱因斯坦和海明威的照片。我承认自己不一定了解他们生活和工作的细节，但当时我已经非常仰慕世界上那些像他们一样取得了巨大成就的人物。可能是无意识的，我不仅崇敬这些人，还努力记住有关他们的一切。很遗憾，由于童年时的偏见，我所有的偶像几乎都是白种人，有些还是犹太人，当然也有些不是。

---

① 罗伯特·梅纳德·哈钦斯（Robert Maynard Hutchins，1899—1977）：美国教育家，曾任芝加哥大学校长。——译者注

② 埃莉诺·罗斯福（Eleanor Roosevelt，1884—1962）：美国第32任总统富兰克林·罗斯福的妻子。——译者注

对社会科学的探索

从某个角度看，人们很容易发现，几十年来我的兴趣和著作主题驳杂，看起来我像是在不同领域的地图上乱跑。我的耳边似乎经常响起："集中注意力，霍华德，集中注意力！"或者借用以赛亚·伯林的话来说："不要像狐狸，要像刺猬。"

如果你考察过我的职业背景，就会理解我为何在不同学术领域之间游荡。40 年前，我出席了儿童发展研究学会的学术会议；30 年前，我出席了失语症学会和国际神经心理学的研讨会；20 年前，我出席了美国教育研究协会和美国国家教育科学院的学术会议。后来，虽然我喜欢参加聚集了多个领域学者的会议，如美国哲学学会、剑桥科学俱乐部和美国艺术与科学院举办的学术会议，但时至今日，我已经不出席任何单一学科或团体组织的会议。

坦率地说，虽然在其他人看来我的一系列联想可能是分散的，但我却不这样认为。我更愿意认为自己有一个终生使命，或者需要完成一组使命，并在几十年的时间里以各种方式不断地努力。但仅仅下个这样的断言还远远不够，我需要论点和大量论据。

现在，让我们回到我的少年时期。我亲爱的叔叔弗里茨当时就有种直觉，我将会对心理学感兴趣，因此送给我诺曼·芒恩那本解释了色盲原理的心理学教科书。由于缺乏正规的高等教育，弗里茨很容易横跨多个学科和领域。他向我示范了如何在广泛探索的同时，心里始终保有一个问题或特定的兴趣。因为，当一个人徘徊不定的时候，有一个或至少几个焦点也是很重要的。我当年作为高中校报的编辑，已经写过一些关于教育问题，特别是那些在中学和大学里出现的问题的文章。在怀俄明高级中学的高年级研讨班上，我喜欢读美国历史学和文学的综合研究，尤其是理查德·霍夫施塔特和其他研究范围更广的历史学家，如埃里克·戈德曼（Eric Goldman）和弗农·帕林顿的著作。

大学本科时代，我很享受这样的机会，选修了横跨很多学科和领域的课程。本科学习刚开始的时候，我以为自己是沿着历史学和法学的方向发展的。实际上，无论是我对学生提出的有关“人生问题”（life questions）的合理回应，还是在本书前几章的文字中，都可知我在这两方面表现不错。虽然我很愿意永远留在哈佛学院，但在哈佛大学社会关系学系和与此相关的学术领域里，我才找到了智性的归属。我从历史学和法学的学术之海“上岸”的部分原因，是喜欢和钦佩哈佛大学社会关系学系的老师。他们中的一些人早些时候曾是社会关系学系的创始人，还有一些人作为导师非常称职。更大的原因是我喜欢那里更广阔的研究主题，并感到如鱼得水且斗志昂扬。

社会关系学被雄心勃勃地归入了“社会科学”，在 20 世纪中期真正成为后者的一个分支。实际上，学术领域内的心理学、社会学和人类学，在一个世纪前几乎不存在，它们的观察、经验和实验方法，是在 20 世纪的前几十年发展起来的。这些方法包括系统的人种学观察，即所谓制作“人类关系区域性档案”（human relations area files），记录从 100 多种文化中观察到的个人行为，并对其进行心理实验和干预、智力测验、以罗夏墨迹测验和主题统觉测试[①]为代表的人格测试及小组观察。也许最重要的是，自 20 世纪 50 年代以来，大规模的调查和对报告的统计分析，都得到了计算机的帮助，因为计算机可以取代艰苦的人为数据分析。在以往，这些工作通常由不具名的妻子和学生，以及报酬不高的研究助理完成。我研究了主要思想家马克思、弗洛伊德、埃米尔·迪尔克姆、马克斯·韦伯、皮亚杰、列维－斯特劳斯、人类学家玛格丽特·米德和社会心理学家乔治·赫伯特·米德[②]，我还向许多对上述研究问题和方法做出了开创性贡献的人致敬。与他们的思想碰撞，是件令人兴奋的事情。

---

① 主题统觉测试（Thematic Apperception Test）：美国心理学家摩根（C.D.Morgan）和亨利·默里（H.A.Murray）于 1935 年为性格研究而编制的测量方法，简称 TAT。——译者注

② 乔治·赫伯特·米德（George Herbert Mead，1863—1931）：美国社会学家、社会心理学家及哲学家，符号互动论的奠基人。——译者注

另外，这一点可能还未得到广泛认可，也就是这些以社会研究、社会科学、社会关系学、人际关系学等名称出现的跨学科研究，对那些在一种文化或亚文化中长大，但后来生活在另一种文化或亚文化中的人来说，尤其具有吸引力。美国的创始人都来自新大陆北部大草原（我很遗憾地说，几乎都是男性），他们的父亲往往是牧师。他们来到美国大城市读大学，往往也去过德国留学，被先后接触到的文化环境之间生动而深刻的差异所震撼。在整个欧洲，正是访问殖民地或接触来自战乱地区的难民拓宽了那些从事社会科学研究的人的视野。为了理解 20 世纪文化的冲突，以及偶尔出现的融合，学者们倾向于创建和发展有远大使命的社会科学。

我绝对是这种矛盾现象的产物。我的父母、祖父母，以及许多堂兄弟堂姐妹、姨妈、叔叔和家庭的朋友都在西欧出生和长大，他们具有欧洲资产阶级文化的背景，但这种文化被法西斯主义的崛起破坏了，或许还是永久性的。作为他们的家人，我感觉到了并试图处理随之而来的矛盾。19 世纪末 20 世纪初，在斯克兰顿这个小城里，挤满了因某种原因逃离欧洲或南美洲的人，有爱尔兰人、意大利人、波兰人、乌克兰人、威尔士人、东欧犹太人和德国犹太人，还有小部分亚洲人、西班牙人，以及美国南方各州来的非裔美国人，他们都想在这个无烟煤工业迅速衰落的地区获得成功。尽管移民潮基本上在 20 世纪中叶就已经停止了，但在 20 世纪 40 年代和 50 年代的斯克兰顿长大的任何人，都会直觉、本能地将他们遇到的人按照种族和宗教分类，其中没有无神论者，或者至少没有公认的无神论者。我经常感到惊讶，我的孩子和他们的朋友们，不能迅速而且出自本能地辨认出他们在广播或社交媒体上遇到的任何人的种族归属。作为一名科研人员，我不禁要问，今天的年轻人对他们在网上遇到的人，是根据什么来分类的？

因此，我很高兴有机会对我周围的人，以及适合作为研究对象的人的心理、文化和社会环境进行更系统的观察、研究和理论分析。在我受教育的过程中，我特别钦佩埃里克·埃里克森和大卫·理斯曼这样的人，他们理解群体之间的分歧与共性、群体成员的人生轨迹和他们"登陆的地方"①，并且能给出证据确凿、令人信服的说明。

毫无疑问，如果我能在哈佛大学研究生院继续正规地学习社会关系学，我也会像他们那样做。但我却不得不在那个地方的几条不同道路上进行选择。我对皮亚杰雄心勃勃的学术项目的热情，以及杰罗姆·布鲁纳的著作和指导对我产生的影响，使我走向了发展心理学的道路。如果我必须选择社会科学的某一个分支，这可能是最好的。这个选择结合了人类的历史和思维方式，是我长期以来（甚至可以追溯到我青少年早期阅读过的教科书）的兴趣所在。当然，发展心理学对社会学和人类学的探索也是开放的，走在这条道路上，社会关系学的精髓在我心中并没有完全消失。虽然我对社会心理学和部分实验心理学感兴趣，但我很少被那些声称在短期干预或"治疗"后产生戏剧性效果的研究说服。因为我相信，如果一种效果能够如此迅速地产生，它也能以同样的速度消失。我感兴趣的是渐进式的、最终更持久的改变，实际上就是经过长期的、几十年的发展，而不是几个月或几分钟的改变。也许这种智能的观点，有助于解释我在社会心理学专业研讨会上与斯坦利·米尔格拉姆那次难忘的冲突。

说回本书第 4 章中我阐述的与皮亚杰相呼应的观点，我觉得自己需要一个平台继续观察，并和儿童一起做实验。皮亚杰、列维－斯特劳斯、后来的乔姆斯基援引的逻辑或代数结构，以及诺曼·格施温德和鲁利亚关于大脑的研究，都为我提供了诱人的平台。我永远钦佩那些研究方向向逻辑学或生物学倾斜的人，但正如我在多元智能理论中说过的，我不认为自己有必要或被迫转向这些学科。

① "登陆的地方"（landing places）：作者加德纳应询对此的解释是"当你面临职业或学科的抉择时，你需要选择一个并在那里落脚，类似于飞机着陆时需要选择一条跑道"。（When you have a choice of careers or disciplines, you need to choose one and LAND there, analogy to an airplane in the air that needs to choose a landing strip.）——译者注

高中和大学本科的学习，为我提供了一个具有多种功能的“工具箱”。从那以后的几十年里，我就能够利用那些学术武器从事研究工作。在博士研究生阶段的学习过程中，这个“工具箱”中的一些工具的功能得到强化，这使我赢得了学术声誉。在哈佛大学攻读心理学博士和三年神经医学博士后的研究，让我正式进入了学术殿堂。但我抵制学术的过分专业化，就像我更喜欢以书为代表的广阔媒介，而不是大多数教授和我的同行所珍视的、观点鲜明的、提供给同行评议的论文。

在回顾自己的智能及一辈子的事业之后，我产生了一个新问题：我和其他像我一样的人所做的究竟是什么？对这些事业，我们应该如何描述、捍卫、保有和发扬光大？这是本书最后一章要说的话。

第 12 章

21 世纪最重要的思维方式

最恰当的定义

2016 年，特朗普担任美国总统的前几天，两本新书在美国引起了相当大的关注。一本是 J.D. 万斯的《乡下人的悲歌》[①]，记述了作者从过去在阿巴拉契亚[②]艰难挣扎，到后来成为在耶鲁大学受训、在风险投资界享有盛誉的律师的过程。第二本书是社会学家阿莉·霍赫希尔德[③]的《故土的陌生人》（*Strangers in Their Own Land*），描述了她在美国最南部的路易斯安那州和密西西比州 5 年的工作经历。

万斯的书值得一读，但对我而言，它只是一个个人故事，缺乏强有力的、更广泛的启示。相比之下，霍赫希尔德的书令我产生了特别的共鸣。虽然并不

① 《乡下人的悲歌》（*Hillbilly Elegy*）：美国作家 J.D. 万斯（J.D.Vance，1983— ）的自传，曾被《纽约时报》称为“理解特朗普竞选成功的 6 本书之一”。——译者注

② 阿巴拉契亚山脉：美国南北走向的山系，是东部沿海地带和大陆内部广袤的低地之间的天然屏障，对大陆的殖民和开发起着至关重要的作用，英国最初的 13 个殖民地就建立在阿巴拉契亚山脉以东的地区。——译者注

③ 阿莉・拉塞尔・霍赫希尔德（Arlie Russell Hochschild）：美国社会学家，加州大学伯克利分校社会学系荣誉教授。——译者注

认识她，但我还是以“粉丝”的身份给她写了一封信[①]。我在信中指出，她的这本书让我想起了大卫·理斯曼的《孤独的人群》，那本书无疑是美国最有影响力的社会学著作之一。令我高兴的是，霍赫希尔德几乎马上就回信了，她回忆道：“大二的时候，我坐在斯沃斯莫尔校园前的草坪上，和男朋友、也就是现在已经结婚 42 年的丈夫聊天说，我真正想做的，是写一本像《孤独的人群》那样的书。”现在，她做到了！（霍赫希尔德给我的回信见 160 页后的插图。）

这次交流引发了我的思考。霍赫希尔德在写这本书时所做的、我们在“优善工作”项目中所做的，以及最近我们在高等教育的研究中所做的，都远远超出了新闻行业的范畴。这并不是想批评新闻业，这一行业至少和学术领域的研究工作同等重要。但是，记者根据任务和规范写作，报道有时效性。他们就像一个承担多起诉讼案件的律师一样，一旦写完一篇文章并发表，必然会转到下一篇文章去。他们即使写书，通常也像散文家一样起笔，而不像学者那样。因为学者们相对缓慢的工作节奏，以及对引文和资料来源的挑剔，可能会使记者无法承受。

相比之下，一旦经过正规培训，我们这些学者通常会选择自己的主题，根据研究的需要、可用的资金，以及其他资源，花费相当长的时间，系统地研究某件事。我们尽可能多地、以恰当可行的方法探讨自己的专题，并设法将其与该领域前人所做的工作系统地联系起来。我们永远不能预知什么时候能完成这项研究，可能在一天以内，也可能需要 10 年。如果我们没有发现有趣的东西，或对自己的想法或已有的发现缺乏信心，我们也许会写下来，也可能一字不提。正如我的导师罗杰·布朗有一抽屉未发表的文章一样，我也有几箱未出版的著作草稿，如前文提到的有关病毒学家卡尔顿的传记，以及一本研究莫扎特的手稿。此外，我还有些其他研究项目的手稿，如有关英国广播公司的系列节

① 我经常以“粉丝”的身份给人写信，有时会收到答复，有时收不到，但重要的是见证——写信和寄信，并希望它不会被程序和收件人简单地当作垃圾邮件。

目“生命线”的、雄心勃勃地对皮亚杰三名孩子的研究的补充，以及“儿童早期符号表达”项目的研究，最终都没有出版。

社会学家大卫·理斯曼和他的同事内森·格莱泽[①]、鲁埃尔·丹尼在《孤独的人群》中所做的，与霍赫希尔德在《故土的陌生人》中所做的一样，都是研究了不同的领域再专精一个主题（心理学），在通识与精专两方面都有所成就。他们也都同我的老师埃里克·埃里克森在《童年与社会》[②]中所做的一样，最终转向了心理学。也许这么说有点不谦虚，但我与凯蒂·戴维斯在《APP 一代》[③]中也试图沿用这种方法并从其他领域借鉴了大量数据。此外，类似的尝试还有罗伯特·帕特南[④]的《独自打保龄球》（*Bowling Alone*），丹尼尔·卡尼曼[⑤]的《思考，快与慢》（*Thinking, Fast and Slow*），我和米哈里·希斯赞特米哈伊、威廉·戴蒙的“优善工作”项目，以及我和温迪·菲施曼对高等教育各利益相关者的 2000 多次访谈的分析。

当然，在这些不同的合作项目中，上述学者都收集和分析了各种资料，并以各种方式展示给公众。但也许某一天，或者更可能在 10 年结束时，更重要的是，作为学者，我们应尽可能以最有效的方式，将收集到的资料和脑中的既

① 内森·格莱泽（Nathan Glazer，1923—2019）：美国城市社会学家、哈佛大学社会学荣誉退休教授。他与鲁埃尔·丹尼（Reuel Denney）均为大卫·理斯曼《孤独的人群》一书的合著者。——译者注

② 《童年与社会》（*Childhood and Society*）：1950 年在纽约出版，标志着心理社会理论（俗称生命周期八阶段理论）的初步成形，在心理学、人类学、文化学、社会学等领域引起巨大反响。——译者注

③ 请注意，主书名是仿照大卫·理斯曼和他的同事们对整个年龄组特征的描述。同样，请注意副书名：“当今年轻人如何在数字世界中认同自己的身份、亲密关系和想象力”（How Today's Youth Navigate Identity, Intimacy, and Imagination in a Digital World），其中的三个以字母“I”开头的词汇，直接取自埃里克·埃里克森描述的中年阶段。

④ 罗伯特·帕特南（Robert Putnam，1941—　）：美国政治学会主席、哈佛大学肯尼迪政府管理学院院长。——译者注

⑤ 丹尼尔·卡尼曼（Daniel Kahneman，1943—　）：美国普林斯顿大学心理学和公共事务系教授，因为“把心理学研究和经济学研究结合在一起”而获得 2002 年诺贝尔经济学奖。——译者注

有知识相结合。除了整理资料，我们更希望自己的作品，无论个人的还是集体的，都能在特定的社会和文化背景下，对人类生存的话题取得一定的突破。我应该指出一个显而易见的事实，即意向不等于成就。我和合作者们以取得开创性突破为目标，而我提到的其他学者也成功地做到了这一点。

重要的是，作为学者，我们的语言、术语、概念都是为了保持中立，或者用一个人们不太熟悉但更具启发性的形容词来说，我们渴望客观的立场，我们试图按照自己的观察和分析描述事态，而不是预判或歪曲自己的发现和结论。但如果取得了成功，我们提出的概念和出版的著作，可能会改变人们对话和思考的方式。自相矛盾的是，这种变化可能最终，或者更准确地说，在下一次迭代[①]时，会使我们最初提出的概念显得不太准确、相关性不强，更像是“新时代的产物”，而不是“定论”。

举几个例子。如果我们把关注的焦点放在“独自打保龄球”上，也许人们会开始“一起打保龄球”，这将改变我们这个时代的社会关系。因此，我们需要一种新的方式，来谈论当前不断出现的一系列新的社会关系。如果我们注意到“快速思考”的风险，也许我们中更多的人会在更多的场合，采用慢速的思考方式，或者想出平衡不同思维方式的办法。如果我们小心翼翼地讲述身份认同危机[②]，出现这种危机的人可能会越来越少；或者，身份认同在“APP一代”身上的表现会有所不同。实际上，《APP 一代》这本我和同事合著的书，代表了对大卫·理斯曼和他的同事们，以及埃里克·埃里克森的善意批评。我们认为，现在的年轻人是被手机 APP 而不是其他因素引导的，且社交媒体世界中的身份认同可能很快形成或不那么牢固，亲密关系也可能更难以捉摸，想象力更可能是群体性的。

---

① 迭代（iteration）：具有重复过程的活动中，每一次对过程的重复称为一次“迭代”，而每一次迭代得到的结果是下一次迭代的初始值，目的是逼近所需目标或结果。——译者注

② 身份认同危机（identity crises）：当一个人从原来的身份变成另外一个身份时，就不清楚自己到底是谁了。在经过内心的纠结之后，他会特别强调和认同他的新身份。——译者注

你可能会认为“这不是科学”，至少不是我们所知道的科学，也不是我们学生时代学到的科学。从某种意义上说，今天的科学也在发生变化。我们现在对原子概念的理解，与约翰·道尔顿[①]的不同，关于基因的概念也不同于威廉·贝特森的[②]。但是原子和基因本身不会改变，碳分子、天体行星或地层结构也不会改变——至少不会很快改变。在观察、实验和争论的基础上，改变的是我们如何命名和描述以上要素，以及如何将它们联系起来完成更有野心的计划。如果科学研究的方向是正确的，任何受过训练的人在任何地方都能做得很好，最后得出的结论也应该大致相同。

然而，在思想、文化和社会领域，情况完全不同。因此，我认为将以上“科学”的特点应用于描述这些领域容易造成误解。

所以，我不再认为自己从事的研究是社会科学。如果非要选择一个恰当的名称，我想不出比“社会关系学”更差的名称了。哈佛大学社会关系学系成立于 1946 年，停办于 1972 年，愿它安息！在此，我想提出一个具有竞争力的、更好的名称。事实上，我喜欢与社会心理学家乔治·赫伯特·米德和发展心理学家列夫·维果茨基[③]这两个人相关的短语：前者的“智能、自我与社会”（Mind, Self and Society），后者的“社会层面的思考”（Mind in Society），也分别是他们两人文集的标题[④]。有趣的是，据我所知，这些书名是编辑想出来的，而不是两位作者自己提出来的。这些名词性很强的短语，引起了我长久的，事实上是终身的对人类思维和推理能力的兴趣。我意识到，思想是在特定

---

① 约翰·道尔顿（John Dalton，1766—1844）：英国化学家、物理学家、近代原子理论的提出者。——译者注

② 威廉·贝特森（William Bateson，1861—1926）：英国遗传学家，第一个使用“遗传学”一词描述遗传和变异的人。——译者注

③ 列夫·维果茨基（Lev Vygotsky，1896—1934）：苏联著名心理学家、文化历史学派创始人。——译者注

④ 以上两本文集标题的译文，是依据作者在应询来函中表述的他对此二人思想的认识和散文集的理解。——译者注

的社会和文化背景中发展变化的，而这些宏观环境对它们的影响是巨大的、不可预测的、无休止的。另一个候选的短语是“人类研究”（human studies），但这一名称可能会被误认为有关人道主义或人文主义研究，对这二者我都没太大兴趣。选择“人”（Person）这个词，就没有以上负担，但它似乎又有点个人主义的意味，所以我们可以采用它的复数形式“社会中的众人”（Persons in Societies）。

现在，鉴于我 50 多年来对人的思维和推理能力的浓厚兴趣，我将自己从事的研究命名为“人的思维方式的综合”（human syntheses about human minds）。这个名称的优点在于，它表示的是人类自身完成的综合，而不是主要通过计算机完成的——至少到目前为止是如此。而且，它表明这项研究是关于人类实体及其活动的。但这样说可能有点拗口，还是继续讨论这个领域的命名吧。

大约 20 年前，我有幸与 1969 年诺贝尔物理学奖得主、圣塔菲研究所[①]创始人、天才默里·盖尔曼[②]进行过一次愉快的谈话。盖尔曼给我印象最深刻的一句话是：“21 世纪最重要的思维方式，将是横跨多个学科的综合思维。”我不仅一直没有忘记这句话，而且为感谢盖尔曼的提醒，在 2005 年出版的《决胜未来的 5 种能力》[③]一书中写到了“综合思维”，即有能力接受来自不同渠道的大量信息并进行深入思考，然后以对自己有用的方式组合起来。此外，如果你有足够的技巧，运气又好的话，组合后的产物对其他人也是有用的。

---

① 圣塔菲研究所（Santa Fe Institute，简称 SFI）：位于美国新墨西哥州圣塔菲市，1984 年在盖尔曼的倡议下与数名诺贝尔奖得主共同建立，旨在在世界范围倡导并从事对复杂系统和理论的多学科研究。——译者注

② 默里·盖尔曼（Murray Gell-Mann，1929—2019）：美国物理学家、加州理工学院教授，因提出强子（Hadron）的夸克模型，认为质子等粒子由更基本的夸克（quark）组成，获得 1969 年诺贝尔物理学奖。——译者注

③ 书中提到的 5 大心智分别是：善于综合的（synthesizing）、受过学科训练的（disciplined）、具有创造性的（creative）、谨慎谦卑的（respectful）、符合伦理道德的（ethical）。——译者注

经常有人问，我自己拥有哪些智能、缺乏哪些智能。就像我在这本回忆录开头说过的，我都尽可能认真思考后给予回应。但我现在得出的结论更有意义、信息量更大，也更准确：我拥有的是综合智能，综合了不同学科、不同文化思维与推理方式的智能。

什么是综合思维

在本书接下来的内容中，我将深入探讨综合的问题，并详尽地分析什么是综合性的思维和推理方式、它们是如何工作的，还将说明什么不是综合性的思维和推理方式。我将从两个角度进行阐述：

- 将综合思维方式与我所描述的其他决胜未来的 4 种能力，即受过学科训练的、具有创造性的、谨慎谦卑的、符合伦理道德的，进行对比。
- 通过多元智能理论的视角分析并检验综合思维的操作和技巧。

在介绍决胜未来的 5 种能力时，我对两种不同的情况分别做了说明。首先，这些能力并不代表心理学家对人类大脑运作模式做出了学术上的区分。换句话说，我也不是简单地从我曾提出的 8 ～ 9 种智能中除去 3 ～ 4 种，从而得出这 5 方面的能力。相反，它们是主要针对教育工作者和政策制定者的描述，是关于我们，特别是我们这种决策者，在未来岁月里应该怎样培养自己和他人的那种思想。无论是否是在正规的学校教育中，这些思想都值得重视。

其次，我提出的这 5 方面能力中，有两种有关人类与他人相处。一种体现在与周围关系亲近的人相处时，也就是尊重他人的能力；另一种体现在人们处在群体中时，要有道德。我对这两种能力的认识，是从我们长期以来研究“优善工作”“优善行为”“优善公民”和其他种类的“优善项目”中得到的，相关内容可见本书第 10 章。这些能力对人类的生存和繁衍，都是极其重要的，只不过与我在这里设定的分析任务无关。

除了上文介绍的两种能力之外，决胜未来还要具备思想家、学习者和教师所拥有的认知方式，我现在简单介绍一下。

在定义“受过学科训练的”概念的过程中，我强调这是那些思想家（通常是学者）、哲学家、心理学家、经济学家、物理学家、历史学家、作曲家、音乐学家等，一直到大学课程目录中的各位老师，在几个世纪的时间里发展起来的主要思维方式。我们在成为生物学家、传记作家或芭蕾舞演员的潜力上各不相同，但无论如何，要在这些领域达到训练有素的水平，都需要至少数年的努力。我还坚信，除非一个人已经形成了掌握一个或多个学科的思维方式，否则就不可能完成有价值的综合或创造。即使仅仅是玩弄文字的游戏，也需要训练。①

现在，让我介绍一下，或者说重新介绍一下另外两类认知方式，也就是跨学科的综合思维方式以及创造性的思维方式。在原始的形态中，跨学科综合思维的目标是，将来自一个或多个学科及领域的、观察到或补充进来的信息，以最佳的方式整合在一起。所谓最佳的方式，就是准确的、全面的，并且适合当前研究工作的整合方式。在求学期间需要完成的许多任务，如写读书报告、写学期论文、回答试卷中的综合问答题，至少都适度地要求具备综合性的思维方式。事实上，这正是教科书最应该体现的，也是学校大多数课程应该教会认真学习的好学生的思维方式。

综合思维的核心是发现问题、解决问题，提出或创造出新颖的，甚至是前所未有的想法或做法。但仅仅具有新颖性，也就是说只用原创的方式思考或做

① 未在一个学科或多个学科经过正规训练之前，几乎没有人能熟练地进行多学科的综合，即使我那博学多才的叔叔弗里茨也不例外。

事还不够。一个理念或一种实践，必须以某种方式被相关的群体所接受，才能被认为是具有创造性的。异想天开，或渴望成为画家却只将自己的手指画贴在冰箱门上，这显然是不够的。涂鸦或素描必须能够吸引博物馆馆长、艺术评论家、教科书的作者，或者有收藏家买单，并最终成为值得公众关注的对象，才有意义。有时逆向过程也会发生，例如由于某种原因，一个普通的动作或产品意外地以某种方式传播开来，然后吸引了创造者、评论家或收藏家的注意。

现在回到本章的核心问题，即综合思维和创造性思维之间的分界线在哪里。很难想象，任何潜在的创意或行为，能产生在毫无准备的情况下，因为经过 10 年之久的专业训练非常重要。即使是莫扎特或毕加索等无可争议的艺术天才，或者比尔・盖茨和史蒂夫・乔布斯这样的计算机专家，也都是在他们各自选择的领域里工作了若干年之后，才取得了创造性的突破。所以，要想通过拥有的创造性思维取得成就，既需要事先掌握一定的学科知识，也需要将这些知识恰当地综合。

尽管如此，还是应该在以下两种综合之间画一条线，甚至是一条清晰的界线。第一种是有关议题的一般性的简单综合，目标是被公众普遍接受；第二种则是希望被社会承认具有创造性的综合。用我自己的例子来说，我 1970 年出版的社会心理学教科书，是该领域主要议题的简单综合，对于社会心理学的概念和此后的教科书并没有产生明显的影响。相比之下，我 1978 年第一版、1982 年第二版的发展心理学教科书，更具有创新性，属于第二种创造性的综合。后面这部著作是按学科的发展阶段，而不是按语言发展、社会发展等主题来编写的，其特点是在章节之间穿插一些短文，表现我在这些章节中思考的、我所感兴趣并希望学生们感兴趣的话题，而不是研究那些社会上已经讨论过或课堂上教师已经注意到的话题。最终，这本教科书对该领域后来的教科书产生了一定的影响，人们还希望它能对学生和教师思考人类的发展方式，也产生一定的影响。与我之前在社会心理学领域内发表的文章不同，我在这本书有关心理发展的部分，还适当关注了创造力的内容。

纵观我的一生，可以清楚地发现，我早期的大部分作品都是综合性的，如刚才提到的两本心理学教科书，也就是我研究皮亚杰和列维－施特劳斯的成果《思维方式的探索》，以及调查“大脑受过伤的人”后的综述等。以上我所展示的，是加德纳这位勤奋严谨、一丝不苟的好学生所掌握的知识。在多元智能理论诞生之初，以上成果和著作就被认为是一种综合性的研究。事实上，如前所述，这项研究始于我最初的意图，即调查人类所具有的不同种类的智能。但《智能的结构》一书在以下几个方面，明显地向创造性的方向发展：

- 该书所考虑的人类的能力范围，比那些对认知和智能感兴趣的心理学家通常认为的能力广泛得多。
- 该书调查了从文化研究到大脑研究等多方面的更广泛的学术领域，而不仅仅是少数几个典型案例。
- 该书一方面模糊了自然科学和社会科学研究成果之间的界限，另一方面也对教育产生了巨大的影响，这是事先没有预料到同时也是它最突出的意义。
- 该书使“智能”这个让人肃然起敬的名词复数化，并有了新的内涵和外延。
- 该书可能比我之前及以后写的任何东西都要好，它对于综合思维方式的运用，比我此前写过的任何著作和论文都多。这本书改变了有关人类智能讨论的话语，特别是在教育政策和教育实践方面。更具启发性的是，这本书促使许多人改变了对自己、对身边人的看法。而在过去，这些身边人虽和自己关系密切，但他们各自智能的特点，也就是他们各自智能的强项和弱项，都显得神秘、模糊不清。所以，这本书值得在人类创造力的历史中占有一席之地。

正如我在《决胜未来的 5 种能力》一书中所详述的，综合思维的应用可以是充分的，也可以是不充分的，可以适用于某个目的，也可以适用于另一个完全不同的目的。但无论综合思维的运用者是信心满满还是谦虚谨慎，他都不能简单地决定或宣称某个特定的综合是有创造性的。这个决定只能在经历过时间的检验后，由更广泛的社会大众得出才最恰当。因此凯蒂·戴维斯和我希望 21 世纪的年轻人，能效仿大卫·理斯曼和理查德·霍夫施塔特举出的例子，成为我们所定义的“APP 一代”。但概念和术语目前还没有改变，而且可能永远不会改变，因为它们还没有通过创造性判断标准的严峻考验。

综合思维是几种智能组合的产物

下面谈谈综合思维方式的其他几个方面。有些综合的目标，是把多方面的资料整合在一起，集中到某一点，最后形成单一方面的杰出成果，我们可以称之为“刺猬式”的综合。达尔文史诗般的巨著《物种起源》，就是一个典型例子。而“狐狸式”的综合则容易产生多元化效果，例如荣格[①]对不同人格类型的假定就属于这种综合。如果要举出介于这二者之间的例子，理斯曼和霍夫施塔特对美国生活的描绘，就立即浮现在我的脑海中。而另一些综合的例子则属于朝某个方向努力推进，如赖特·米尔斯[②]关于“权力精英”以及威廉·怀特[③]关于“组织者”的描述，都试图总结 20 世纪 50 年代美国社会的特征。而在社会分析领域，一些综合性的理论导致了非常重要的概念的诞生，如马克思、韦伯、弗洛伊德各自的宏大理论（grand theories）；而另一些综合则仅仅

① 卡尔·荣格（Carl Jung，1875—1961）：瑞士心理学家，荣格人格分析心理学理论创始人，曾任国际心理分析学会会长、国际心理治疗协会主席。——译者注

② 赖特·米尔斯（Wright Mills，1916—1962）：美国社会学家，文化批判主义主要代表人物之一，强调社会的冲突和矛盾，并具有浓厚的价值判断和人文主义色彩，对后来的冲突变迁理论产生了深远的影响。——译者注

③ 威廉·怀特（William Whyte，1917—1999）：美国社会学家、新闻记者和人类研究学家，1956 年发表的经典著作《组织人》（*The Organization Man*）对美国社会学研究产生了很大影响。——译者注

深入关注某个更易于操作的主题，社会学家罗伯特·K. 默顿[①]将其称为“中层理论”（theories of the middle range）。

但是现在，一个对我来说最具挑战性的问题出现了：是否有一种独立的智能专门用于思维的综合？或者我所描述的能力，可否通过一种或多种智能的运用，充分解释思维方式的综合性？

当然，每个人都有权使用或声称发明了“综合智能”（synthesizing intelligence）这个术语。坦率地说，我自己有时也有这样的想法，或至少有这种愿望。我可以很容易地说出那些擅长综合思维的应用者，例如我曾提到过的古生物学家斯蒂芬·杰伊·古尔德[②]和地理学家贾雷德·戴蒙德[③]，他们两人在历史学和音乐上都有很深的造诣。如果不算离题太远的话，我还能介绍一些同时综合了各种风格和形式的艺术家，如作曲家伊戈尔·斯特拉文斯基以及偶尔与他合作的同时代视觉艺术家毕加索，都在20世纪20年代经历了新古典主义时期。顾名思义，正如他们所属流派的名称所表明的，两位艺术家都在自己的作品中，将音乐或美术的当代语汇和古典的主题、形式结合起来。有些艺术家甚至故意综合艺术的载体，如歌剧作曲家理查德·瓦格纳[④]和他的“总体艺术”[⑤]。

---

① 罗伯特·K. 默顿（Robert K. Merton，1910—2003）：美国社会学家、科学社会学的奠基人和结构功能主义流派的代表性人物之一，代表作有《社会理论和社会结构》（*Social Theory And Social Structure*）等。——译者注

② 斯蒂芬·杰伊·古尔德（Stephen Jay Gould，1941—2002）：美国进化论科学家、古生物学家、科学史学家和科学散文作家，哈佛大学生物学教授。——译者注

③ 贾雷德·戴蒙德（Jared Diamond，1937— ）：美国演化生物学家、生理学家、生物地理学家、作家，美国加州大学洛杉矶分校医学院生理学教授，代表作有《枪炮、病菌与钢铁》（*Guns, Germs and Steel*）等。——译者注

④ 理查德·瓦格纳（Richard Wagner，1813—1883）：德国浪漫主义时期作曲家、指挥家、剧作家、哲学家和评论家，在欧洲音乐史、文学史和哲学史上都具有相当大的影响，代表作有《尼伯龙根的指环》（*Der Ring Des Nibelungen*）等。——译者注

⑤ “总体艺术”（Gesamtkunstwerk）：指利用多种艺术形式，从整体上呈现宏大的单个或多个场景的作品。

相比之下，另外一些学者、音乐家和画家虽然也很有名，但对相同领域和话题的探索却越来越深入，而不是更广泛或更全面。对此，我想到了一位认知心理学家研究隐喻和类比的思维方式长达 40 年，还有一位神经生物学家在研究视网膜的一组细胞上花费了同样长的时间。

尽管如此，正如我在前文回顾多元智能理论时指出的，我对于认可更多种类的智能是非常保守的，而更倾向用两个或更多已经被我认可的智能，去解释其他智能的候选者。例如，我经受住了“诱惑”，也没有被“误导”，从来没有承认存在着独立的技术智能或数字智能（technological or digital intelligences），而是运用已经确认的智能，很好地解释了这两个候选智能，这让我很满意。

总而言之，我的理念是：人们可以用不同的方式完成思维的综合，至于如何做到这一点，取决于最能代表他们自身认知特征的智能种类，也就是他们最喜欢运用的、最适合完成他们手头任务的智能强项。很明显，像斯特拉文斯基这样的作曲家，在很大程度上运用了自身的音乐智能强项，而像毕加索这样的画家，则利用了自己在空间智能和身体智能上的优势。这些富有创造力的艺术家，很可能也有很强的语言智能和逻辑智能。如果这些人在“智商”上也具备明显的优势，则只是锦上添花，而不是他们成功的必要条件。事实上，斯特拉文斯基当年所接受的，是成为职业律师的训练，因此他用几种不同语言发表的散文妙趣横生又发人深省。相比之下，绘画天才毕加索的文章和言论都颇新奇，但也仅此而已。

前文提到的善于运用综合思维方式的古生物学家古尔德和生物地理学家戴蒙德，以及其他更多横跨多个学术领域的名人，理所当然地运用了学者们常用的智能，因此他们大概都拥有较强的语言智能和逻辑智能，甚至与“综合思维”这一词组的创造者、物理学家默里·盖尔曼相比，他们的语言智能可能更发达。因为盖尔曼签署了一份出版合同，但在写这本书时，却感到困难重重。

此外，许多杰出的物理学家、数学家和计算机科学家，宁愿埋头于数学符号、不断修改自己的发现和发明，也不愿意多说几句话，把自己想的问题写在区区几页纸上。而我自己，从刚刚能拿起铅笔书写或在键盘上打字开始，就有规律地写作，丝毫不感到勉强和费力。几十年来，我很少寻求使用数字或符号表达的机会，更没有创造新符号的冲动。

到目前为止，虽然我的叙述无可否认地以传记为依据，而非来自“测试”的结果，但看起来还是很有道理的。如果有人说舞蹈家玛莎·格莱姆缺少身体－动觉智能，或两次获得诺贝尔奖的物理学家居里夫人缺少逻辑－数学智能，那不是蛮不讲理，就是颠倒黑白。事实上，如果心理测试试图对这些特征提出质疑，我就有理由质疑这些测试的有效性。

此外，我还认为，我们这些惯用综合思维方式的人，也可能会利用自身存在的、不是明显强项的智能，去帮助我们自己甚至其他人。例如，作为一名物理学家，爱因斯坦可能被认为拥有超强的逻辑－数学智能，但实际上，他还拥有高水平的空间智能，而在推导广义相对论的过程中，他仍然需要朋友马塞尔·格罗斯曼[①]提供数学上的帮助。作为一名科学家和内科医生，弗洛伊德有足够的逻辑智能和空间智能，但他能够脱颖而出还要归功于他的语言智能——1930年，他获得了著名的歌德优秀文学奖。

既然我如此“工于心计”，根据这个给了很多人极大帮助的“综合智能”，分析了以上众多热衷于跨学科综合思维的名人，那么以此为镜，看看我自己的智能结构吧。正如我在前文中所说的，我的语言智能很出色，逻辑能力也足够强。至于人际认知智能，原本就是对心理学家最起码的要求，至少是那些研究人类或试图帮助人类的心理学家应该具备的智能。

---

① 马塞尔·格罗斯曼（Marcel Grossmann，1878—1936）：瑞士犹太数学家、瑞士苏黎世联邦理工学院数学教授，主要研究画法几何，是爱因斯坦的大学同窗和好友。——译者注

但当思考自己的思维方式时，我得出了一个有点不同的分析。作为一个跨学科综合思维方式的爱好者，我相信自己发挥了另外两种智能。首先，作为一个从童年早期就开始沉迷音乐的人，我认为写作本身，尤其是一本书的写作，就好像是一部交响乐的创作，其中的乐章、主题、假再现部①、再现部、间奏曲等一应俱全。无论是我自己的著作，还是学生、同事的著作，从写作或者阅读的开始，我就对一部作品从开篇直到末尾的形式和结构有了一个整体上的认识。就我自己而言，我喜欢尽早确定写作的详细大纲，甚至事先打好完整的腹稿。我对不同主题的引入顺序有清晰的认识，不同“乐器”如何在不同时间点进入和退出，序曲应该怎么写，一个主题的发展、高潮和结尾，甚至尾声如何写，都会在创作之前计划好。说自己能出色地做到这一点也许有点大言不惭，但我确实努力做到了，而且一直都做得相当好。

我对自己有信心且让他人感到惊讶的另一点，是我的博物学家智能。事实上，虽然我在夏令营度过了很多年，并且获得了成为雄鹰童子军成员需要的所有功勋奖章，但我对户外活动的兴趣却不大。然而，当我试图弄清楚自己看到、听到、读到和思考的一切时，我会不断地想到各种规划、分类及重新分类的方法、表格和简单的图像，并将它们排序再排序。诚然，对林耐②、达尔文或奥杜邦③等博物学家来说，这算不了什么，但它可以合理解释我是如何理解自己所收集的庞杂信息的。这也许就是我对生物学的兴趣，总是远远超过对物理学和其他自然科学的兴趣，也是我在从事神经心理学家的工作中喜欢追根溯源的原因。尽管如此，我怀疑自己如果出生在 19 世纪或 20 世纪初，会成为一个比现在更成功的博物学家。毕竟，现在是计算机变得越来越重要的时代，博

---

① “假再现部”（anticipations）：请教中国交响乐团联盟首任主席卞祖善老师后得知，这是交响曲和协奏曲第一乐章在奏鸣曲式再现部的主题出现之前的音乐，也称之为“先现音乐”。——译者注

② 卡尔·冯·林耐（Carl von Linné，1707—1778）：瑞典博物学家，双名命名法的创立者。——译者注

③ 约翰·詹姆斯·奥杜邦（John James Audubon，1785—1851）：美国艺术家、博物学家。——译者注

物学家所做的分类工作更可能由计算机程序或深度学习算法完成，而非通过人的眼睛和大脑。

当然，以上所有都是我自己的分析，如果我有资格谈论自己的智能结构的话，那么其真实性取决于我是否拥有敏锐的自我认知智能。然而，当我在更广的范围内思考综合思维方式的时候，除了考虑到自己独特的个人心理之外，我还想提出几点补充意见。

思维方式的综合是一门艺术。要创作一部作品或策划一场大型演出，并将其信息有效地传达给他人，一开始就需要对整体的形式，各部分的安排，读者和观众的关注点和欣赏品味，音乐作品的序曲、发展部和尾声，都有明确的认识和计划。所有这些方面的技巧，更像是艺术而非科学。对于科学来说，现实行为和准确描述必须占据首要地位。我认为，综合思维方式的爱好者都是有抱负的艺术家，他们（包括我在内）从自己最喜爱的艺术形式——音乐、文学、建筑、舞蹈，还有其他的美学交流手段中，汲取灵感。

但综合思维的爱好者与“纯粹的”艺术家又有所不同，不能从零开始随意向任何方向或所有方向同时发展。相反，他们受到限制，或者可以说，他们被自己和其他人收集的数据和资料赋予了权利，无论这些资料是历史学的、文学的还是心理学的。因此，有抱负的综合思维方式的爱好者，需要采用特定的方法来处理收集到的数据和资料，直到他们找到适当的、准确的、易于和人交流的解决方案。这个过程中，还会有一个意外的收获：综合思维的运用者本人会感到愉悦。而我，则继续按照博物学家的方法，标记、再标记收集到的不同数据的种类。但我怀疑，有很多种排序和重新排序的方法，甚至可能与综合思维爱好者的数量，或者至少是典型的综合思维方式爱好者的类型一样多。

我准备走得更远。正如人们在完成学校作业或创作新作品时，往往会运用自己喜欢的智能一样，我们这些倾向于运用综合思维的人，也喜欢利用那些可以帮助我们理解自身感受的智能。有抱负的综合思维者，会将多种智能想象成化学元素周期表上的不同元素，并由此制备出特殊结构的化合物，帮助他们完成自己的任务。

正如我在《决胜未来的 5 种能力》一书中所指出的，心理学在很大程度上放弃了对综合思维这种认知形式的阐释。我们对人类如何综合信息、如何以对我们自己和其他人有益的方式，恰当、精准、出色地运用真正富有创造力的方法整理这些信息，都知之甚少。这种技巧的熟练或成功与否，不能简单地通过实验室里的实验来验证，也不能通过随后在高排名的同行评议期刊上快速发表论文来证明。所以，到目前为止，对于我上述介绍过的、更广范围内的综合思维方式的研究资料很少。这种情况对喜欢综合思维方式的学生是一个诱人的挑战，我期望他们将来能够阐明这种思维方式的具体操作，至少是在大师级的深度学习计算机程序使得人类迄今为止的综合智能变得不合时宜之前。

我自己的研究案例，可能为今后这类课题研究提供了一个起点。未来研究综合思维的学生或学者，可能会在某个时间点对以下因素进行思考：人在幼儿时期好奇心的兴起及其广泛的程度、原因，如在一个隐藏了重要信息的家庭里长大意味着什么，而在其他环境中长大的成年人，会对什么样的社会感到陌生；在没有“智能衣架”（intellectual coat-racks）的情况下，如何储存和保存各种各样的信息；不同领域的信息包（packets of information）在认知空间（cognitive space）中相互连接或“游离”的程度；以适当的符号记录临时性的综合思维的冲动；将不同领域的信息以各种形式组合在一起的愿望；涉足、掌握、挑战或规避现有学科的倾向；创造力的延伸或收缩，如是谈论课堂作业及论文、编写可靠的综述，还是寻求雄心勃勃的冒险突破。除此而外，还有决定哪些研究不做，或需要推迟到以后再发表、出版。或者此类研究综合思维方式的学生，对明显具有综合天赋的多个个体进行纵向案例的研究及比较。这些人可能是某个学科的杰出人士或创造者，但是没有表现出特别的综合思维倾向及天赋，或者他们实践的综合思维方式显然具有局限性、误导性，甚至毫无用处。我曾幻想过对 4 个名为斯蒂芬的人进行研究，他们分别是地质学家古尔德、物理学家温伯格①、心理学家平克②、文学家格林布拉特③，我想研究他们是如何成为跨学科的大师级人物的。

还有一个问题，就是“对综合思维的培养”。如前所述，当我们要求学生写读书报告、实施一个研究项目或撰写一篇论文作为考试的一部分时，都对综合思维提出了适度的要求。那么，评估学生的这类作品应该是有标准的，如果在细则上我们的教师没有给出评估标准，学生们就会极力要求提前知道这些标准。此外，还有一些对综合思维要求较高的作业，通常是学期论文或某一学科的论文。为完成这两种作业，学生被要求以某种方式得出与现有文献或前人已经获得的实验结果不同的东西。如果说综合思维在我们这个时代很重要，那么系统地、技巧完备地发展它，似乎就值得我们努力。

在解释如何驾驭大量的、特别是来自不同学科的知识，以及如何用有效的方式对其加以综合（即使不改变它）时，学者们基本上都只能依靠自己，因为几乎没有人指导你。因此，就像我自己的例子一样，有抱负的综合思维者，必须有可遵循的榜样。幸运的是，我的榜样中既有两位杰出的跨学科综合思维的大家，我认识的心理学家杰罗姆·布鲁纳、社会学家大卫·理斯曼，也有所谓的“典范”，即我不认识但很敬仰的人，他们是历史学家理查德·霍夫施塔特、散文家埃德蒙·威尔逊等。我们这些有抱负的综合思维者，必须了解自己独特的动机、技巧和智能，是否可以用综合思维来帮助我们整合有关学科。

---

① 斯蒂芬·温伯格（Steven Weinberg，1933—2021）：美国物理学家，曾获 1979 年诺贝尔物理学奖，还曾获得过刘易斯·托马斯奖，该奖项是用于奖励科学家中的作家的，因此被称为“诗人科学家”。——译者注

② 史蒂芬·平克（Steven Pinker，1954—　）：加拿大认知心理学家、语言学家、科普作家，哈佛大学教授。——译者注

③ 斯蒂芬·格林布拉特（Stephen Greenblatt，1943—　）：美国文学批评家、理论家，哈佛大学教授，专门从事跨越传统学科界限的前沿性学术研究。——译者注

但在未来，没有必要让处于萌芽状态的综合思维者独立工作。即使在学校引入“综合”这个概念，也仅仅是迈出积极的第一步。导师可以为他们做出榜样，说明如何理解来自不同学科的资料，就像我经常在课堂上和学生，或者和博士研究生一对一对话时所做的那样。我们可以研究各自欣赏的、对我们有用的综合性的资料，也可以研究那些令人困惑或让我们无法产生灵感的资料。在第二种情况下，比较不同的教科书如何阐释同一主题，可能会很有启发性。最重要的是，我们可以给学生分配明确的“综合思维”的任务，询问他们实施计划的方法，并对他们的说明发表意见、给予进一步的反馈。然后让学生阅读并检查其他同学的计划和努力情况，指出自己在哪些方面受到启发、在哪些方面还存在不足。事实上，无论是实验室报告还是读书报告，或者更有追求一些，我收到的学期论文或毕业论文，都要遵循这样的程序。我关注的重点很明确，就是怎样才能实现有效地综合，以及什么样的综合方式会偏离预想的目标。

虽然我重点关注的是在学校写作时的综合，但许多其他场合下的综合过程，也可能是相同的。如前所述，许多艺术家的综合过程，在其艺术形式所偏爱的符号系统内进行。即使不过度延伸这个概念，思维的综合也发生在许多实践的领域，例如：法官必须先对一个复杂的案件作出判断，然后才能在裁决时给予综合性的判决；医生必须根据多种检验方法获得的结果给出正确的诊断结论；展览馆的馆长或城市规划师，在举办展览或庆祝活动时也必须如此；更不必说作出新的商业计划决策的公司总经理，或者负责向失败企业提供挽救措施的企业管理顾问，他们也是如此。因此，人们或许可以写一本有关“不同种类的综合”和“多种综合的实践者”的书。

以下是关于综合的最后一句话。我在这几页中所关注的综合思维方式，可以被称为大规模的综合方式，也是学者们经常实践的、出现在他们的著作、论文综述或艺术设计作品中的东西。在我们的日常生活中，不仅仅是学者，那些能够以多种方式综合有关资讯的人，都容易获得回报。如对一组复杂的想法进行简短的归纳和总结，写一篇博客，做一次TED演讲①，在电台、电视台或博客上做一次有效的采访，都是如此。如果它们能在网上广泛传播，得到的回报就会让人惊叹不已。

但是，请注意，这个“但是”很重要，这样快速的综合必然是浅尝辄止的。它们能不能继续深入下去、提供更多的细节以应对挑战，以及意识到什么时候的批评是有意义的而非误解或无关紧要的，都成问题。只有得到“能”这样的肯定回答，我才会认为这样做的人是合格的综合思维者。说到我自己的多元智能理论，我已经发现或听到过数百种对此理论进行表面综合的言论，而其中我所看重的综合思维者，是那些不厌其烦地阅读我的作品、与包括我在内的人反复商讨和辩论、认真思考此理论的含义，然后发出经过深思熟虑而非未经大脑思考就提问和批评的人。对跨学科综合性思想提出尖锐的批评，很可能本身就需要拥有综合思维的头脑。

默里·盖尔曼曾说过，横跨多个学科的综合思维，是我们这个时代最重要的思维方式，我相信他是对的。但这一说法提出了一个问题，即今后它是否会继续显示其重要性？如果是这样的话，这种思维的综合是由人类自己完成，还是由人工智能替代人类完成，抑或由原生质和芯片组合后完成？我缺乏这方面的专业知识，甚至连强烈的直觉都没有。当然，我毫不怀疑，志向远大的综合思维者，将会欣赏并利用最强大且适当的计算机设备和资源实现自己的目标。有一个不起眼的例子，但也值得一说，我们在20世纪90年代的“优善工作”项目中，曾经通过阅读、编码和应用一些统计测试，完成大部分数据分析的任务。相比之下，在20年后的高等教育研究中，我们使用“大数据”程序，分析了多个校区的2000名大学生使用的词汇和短语。

---

① TED演讲（TED talk）：TED是Technology、Entertainment、Design（科技、娱乐、设计）的缩写，是美国一家私有非营利机构，以其邀请众多科学、设计、文学、音乐等领域杰出人物发表演讲的TED大会著称。——译者注

但是，计算机的应用也会把我们引向意想不到的方向。例如，今天大多数人都受过特定学科或专业知识的培训，并在自觉地应用各自的学科思维方式学习或工作。相比之下，所谓的深度学习算法，除非提前被调试过，否则只能是简单地处理数据而不会运用学科分类的卡片箱。这种毫无规律可循的、非特定学科的思维方式，可能会揭示出原本被忽略的思维模式和不同学科之间的相互作用。甚至可能有人创建一个“霍华德·加德纳综合应用软件”，以我希望的方式进行学科的整合与思维方式的综合，但它做得比我更好。那样的话我真的就可以退休了！

就我个人而言，即使人工智能无所不能，在某些问题上，我都不愿依靠计算机作决定。例如：应该开启什么研究课题；应该整合哪些学科以判断对它们进行特定的综合有助于研究任务的完成；以及，决定以哪种方式解释课题研究成果。显而易见，我也不想将道德或伦理教育的决策交给计算机算法，无论后者智能程度有多高，即使被宣称为“多重智能”！当然，可能会有综合人工智能本身的目标和过程，不过这很难想象，至少对我来说是如此。

从一开始，我就倾向于提出问题、思考问题，并以自己掌握的所有方法，收集一切可用的数据和资料。然后，至关重要的是，以对我有意义、希望对其他人也有意义的方式组合分析这些数据。由于我原生家庭的文化背景、在动乱时代的家庭变故[①]，当然还有我的遗传基因，我有幸度过了与心理学紧密相关的人生，并且促成了对我自己有意义、有时对其他人也有意义的相关学科的综合。尽管现在突飞猛进的新媒体技术对我有所助力，但我主要还是通过写书做到以上这一点的。如果今后我还是如此幸运的话，我还将继续这样做，并帮助身边的学生和远方的请教者、帮助在任何地方希望做同样事情的读者们。的确，学科综合的优势现在看起来十分明显，这是我年轻时没有预料到的。随着年龄的增长，人们可能对很多生活细节记忆模糊，但倾向思维综合的能力似乎

---

① 指加德纳父母为躲避德国纳粹的迫害于 1939 年逃到美国的经历。——译者注

保持不变。这种能力使人的智慧长青。

也许正如我所说的，这种思维方式的综合，将来可能被包括人工智能在内的新技术巧妙地完成。但我并不认为像大卫·理斯曼、埃里克·埃里克森、玛格丽特·米德或阿莉·霍赫希尔德，或者前文提到4个名为斯蒂芬（Steven or Stephen）的人会被时代抛弃。这是因为，思维方式的综合在很大程度上取决于被提出的问题的质量和理由。只有这样，综合思维的主体，无论是血肉之躯还是硅芯片，才能识别出有关的要素，并对它们进行初步及再次组合，最终将其综合成对创造者——幸运的话对其他人也有意义的成果。

至于我自己，是否在学术史上具有跨学科综合思维能力的、名人荟萃的群体中，占据哪怕微不足道的一席之地，则不由我自己判定。

在本书结尾之前，我想回到我的学生提出的问题，即我对自己从事跨学科综合研究有何感受，毕竟，这是我成名的主要原因。我的答复是，无论是创建多元智能理论，还是出版《智能的结构》，我都没有遗憾，这类综合思维对我好处颇多。我也有足够的信心断言，在不同地方的许多情况下，也会有益于其他人。至于它带来的负面效应，我深表遗憾，并希望自己能做更多的事来阻止其发生。

我很庆幸自己生活在当下这个时代。在《智能的结构》一书出版之前，我在心理学、其他自然科学与社会科学方面，已经有15年的积淀和准备，这使我能够利用与多元智能理论有关的综合思维，开展后续的研究工作。而且，除非我自己乐意，我不会因成为多元智能的“代言人”而负担过重，而是一直有机会思考从多元智能理论衍生出来的其他思想。在这个自由的环境中，我能够继续探寻我感兴趣的问题，以有意义的方式综合获得的“数据”，并以适当的方式将它们记录下来。

至于留给其他人的经验和教训，我能说的仅限于以下几点：

首先，如果你有幸能改变学术话语，要心存感激，但不要以为你能控制接下来的事态，因为你很可能会失败。但是，你又的确有责任引导它以富有成效的方式进行。如果你感受到了在人类思维、人类活动领域进行跨学科综合思维的魅力，那就去做吧。也许，你甚至可以解释综合思维是如何发展、如何快速深入问题本质的。

其次，请试着用最恰当的术语和概念，向别人解释你从事的研究工作。很长一段时间以来，我认为自己必须从“更硬的”学科（harder disciplines）如逻辑学、数学、生物学、神经学和遗传学等角度来证明自己研究成果的正确性。但现在我并不认为这种牵强附会的推理是必要且明智的。最好的方法是，尽你所能描述自己已经做了什么、有什么证据、使用了什么分析工具，同时指出你还没有做什么、不能做什么。

不要以为别人会知道你在做什么或你为什么要这样做，除非你能清楚地解释。如果有必要，还可以反复解释。

我既没有做过新闻工作，也没有做过自然科学的研究工作，而只是专注于人类社会中人的认知（human cognition）。为此，我努力进行着有意义的、横跨多个学科的综合性研究，并说明我是如何做到的。如果幸运的话，我这样做可能会影响、甚至改变此领域内传统意义上的讨论，并使讨论对后来者持开放态度，进而带来其他方面的变化。我们事先也可能没有预料到这些变化，但最后，它们的确发生了。如果我们做了这样的选择，然后讨论、评估并继续发展，如此的循环将会继续。

最后，愿人类之间——当然，更好的是人类之间而非人与机器之间的交流、沟通越来越成熟，愿综合性的思维和推理方式蓬勃发展！

A SYNTHESIZING MIND

致 谢

我已经出版过很多书了，这本颇具知识分子风格的回忆录特别的地方在于，我从很多人那里得到了非常有用的建议和反馈。感谢我的编辑、麻省理工学院出版公司的苏珊·巴克利（Susan Buckley），她花费了大量时间和心血，与我一起思考如何最好地展现我过去的思想和后来产生的新思想、如何在书中将我个人的生活和从事的专业研究结合起来。她的助手诺亚·斯普林格（Noah Springer）与另一位优秀的文字编辑朱迪丝·费尔德曼（Judith Feldmann）两人，工作做得又快又好，令人钦佩。就像过去几十年来的愉快交往一样，每当我需要的时候，艾克·威廉姆斯（Ike Williams）和霍普·丹纳坎普（Hope Denekamp）的经纪人团队都会随时待命，为我提出建议和提供有效的帮助。

我的很多朋友都阅读过本书的草稿，并提出了友善的、有益的建议。在这里我要感谢的朋友是乔·布拉特（Joe Blatt）、安妮·科尔比（Anne Colby）、比尔·戴蒙（Bill Damon）、汤姆·丁曼（Tom Dingman）、苏珊·恩格尔（Susan Engel）、温迪·菲施曼、玛丽昂·加德

纳 – 萨克斯（Marion Gardner-Saxe）、埃尔多·格林伯格（Eldon Greenberg）、斯蒂芬·格林布拉特、安迪·哈格里夫斯（Andy Hargreaves）、本·海涅曼（Ben Heineman）、托马斯·霍尔、米娅·科奈宁（Mia Keinanen）、明迪·科恩哈伯（Mindy Kornhaber）、雅艾尔·卡洛科夫斯基（Yael Karakowsky）、阿什莉·李（Ashley Lee）、康士坦丁·奥弗（Konstantin Offer）、莱恩·萨克斯（Len Saxe）、亨利·蒂姆斯（Henry Timms）和斯坦顿·沃瑟姆（Stanton Wortham）。

我自己的团队成员也很优秀，他们替我处理了许多我无法处理的事务。在此特别感谢考特妮·比特（Courtney Bither）、古沢慎理（Shinri Furuzawa）、丹尼·穆钦卡斯（Danny Mucinskas）和乔丹·皮卡德（Jordan Pickard）。考特尼还熟练、仔细、迅速地准备了索引。

我最为感激的，还是本书献词页上提到的那些人，我在此对他们表示诚挚的谢意。

最后，我想特别感谢我最亲爱的家人，他们接受了我写作这本反映我自己人生的著作的决定，并在过程中给了我十分坦率且非常有益的建议。在本书160页后的插图中可以看到我们全家人2019年的合影。

译后记

自签订合同后，历时十多个月，终于完成了《从多元智能到综合思维》这本书的翻译工作，此时感慨万千。

首先，感谢湛庐各位朋友多年来的尊重和信任，不但将这么光荣而艰巨的任务交给了我，而且一如既往坚持质量第一的原则，给了我非常充裕的时间，从而使我能够反复斟酌、认真打磨、尽心尽力地完成它。

在翻译过程中，译者不止一次体会到翻译大家傅雷先生所说的："任何作品不精读四五遍，决不动手，是为译事的基本法门。第一要求是将原作连同思想、感情、气氛、情调等化为我有，方能谈到移译。"这是我在翻译过程中的一大收获。

译者与本书作者霍华德·加德纳是27年的老朋友，曾两次应他邀请访问哈佛大学。其间，两人的办公室相邻，半小时以上的当面畅谈有几十次。另外，还曾应他邀请一起旅游，认识了包括他母亲、妻子和几名子女在内的大多数家庭成员。此外，译者此前曾翻译、审校、主编过他的 10 部著作，自己也出版过有关他思想和人生的两本专著，以上两项共 12 部著作合计约 370 万字。可以说，译者对他的家庭、人生和学术成果相当熟悉，因此，自然而然地以为翻译他这本实为自传的回忆录毫不费力，但认真阅读后，译者才发现，这项工作绝非当初想象的那么简单。本书横跨的专业和涉及的人物、史料实在太多（详见“主编序”），越往后，译者越感到翻译任务之重、难度之大。

本书不仅讲述了加德纳从出生到 76 岁的人生经历，也概括了他走过的学术道路。书中介绍的给予他较大影响的多个历史事件、多个专业内不同国家的数百位名人及其著作，都反复在书中多个章节出现。不认真研究书中所述的重要历史事件、多个专业的学术观点、众多人物及其思想或作品，不认真对待书中不同国家和语种的人名、地名，不对不同专业的术语名、作品名加以注释，就很难准确表达加德纳的人生和思想，读者更可能会摸不着头绪、阅读困难。

译者面临的最大挑战，是本书一个非常重要的心理学术语“Mind”的译法。这个术语不仅是英文原书主标题的关键词，而且在正文不同语境中出现超过了 200 次！不仅如此，除本书以外，加德纳过去出版的包括《智能的结构》在内的其他 10 部重要著作，虽然内容和侧重点各不相同，但书名中也都有“Mind”这个词。那 10 部著作的书名和内容，在这本回忆录中都逐一甚至反复提到。包括本书在内的这 11 部著作名的翻译，也是一道难题。

因此，译者不敢轻率下笔，不但将此书从头至尾多次通读、阅读本书中提到的其他著作、查阅了三部英语词典，同时遍寻资料、多方请教、反复推敲，甚至多次向加德纳本人咨询和求助。仅仅讨论这一个单词在不同书名和上下文中的意思，译者和作者的往返邮件就超过了 20 封。

译者查阅和参考的，是自己和加德纳都经常使用并认可的牛津、柯林斯和朗曼三部权威英语词典。在这些词典中，译者发现对“Mind”一词的解释共有 9 种，分别为：thoughts（思想），intelligence（智能），brain（大脑、头脑），the particular way that sb. thinks（某人的特定思维方式），ability to think and reason（思维和推理能力），intelligent person（聪明人、有智慧的人），idea（想法、理念），intention（意图、意向），memory（记忆）。括号内的中译文不仅是译者个人的见解，也是公认的译法。译者将这 9 种解释用电子邮件一并发给加德纳，咨询他在本书以及其他著作中使用这个单词时想表达的意思。

加德纳反复比较了上文提到的 9 种解释，认为本书以及其他著作的书名和正文中这个术语的意思，在大多数情况下与译者提到的第 5 种解释，即“思维和推理能力”最接近。除此之外，加德纳还提出了第 10 种解释：“psycho”（心理）。曾任国际心理学联合会副主席的北京师范大学心理学博士生导师张厚粲教授，也对这一译法表示认可。

此外，译者根据不同语境的上下文，分别给出了书中 200 多个“Mind”相同的或不同的译文。个别吃不准的地方，也曾数次向作者求教。

作者在本书中说：“一旦写好了草稿，我就把它放在一边，过一段时间再一次次修改。我大多数著作的草稿至少要经过 4 次修改，有几本书的修改次数更多。”译者过去翻译他的书或撰写自己的著作，一般在完成草稿后进行三次修改和审校，但本书最后交到编辑部的译文，因为对这 200 多个“Mind”译法的斟酌，竟然已是修改和审校过的第 7 稿！因此，虽然不敢说本书的译文一定做到了“雅”，但对基本实现了“信”，即忠实于作者的原意，译者还是有相当把握，敢于负责任的。

译者要特别感谢本书作者霍华德·加德纳教授，20 多年来，他一以贯之、始终不厌其烦地回答译者对其著作有关内容的咨询。绝大多数情况下，译者都是当天就收到他的答复邮件，最快的几次竟不足半小时！仅为翻译此书，我们两人一问一答的往返邮件就已超过了百封。他在回信中不但耐心详尽解答译者提出的各种问题，还对译者严肃认真的治学态度、一丝不苟的工作作风，从不吝啬溢美之词。更让人感动的是，他 2021 年 1 月在赠给译者本书精装版第一页上写下的题词："赠沈致隆——在尊重和爱护所有人的教育中真正的合作伙伴"（To SHEN ZHILONG—A true partner in education for all persons with respect and affection）。可以这样说，没有他持之以恒的支持、帮助和鼓励，译者无论如何也完不成本书的翻译任务，尤其不可能使译文在"信、达、雅"中首先做到"信"。

向译者翻译本书提供过宝贵资讯、建议和鼓励的专家还有：北京师范大学心理学院的博士生导师张厚粲教授、中国交响乐团联盟首任主席和中国芭蕾舞剧院交响乐团首席指挥卞祖善老师、中国艺术研究院舞蹈研究所外国舞蹈研究室主任和博士生导师欧建平教授、北京教育科学研究院原副院长张铁道教授、华东师范大学教育学部心理学博士张玲副教授、中国科学院心理学研究所关梅林博士、北京大学出版社编审杨书澜女士，译者在此都表示衷心的感谢！

为译者翻译此书提供资料等方面帮助、鼓励的朋友和学生有：北京的万青、单琛羽、费凌波、陈立华、金姬、江连凤、闫淑敏、张瑀珊，湖北武汉的方芸、詹薇，江西赣州的杨婷，浙江杭州的叶皓，陕西西安的宋剑秋、赵嘉琪，山东青岛的李全慧，辽宁沈阳的张瑞雪，上海的沈丽丽，重庆的李茜，湖南长沙的阳玉涓、郴州的彭武，云南昆明的杨茜，河北沧州的田毅等人，译者在此一并致以诚挚的谢意。

湛庐的高级副总裁张晓卿女士和总编季阳女士，为本书"译后记"的某些内容提出了很好的建议，译者也在此一并表示感谢。

加德纳的学术道路漫长，发展心理学、教育学、哲学、文学、美学、艺术学等众多学术思想横跨多个学科。本书篇幅不长，仅仅是他人生道路和学术思想的提纲，即使译者加上再多注释也难以详述，有兴趣且欲深究的读者，可以阅读加德纳在本书中提到的他的多部著作，谢谢！

未来，属于终身学习者

我这辈子遇到的聪明人（来自各行各业的聪明人）没有不每天阅读的——没有，一个都没有。巴菲特读书之多，我读书之多，可能会让你感到吃惊。孩子们都笑话我。他们觉得我是一本长了两条腿的书。

——查理·芒格

互联网改变了信息连接的方式；指数型技术在迅速颠覆着现有的商业世界；人工智能已经开始抢占人类的工作岗位……

未来，到底需要什么样的人才？

改变命运唯一的策略是你要变成终身学习者。未来世界将不再需要单一的技能型人才，而是需要具备完善的知识结构、极强逻辑思考力和高感知力的复合型人才。优秀的人往往通过阅读建立足够强大的抽象思维能力，获得异于众人的思考和整合能力。未来，将属于终身学习者！而阅读必定和终身学习形影不离。

很多人读书，追求的是干货，寻求的是立刻行之有效的解决方案。其实这是一种留在舒适区的阅读方法。在这个充满不确定性的年代，答案不会简单地出现在书里，因为生活根本就没有标准确切的答案，你也不能期望过去的经验能解决未来的问题。

而真正的阅读，应该在书中与智者同行思考，借他们的视角看到世界的多元性，提出比答案更重要的好问题，在不确定的时代中领先起跑。

湛庐阅读 App：与最聪明的人共同进化

有人常常把成本支出的焦点放在书价上，把读完一本书当作阅读的终结。其实不然。

时间是读者付出的最大阅读成本

怎么读是读者面临的最大阅读障碍

“读书破万卷”不仅仅在“万”，更重要的是在“破”！

现在，我们构建了全新的“湛庐阅读”App。它将成为你“破万卷”的新居所。在这里：

- 不用考虑读什么，你可以便捷找到纸书、电子书、有声书和各种声音产品；
- 你可以学会怎么读，你将发现集泛读、通读、精读于一体的阅读解决方案；
- 你会与作者、译者、专家、推荐人和阅读教练相遇，他们是优质思想的发源地；
- 你会与优秀的读者和终身学习者为伍，他们对阅读和学习有着持久的热情和源源不绝的内驱力。

下载湛庐阅读 App，
坚持亲自阅读，
有声书、电子书、阅读服务，
一站获得。

CHEERS

本书阅读资料包

给你便捷、高效、全面的阅读体验

本书参考资料

湛庐独家策划

- 参考文献
  为了环保、节约纸张，部分图书的参考文献以电子版方式提供
- 主题书单
  编辑精心推荐的延伸阅读书单，助你开启主题式阅读
- 图片资料
  提供部分图片的高清彩色原版大图，方便保存和分享

相关阅读服务

终身学习者必备

- 电子书
  便捷、高效，方便检索，易于携带，随时更新
- 有声书
  保护视力，随时随地，有温度、有情感地听本书
- 精读班
  2~4周，最懂这本书的人带你读完、读懂、读透这本好书
- 课　程
  课程权威专家给你开书单，带你快速浏览一个领域的知识概貌
- 讲　书
  30分钟，大咖给你讲本书，让你挑书不费劲

湛庐编辑为你独家呈现
助你更好获得书里和书外的思想和智慧，请扫码查收！

（阅读资料包的内容因书而异，最终以湛庐阅读App页面为准）

图书在版编目（CIP）数据

浙江省版权局
著作权合同登记号
图字:11-2021-113号

从多元智能到综合思维 /（美）霍华德 · 加德纳（Howard Gardner）著；沈致隆译. -- 杭州：浙江教育出版社，2022.3

书名原文：A Synthesizing Mind

ISBN 978-7-5722-3203-9

Ⅰ. ①从… Ⅱ. ①霍… ②沈… Ⅲ. ①霍华德 · 加德纳—回忆录 Ⅳ. ① K871.251

中国版本图书馆 CIP 数据核字 (2022) 第 039699 号

上架指导：教育／心理学

从多元智能到综合思维
CONG DUOYUANZHINENG DAO ZONGHESIWEI
［美］霍华德 · 加德纳（Howard Gardner）　著
沈致隆　译

责任编辑： 洪　滔　高露露
美术编辑： 韩　波
封面设计： ablackcover.com
责任校对： 刘晋苏
责任印务： 沈久凌
出版发行： 浙江教育出版社（杭州市天目山路 40 号　电话：0571-85170300-80928）
印　　刷： 石家庄继文印刷有限公司
开　　本： 710mm ×965mm　1/16
印　　张： 16.5　　**字　　数：** 221 千字
版　　次： 2022 年 3 月第 1 版　　**印　　次：** 2022 年 3 月第 1 次印刷
书　　号： ISBN 978-7-5722-3203-9　　**定　　价：** 89.90 元

如发现印装质量问题，影响阅读，请致电 010-56676359 联系调换。